光明社科文库
GUANGMING DAILY PRESS:
A SOCIAL SCIENCE SERIES

·教育与语言书系·

审美情趣原理与养成综论

薛　猛 | 著

光明日报出版社

图书在版编目（CIP）数据

审美情趣原理与养成综论 / 薛猛著 . -- 北京：光明日报出版社，2023.6

ISBN 978 - 7 - 5194 - 7265 - 8

Ⅰ.①审…　Ⅱ.①薛…　Ⅲ.①审美教育—教育研究

Ⅳ.①G40-014

中国国家版本馆 CIP 数据核字（2023）第 094527 号

审美情趣原理与养成综论

SHENMEI QINGQU YUANLI YU YANGCHENG ZONGLUN

著　　者：薛　猛	
责任编辑：刘兴华	责任校对：李　倩　张慧芳
封面设计：中联华文	责任印制：曹　净

出版发行：光明日报出版社

地　　址：北京市西城区永安路 106 号，100050

电　　话：010 - 63169890（咨询），010 - 63131930（邮购）

传　　真：010 - 63131930

网　　址：http：// book. gmw. cn

E - mail：gmrbcbs@ gmw. cn

法律顾问：北京市兰台律师事务所龚柳方律师

印　　刷：三河市华东印刷有限公司

装　　订：三河市华东印刷有限公司

本书如有破损、缺页、装订错误，请与本社联系调换，电话：010 - 63131930

开　　本：170mm×240mm	
字　　数：256 千字	印　　张：16.25
版　　次：2023 年 6 月第 1 版	印　　次：2023 年 6 月第 1 次印刷
书　　号：ISBN 978 - 7 - 5194 - 7265 - 8	

定　　价：95.00 元

目 录
CONTENTS

第一章

审美教育与审美情趣养成的内涵概述

第一节 审美教育的时代性内涵与特征

审美教育是教育中的一道澄净的彩虹，无论在何时、何种教育条件下，它都在表征与诠释着人在成长和发展中的美的多种多样的价值、作用，它使学习者最真实地走近"生命"的意味和内涵，走近自己内心的最深处，唤醒自我，纯粹精神。从一定意义上说，审美教育也是教育的魂灵，它不仅在学校教育中，而且在国民教育中都有着十分重要的地位。

2019 年 6 月，国务院办公厅下发文件《国务院办公厅关于新时代推进普通高中育人方式改革的指导意见》，其中提及"加强美育工作，积极开展舞蹈、戏剧、影视与数字媒体艺术等活动，培养学习者艺术感知、创意表达、审美能力和文化理解素养"①，2020 年 10 月，《中共中央办公厅、国务院办公厅〈关于全面加强和改进新时代学校美育工作的意见〉》强调"要以习近平新时代中国特色社会主义思想为指导，以立德树人为根本，以社会主义核心价值观为引领，以提高学生审美和人文素养为目标，弘扬中华美育精神，以美育人、以美化人、以美培元，把美育纳入各级各类学校人才培养全过程，贯穿学校教育各学段，

---

① 国务院办公厅. 国务院办公厅关于新时代推进普通高中育人方式改革的指导意见 [EB/OL]. (2019-06-19).

培养德智体美劳全面发展的社会主义建设者和接班人"①，充分强调审美教育及审美情趣之于教育的重要性和深刻意义。同样，2016 年，教育部委托北京师范大学编制《中国学生发展核心素养》（以下简称《素养》），其中，将审美教育及审美情趣定义为学习者发展的关键能力和必备品格之一，将审美教育问题定义为基础教育能力养成和发展的核心问题。

美及审美是审美个体隐性的内心体验。基于此，情感教育和显性的认知教育有明显的差异，它并不是为了直接提高人的理性认知，培养适合时代与社会发展的思维品质，而是经由理性认知，把个人的情感体验尤其是内隐性的感受，浸润充实到人的内心，使之成为主动性的感悟，提高审美情趣和审美境界的层次、水平，进而使之外化为人的自由意志和道德人格。虽然，部分美学家们强调"美"主要是由优美与崇高两种形态构成，但美又因审美个体的独特性、因时代与社会发展对审美文化的需求而显示出发展性的内涵与功能，从教育角度而言，需要进行要素性的甄别与厘定。

一、审美教育的基本内涵

审美教育使审美者在情感与精神层面有全面推进、提升，有多维度感性浸润，且融合于教育的全过程，这个过程中注意对客体逻辑本性的回避，约翰·克里斯托弗·弗里德里希·冯·席勒（Johann Christoph Friedrich von Schiller）也说"美在什么地方克服了自己客体的逻辑本性，美也就在哪里最辉煌地表现出来"。②

从目前的研究看，研究者们对美育的本质和内涵的理解与判断，仍然不够全面、完整，归纳起来大致有三种：美育是艺术教育、人格教育、情感教育。

美育是艺术教育，从柏拉图时期就有这种观点，T. J. 克拉克（Timothy J. Clark）也认为纯粹的、非功利性的、非物质的满足对美的经验，是出于真正的艺术品。类似观点众多，认为艺术满足的是深层的人类本能，这种积极推进审美教育的判断不为过，只是从学习者全面发展的意义来看，狭隘于排斥其他学

---

① 中共中央办公厅，国务院办公厅. 关于全面加强和改进新时代学校美育工作的意见. ［EB/OL］. （2020-10-15）.

② 席勒. 审美教育书简［M］. 张玉能，译. 南京：译林出版社，2009：100.

科学习以及其他审美维度的融入，这也是有些时候美育高高在上、并不走进"化人、培元"目标的原因之一。

美育是人格教育，"人格是指个体在适应社会的过程中特有的不同于他人的思想、情感和行为"① 教育学一直不放弃对教育中人格的意义描述，而对于美育而言，早已不满足对狭义人格的作用，尊严、生存、思维……，诸多追求都集中在"德育"的涵盖之下，维护社会发展。自苏格拉底时期起，美育已经隐入道德教育。随着时代与社会的发展，"发展"已经成为主流，而美育仍然不足以独立承担"美"的育人责任，"审美"较多时候是学习者"全面发展"的一个方面，为德育服务。从美育的角度而言，"审美"需要更准确地定位和践行。

美育是情感教育，这并不需要厘定，除去"情感"谈美和审美是虚无的。蔡元培先生在《教育大辞书》提出："美育者，应用美学之理论于教育，以陶冶感情为目的者也。"这只是其中一角，太多的研究者只将感性列入美的应然之意，并将"联想、想象"作为践行工具，并进行了无限地放大，甚至虚无为只要是情感的愉悦就是审美的极端理解。情感不可置疑是美育的内涵之一，寻求一个适合的观照点也无可厚非，只是不宜扩大化。

当然并不止于此，有观点将美育列入综合素养或者将各维度统一，综合描摹意义与内涵。

例如，约翰·克里斯托弗·弗里德里希·冯·席勒（Johann Christoph Friedrich von Schiller）在《审美教育书简》中提出"文化的最重要的任务就在于，使人就是在他纯粹的自然生命中一定受形式的支配，使人在美的王国能够达到的范围内成为审美的人，因为道德状态只能从审美状态中发展而来，却不能从自然状态中发展而来"。② 主张通过美育来提高人们文化水平与道德水平。

例如，《辞海》认为"美育亦称审美教育或美感教育，是关于审美与创造美的教育。通过对艺术美、自然美、社会美的审美活动和理性的美学教育，使人树立正确的审美观念，培养健康的审美趣味，提高对于美的欣赏力与创造力"。这是基于学习过程概括了美、审美及教育因素综合而成的，这也恰恰解释了美

---

① 约翰·桑切克. 教育心理学［M］. 周冠英，王学成，译. 北京：世界图书出版公司北京公司，2007：131.

② 席勒. 审美教育书简［M］. 张玉能，译. 南京：译林出版社，2009：72.

虽然是情感意义上的、精神意义上的独特价值存在，但对基础教育阶段的审美教育而言，其本质还是工具性与人文性的统一。

叶朗在《审美教育的基本理论》中提出："审美教育是人类完善自身、造就完善人格，实现'优美的灵魂'的人类工程学。个体审美发展，是审美教育的中心。审美态度、审美直觉感兴力和审美趣味的形成，是个体审美发展成熟的标志。审美教育的全部着眼点，是在感性层面上，激发、诱导、发展人的各种本质力量。"① 恰恰说明了审美教育的一般内涵及性质，即立足感性层面，激活、引导和发展学习者的本质力量，其重点在于感悟、激发、诱导和发展。美是起点，是单纯的；美又是重点，是综合的、复杂的。美的历程，也就是人认识自我、成熟和发展的历程。

其实，无论将美育定义为任何概念，其中称为美及审美的旨向必须有足够理由支持这个说法，以及支持这个概念的发展。

随着时代与审美理论的发展，审美已经越发成为个性与独具特点的名词，作为群体共同赞同有"美"的特点的事物在相对减少，经过粉饰或者功利色彩突出的审美活动和理论研究在相对加强。审美，不应该只是停留在意义与性质的框架内，应该调动更多人群的热情、有效参与。正如拉尔夫·史密斯（Ralph A. smith）所说"挫败了人们对种种能够回答人们内心深层需要的东西的追求和热情，结果，艺术家们觉得必须追求另外一种东西，作为对推动东西的补偿，如极力求得社会认同，在社会上获得一种有意义的东西、得到一份安全的位置等"。②

从这个意义上说，当前，审美教育应该是以美学和教育理论为基础，以自然美、社会美、艺术美、时代美为内容，以培养受教育者的审美观念与情趣，形成健康审美个性与正确审美视角，提高以审美学习、实践、创新能力为目的，以文化性为特质的情感教育水平。

其中，学科美育的融入极其重要，拉尔夫·史密斯（Ralph A. smith）直接就提出"审美教育还指一个独立学科以及这一学科独有的概念、技能和背景，

---

① 叶朗. 审美教育的基本理论 [J]. 中国高等教育（社会科学理论版），1988（3）：25-35.

② 拉尔夫·史密斯. 艺术感觉与美育 [M]. 滕守尧，译. 成都：四川人民出版社，1998：9.

尤其是那些最适合发展艺术感觉的东西"。①

无论何种审美见解，无论是怎样的艺术形态，或者艺术本身，都会激发审美经验、审美知觉和感悟，生成审美创造。而各种艺术形态之间其实都有相似点，这些相似点同样可以激发审美注意和审美愉悦，从而有利于我们对艺术及审美对象的理解。

基于此，从审美和教育的基本要素出发，关注情感和精神的完善也许就会达到约翰·克里斯托弗·弗里德里希·冯·席勒（Johann Christoph Friedrich von Schiller）所描述的"有身体健康的教育，有智力认识的教育，有伦理道德的教育，有审美趣味和美的教育。这最后一种教育的目的在于，培养我们感性和精神力量，整体达到尽可能有的和谐"②。这也是审美教育的基本目的。

二、审美教育的基本阶段

结合学习者的审美立场、审美价值以及在此基础上的审美知觉（洞察力）和审美注意等因素，在教育的各个阶段，即使是以认知为主的环节中，学习者仍然有感性与情感的融入，有渴望超脱得到精神满足的期待。审美教育既可以选择独立的审美环节，也可以融入其他教育环节。只从交互的角度看，美育阶段可以显示为认知、情境和行为三个阶段，彼此交融、相互促进。认知以进境、情境以润情，行为以自省，推进感性与情感的完善。

（一）审美认知

审美认知与理性认知的区别是毋庸赘言的，不过，审美的洞察与判断也需要必要的认知基础，欲求得更充分和更自由的审美满足，这是有前提的。在审美学习中，审美认知阶段较清晰地显示出了它的要素和理路，重点可以关注态度、方法个性、自我效能感水平。态度打开感性之门，方法提供审美脚手架，自我效能感水平是对自我审美素养的洞察程度。

一是审美态度、审美期待和审美信念。三者均是审美的主体认识客体的特殊方式，并不等同于先天具有的本能，是审美教育的起点。换言之，在审美个

---

① 拉尔夫·史密斯. 艺术感觉与美育 [M]. 滕守尧，译. 成都：四川人民出版社，1998：5.

② 席勒. 审美教育书简 [M]. 张玉能，译. 南京：译林出版社，2009：63.

体认知与发展到一定阶段后,逐步尝试以审美的态度、由此激发而来的期待、逐渐形成的审美信念,来对待学习过程中发现的美的对象,进而不断形成审美的敏感性,甚至显示出一定的审美风格。强调审美态度、期待、信念,是审美及审美教育开展的重要前提,其实是在强调,这是审美将先天、后天、感性、理性开始融合的一个重要标志,对基础教育审美教育的实际开展有重要的价值和作用。

二是审美知识、审美方法、审美个性的逐渐习得和养成。这一阶段强调"审"即个体的感性与理性的感受、判断,同时因为教育的存在,使审美逐渐成为一种可参照、可依托、可实践的基本知识与技能,为审美教育的深入推进提供必要前提。审美认知一方面有鲜明的美的特性,同时它也包含于学科教育中,美的教育和学科教育是相互呼应的,其认知点也是彼此支撑的。既不能将审美认知独立于学科教育之外,也不能将二者混为一谈。

三是基于审美的自我效能感水平。相对于学科教育的自我效能感水平,审美并不需要或者说并不能只以量化的方式和特点评价自我效能感水平,它还包含了不易评价的或不必评价的内隐性学习相关内容。从这个意义上说,审美个体关于审美的自我效能感水平是基于审美态度、审美认知的审美能力水平的自我认识程度,既是显性的,又是隐性的;既可以采用标准量化进行外显式判断,又必须承认它有语言不可表述的魅力和意义、能力和水平。

上述三个方面的发展和循环,逐渐形成了审美认知的基本要素,是审美教育的起点和保障。

(二) 审美情境

审美的情境建构虽然也广为教育者、美学研究者们关注,但通常都只作为背景意义出现,仅就审美而言,强调情境,力求使审美者沉浸在与审美对象的交流中,使审美的意味得以更充分和自由地表现,进而获得满足。而在审美教育中,审美情境的建构则是审美教育得以实现的必要因素和条件。需要说明的是,在此所言的审美情境是抽象意义的审美情境,它包含了审美教育中资源建构、审美方式的选择、审美评价的选择、审美环境的建设、教学媒体的选择等诸方面,强调审美情境的建构其实就是不断地给"审美教育中的个性"提供更多可参照的审美教育"共识",一方面,保证个体审美教育的深刻性,毕竟有更多丰富的材料可以借鉴、情感可以共鸣；另一方面，又可以保证审美的意义和价值，始终在时代与社会发展的正态取向上，这也是教育、审美教育必须坚守的底线。其中，主要强调了资源、方式和评价三个要素点。

一是审美资源。相对于个体生活意义上的审美，审美教育中的资源是有特点和方向的，主要显示了教育者对美的对象所蕴含的意蕴是有选择倾向的，是有引导力的，学习者审美的敏感性是需要培养的。审美资源则是在一定意义和角度上对审美对象的补充与发展，多元化提供相关联的审美资源，激活学习者在审美认知基础上的更深层次的心理活动，把审美个体的审美知觉推广到更多启发审美的材料上，使学习者的审美经验得到多元的碰触，甚至能够激发出审美的创造性。在此，审美资源的存在价值远远高于审美对象固化的一般形式。

二是审美学习方式。这里强调的是审美学习方式，不能将审美中的"审"的形式和学习方式混淆，具体则指学习者个体的合作学习、探索学习，又可以指个体的、个性的、感性的判断。换言之，审美学习方式并不能失于惯性或模式化的方式。只要是面对审美对象，审美个体能够激活情感和期待，从某一个角度深切体验审美对象所内蕴的情感、价值，甚至超越审美对象直接传达的审美和思想，这都属于审美学习方式的革新和发展。我们强调审美感兴力是个体审美发展成熟的标志，这一定离不开多元而个性的审美学习方式。

三是审美评价。审美评价历来是审美教育中的难点和重点，它甚至化身为风向标，导引着审美的方向和深刻度。目前的评价方式多是从智育挪移的，显性体现为终结性评价、诊断性评价，但它同时要依托非智力性的过程评价。而三种评价方式的融合恰恰对于审美这样一个特殊内涵及结构的学习行为是必要的，需要对学习者进行鼓励、导引和判断，只不过，审美评价是手段而非目的。当然，也有人将"非指示性评价"即隐性的无评价作为评价手段，通过隐性评价实现目的，但究竟也是一种评价探索，坚持弃评价于不顾是无教育意义的，也是无效的，甚至滋养相对主义，就令人叹惋了。

（三）审美行为

审美行为的显示阶段是复杂的，有人理解为"审美的一般行为"，在此，我们特殊强调审美情趣的养成和发展，主要体现为审美偏爱、审美目标、审美参照三个方面，这些抽象的要素分为个体认知、环境与行为三个角度。对于个体认知角度而言，具体指向审美兴趣、审美需要、审美经验、审美想象；对于环境与行为角度而言，具体指向环境与行为的再创造、时代与民族文化的影响。

后文将从个体认知、环境与行为三个角度进行具体厘定。在此，我们就审美偏爱、审美目标和审美参照进行说明，从关系来看，这三个方面也是审美情趣养成要素的重要基础和出发点。

其一，审美偏爱。叶朗很早就指出，审美偏爱是个体审美心理的指向性，也就是对某类审美对象或某种形态、风格、题材等优先注意的心理倾向。需要说明的是，审美偏爱并不是简单的固态取向或出发点，它更多地显示为变化发展中的动态特征，它既有叶朗指出的"专一性与兴趣的可塑性之间的张力平衡关系"，又显示出个体审美心理的指向性与审美对象反馈的意义性之间的矛盾关系。审美教育中的审美活动既受主观心理影响，同时又因为审美对象复杂的价值意义，使审美活动又时常显示出动态的、发展的变化过程，这对审美教育中审美情趣的养成起着基础作用。简而言之，偏爱既是个体的审美偏爱，是自由的、可期待的，又是受审美对象制约的，是受限的、可量化描述的。

其二，审美目标。审美目标对于审美个体而言，是基于审美偏爱而形成的审美感受、审美判断、审美价值等，基于美及审美的特殊性，审美教育中的审美情趣养成既有美的特点，有宽泛的设计性、选择性，同时又因为审美教育的要求，审美目的被指向于一定学习阶段中学习者要掌握的，有益于个体、时代、社会、国家发展的情感要素、意义要素。无论沉淀于哪个学科，都是在特定社会形态中有指向性的教育目标的总体引导下。换言之，审美目标既有审美个体个性化的设计与发展，同时又应有益于国家社会发展需要的学科教育目标的实现。个性自由和社会发展需求，二元交织所显示出的张力水平，也恰恰是审美教育内蕴丰富的程度与水平、教育实绩。基于此而不断形成和发展的审美情趣也显示了一定时代必然包含的特征。

其三，审美参照。审美参照是审美个体在审美实践中审美判断的基本依据，审美参照具体显示为审美个体的偏爱水平、审美个体习得的艺术修养水平，以及审美的一般规律。基于此，首先，审美参照是普遍意义的，受到不同学段学习心理的影响，受一定社会发展水平的制约，显示出普遍性。其次，又显示出个体意义，因审美偏爱和审美基础的不同，显示出不同的风格、特征和取向，甚至显示出不同的审美情趣观和审美可塑性。最后，审美参照是不断发展的，不是相对主义，不是虚无主义，更不是形而上的，而是随着审美活动的变化而变化。

三、审美教育的形态特点

审美教育的形态特点可以基本概括为：感受性、发展性、意趣性。

（一）感受性

在审美教育实践中，学习者审美活动是依托于主体的情感体验而来的，每一位的审美学习者如果形成真实的审美感兴力，那必然基于独特的情感体验。这种体验既是学习者先天具有的，也可能是在审美活动中感受和体验到的。无论怎样，都是个体意义的，具备独特的个性化感性因素，强调感受性既是强调审美者的主观性，也是强调个体性对审美的意义，要求学习者情感的全部投入。还要说明的是，在审美教育初期，学习者是有自己在生活中形成、先天赋予的对美的事物的概念、结构和理解的，教育要对这些概念、结构和理解进行拓展，就要关注感受性，通过新的经验和情感的感受、吸收完成，进而学会更密切地注意环境的性质、审美对象的感性意义，并有自己的判断，即注重情感的有效激发，才会使审美的态度、兴趣更鲜明起来、立体起来，也才能更真实地显示审美个体的感情与精神世界。这是"审美"实际存在并起着教育作用的起点。

（二）发展性

对于审美者个体而言，审美教育起了点燃审美火种的作用，毕竟教育并不只限于审美的二元世界，还有理智、逻辑的智育和体育等形式。众多的教育形式又各有侧重，审美教育给审美者带来的情感满足是在日常生活和其他教育形式中很少感受到的。这种满足是一种情感和精神的自由，是一种真实的感染，这样的感染是一种独特的快乐。满足与快乐是一种审美意义的发现，这样的发现是一种发展，是审美者个体的自我角度的发展——敏感感受逐渐增长、注意力更充分、对未来和可能发生的事情愈加关心。这是多方促进的结果，既唤起审美个体积极介入的主动性，又在教师及多种审美资源的共同介入下，使审美个体在审美过程中感受不同的生命力和创造力，使审美突破掌握和习得、感受和体验的一般逻辑，跨越到不断生成、不断发展的生动活泼、充满激情的教育活动。"问渠那得清如许，为有源头活水来"，也就是这个理念的诗化显示。

（三）意趣性

意趣性是审美教育借助美的感染和熏陶，鼓励审美者个性化的情感介入而显示出的美的内涵之一。意趣并不简单地呈现为某种程度的感受性的愉悦，更多的是一种情感和精神的满足，能够引起自我角度的呼应和共鸣，唤醒自身模糊的情绪、愿望，使它们活跃起来，观照那些重要的高尚的思想和观念，使我们对生活和审美对象有越来越多的灵敏的感受力。用格奥尔格·威廉·弗里德里希·黑格尔（Georg Wilhelm Friedrich Hegel）的话说，"一切情感的激发，心灵对每种生活内容的体验，通过一种只是幻想的外在对象来引起这一切内在的激动，就是艺术所特有的巨大威力"①。这种激动，无论是强化心灵还是弱化心灵，总归是一种情感意蕴和趣味的激活，是一种自由的显现，甚至是走在了自由和愉悦的最顶端，是最高层次的满足，这和亚伯拉罕·哈洛德·马斯洛（Abraham H. Maslow）的需求层次说是有共鸣的。叶朗说"审美个体在审美教育中感受到一种摆脱现实功利性的自有愉悦"，也就是指这个道理。

四、审美教育个性化的诠释

美育的根本目的是追求人性的完满，学会体验人生，从而使自己的精神境界得到升华。从这个意义来理解"人的全面发展"，才符合美育的根本性质。

人的全面发展，包含学习者个性化的发展。按教育学原理，个性化主要是指个体在社会各种活动中逐渐形成的独特性、自主性和创新性的过程。在教育中，主要表现在促进其主体个性化意识的发展，促进人的个体化特征的发展及个体价值的实现。在审美教育中，审美个性化是充分实现审美教育功能的重要途径，是指学习者在审美教育活动中逐渐形成的独特性、自主性和创新性的过程。

既然审美个性化在审美及教育中有独立的作用，则有必要厘清审美个性化的基本特征，探究审美个性化在审美教育中的行为策略。

（一）审美教育的个性化的一般特点

审美个性化是审美主体的审美诉求之一，明确其特征，有利于审美主体个

---

① 黑格尔. 美学（第1卷）[M]. 朱光潜，译. 北京：商务印书馆，1996：58.

性在审美的范畴内获得更多的自由空间，实现自我价值。从本质上看，它是对人本精神的一种实现。

1. 主体超然选择

基于不同的遗传特点、思维习惯、基本素养，以及不同的生活情境、理想追求，每个审美主体都有自己的发展特点与对应选择，并扮演着不同的社会角色。

审美主体的超然态度是审美的基础，它脱离一般功利性需求，与审美对象保持相对稳定心理距离，与一般意义的现实生活保持无关的态度。或者说，审美对象浓缩了生活情态，以广泛而真切的细节表现不同的人文内涵，展现社会生活及艺术作品中人的行为和价值。审美，尤其是审美个性化就是要以更丰富、自由、多元的个性化观点，表现对美的存在的复合观察，强调、倡导和展现审美主体的精神取向与价值追求。

审美态度的超然，一直受到质疑，有人说："一个人不能在很长时间内只保持审美态度，你能从早到晚整天保持审美态度，从生活中脱离开来吗？"① 甚至连宗教哲学家马丁·布伯（Martin Buber）也认为"人不可能永驻于圣殿""他不得不一次次重返人世"。② 其实，驻于圣殿到重返人世不只是一种精神体验，反倒是对"与现实生活紧密联系"的肯定，二者是脱离不开关系的，只不过，不能简单认为审美态度只是现实生活的直接反射。

在审美过程中，作为高层次的精神生活，审美主体虽然与社会生活有实际联系，但是审美态度毕竟有其独立的价值取向，高于一般现实生活而且不受功利性引诱，是"纯粹"的精神愉悦，也是审美态度追求的一种理想境界与目标，这正是审美个性化发展的动力。审美，从审美态度开始，踏上了个性化的独特旅程。

2. 思维卓然体现

审美的复杂性，在于"美"的多维角度与多元价值，多维角度其实是审美主体不同层次的真实解读，而不是简单的人云亦云；多元价值需要审美主体主动利用自己的各种条件，寻找适合的平台进行多元解读。对于审美个性化而言，

---

① 李泽厚. 美学三书［M］. 天津：天津社会科学院出版社，2003：474.
② 马丁·布伯. 我与你［M］. 陈维纲，译. 上海：三联书店，1986：72.

个性化的思维使这种解读来得深刻与真实。

　　一般来说，在审美过程中，审美主体会经历从一般意义的个体生活感受到审美这一层次的质的变化。个体生活感受更贴近直觉、易于掌握，但是没有思维和精神的深层投入，只是流于表面，有感而无得，这种理解并不能叩响"美"的门环。

　　有学者指出，"人的心理不可是空白的、被动的——它在认识上，对知识的形成一定起了作用。理解的概念或者结构必须由人的心理来提供；他们不可能来自被理解的客体本身"。①

　　审美主体个性化要求审美主体从关注自己对审美对象相似生活经历的简单对比过渡到情感、想象、精神和思想等环节的同步渗入，在此期间，审美个性化要求审美主体在充分感知审美对象形式及表征的基础上，将自己各种心理因素同审美对象可能具有的意义、类别与问题等充分联结起来，进而逐渐形成一种富有特点的个性化思维逻辑，区别于常规化的审美思维，将感性与理性融合，将审美中"我"的意义推向更高层级，提升审美对于个体的实际意义。

　　另外，审美主体有实际差异，思维形式与方式不同，但正是这些不同的存在，才有可能使审美教育突破表面的直觉式感受而上升到审美境界，并使审美教育呈现多角度多内涵，思维各有特点、异彩纷呈。

　　3. 独特情境关注

　　从审美活动的角度看，"美和不美的界限，就在于能不能生成审美意象"。②可见意象对于审美的意义非常重大，而意象的内涵非常广阔，对于审美个性化而言，首先要理解和运用的就是意境。"意境超越具体的、有限的物象、事件、场景，进入无限的时间与空间，即所谓'胸罗宇宙，思接千古'，从而对整个人生、历史、宇宙获得一种哲理性的感受和领悟。"③ 当然，意境是意象中最富有形而上意味的一种类型，这种感受和领悟是审美主体在审美过程中的追求目标之一，而个性化使这种感受和领悟具有了更鲜明的个体因素，对于审美主体而言，更提供了实际的前进方向，不致湮没在群体共识的洪流中。

---

①　张桂春. 激进建构主义教学思想研究 [M]. 大连：辽宁师范大学出版社，2002：14.

②　叶朗. 美学原理 [M]. 北京：北京大学出版社，2009：70.

③　叶朗. 美学原理 [M]. 北京：北京大学出版社，2009：270.

掌握和理解审美的这种意境,尤其是个性化地掌握和理解,就要有审美的阶梯,这个阶梯就是情境。

情境不同于语境,它包含语境。语境更侧重具体的教学场景,例如,上下文提供的场景与联系,它使学习者的思维与判断有直接的依据;而情境更抽象些,范围更广大,它包含与学习者相关联的外部环境及所有信息。有学者曾指出,情境包括"物品""场合""角色""场所""概念和信息的来龙去脉"①,正是对情境的较好概括。

审美主体在对情境包含的经历、情感、物品、材料、角色、关系、知识、态度、思想、价值等因素进行个体化解读后,形成独特的审美情境,进行多元的审美关照,才可能使审美个性化有实际的工具依托,感受意境,生成意象,实现审美的终极意义。

4. 个性化创新

任何一个可以进行审美的作品,经过审美主体的不断解读、体验和交流,它的价值与意义、它的意蕴与美感就会不断有新的揭示与显现,这是审美的过程。从这个意义上说,审美对象的价值与内涵是不断生成的。

审美个性化的创新可以表现在三个方面。一是表现在审美情境的创设上,使其中的可变因素更适应审美个性化的需求,尤其是审美的氛围、角度、思维及逻辑等方面的驾驭能力,根据新的审美对象与审美背景而有新的变化与提升,这是情境的创新。二是表现在审美知识与技能的灵活运用上,能够举一反三,不囿于模式。例如,在唐诗的审美鉴赏中,有诗歌的鉴赏知识,但是在鉴赏散文等其他文学体裁的时候,适合的鉴赏知识也可以相互使用。审美是感性、知性与理性相融的,它不能用简单的公式来选择和判断,审美主体应该活学活用审美知识,为审美的深入研讨提供知识体系的保障,这是知识的创新。三是不要把审美过程彻底模式化,要认识到审美过程是一个洗涤心灵的过程,它需要多角度的介入与多层次的解读。在审美的过程中,关注个体化因素,关注个体差异,有不同的思维逻辑没关系,合理即可,重在创新,力求在知识与技能、过程与方法、情感态度价值观等方面都有长足的发

① 阿尔温·托夫勒. 未来的冲击 [M]. 孟广均, 等. 译. 北京:中国对外翻译出版公司, 1985:30-31.

展与进步。

5. 个性化判断

在一般的审美环节中，涉及审美价值与意义时，常会因审美目的的高层次定位而使审美变得更抽象，反而容易使审美主体停留在简单的直觉判断或者模式化判断中，或者随着审美者群体的认识与看法应和了事，这不是审美的目的，审美个性化需要审美主体有明确清晰的个性化审美判断。

个性化的审美要求审美主体多角度、多层次地进行。多角度表现在社会、时代、个体、知识、情感等与审美主体相适应的审视角度，不求量多而求适合，不求一致而求个性。多层次表现在与伊曼努尔·康德（Immanuel Kant）所谓的"感性""知性""理性"三个认识阶段对应的认识层次上，可以从这三个阶段出发，进行个性化审美，或者说，适合哪个层次，就从哪个层次入手，细细品味，认真琢磨，结合个性化特点进行判断与表述。审美判断不仅体现在价值与意义的终极要求上，也不一定必须在价值与意义上求得个答案，如果在审美过程中有感受，在审美结论上有判断，也是一种有意义的审美。

审美判断虽然要求个性化，但是它依然具有普遍性，换言之，每个学习者的判断中，都积淀着他们对自身、对他人、对社会、对生活的多重认识，正如伊曼努尔·康德（Immanuel Kant）所预见的，它是来自人的各种心理功能（其中既包括知性，也包括想象力）的协作活动的结果。这种审美判断使审美区别于生理愉快，使审美教育区别于心理教育，使审美教育个性化区别于一般的审美感受。

（二）审美教育个性化的行为要求

审美重"审"，而审美教育关注的是"教育"，如何引导审美者形成正确的有个性的审美观，进行符合时代需求的审美活动是学校教育的重要任务。基于此，在审美教育中实现审美个性化需要教师及学习者共同的努力与反思。

1. 引导审美态度

审美教育不同于学科教育，无法量化，现实中，有的师生在课堂教学中对审美教育的兴趣并不大，或者并不认真关注学习者的审美个性化，只将学习者群体的基本审美认识进行了统一与简单整合。例如，在著名剧作《雷雨》的学习过程中，师生往往对戏剧主题及周朴园、鲁侍萍等人物形象分析下气力，毕竟有知识点、有训练点，却并不认真地有一定目的地进行审美教育。虽然审美教育也隐含在教育教学之中，但从审美态度上，有必要进行澄清。

首先是在教育教学过程中引导学习者群体共同研讨，进行积极的开放式的审美，体现对美的追求与讨论，形成自由、积极、向上的审美态度，这里反对功利性的审美，这个行为本身就已经脱离了美。

其次是引导学习者根据自己的经历、学识、性格、情感与思维特点对审美对象进行个性化的自由的"超然"审美，不囿于群体固有结论，不停步于自己的直觉感受。例如，在小说《林教头风雪山神庙》的教学过程中，风雪，是小说情节展开的环境，学习者自然都能联想或者想象到现实生活中的场景，并在这种情境中鉴赏人物与情境。不过，若只是就风雪的自然属性进行审美关注，审美会脱离原著过远，审美意义与功能较小。另外，"超然"并不等同于个人感受，个人的直觉性感受毕竟少了审美的思想和态度。审美态度，这是一份属于审美的独特的"超然"，它在求得学习者群体同一认识的基础上，积极反思，远离功利和一般现实生活态度，把每个学习者个人的审美态度与本人的知识、技能、经历、经验充分结合起来，通过积极的审美态度来展示和显现审美教育的活力与意义。

最后是鼓励学习者积极、准确、有逻辑地表达。学习者审美个性化需要师生间、生生间的交流与表达，并通过交流和表达提升审美品位、端正审美态度、提升审美素养。教师要对审美活动进行合理的问题设计和氛围创设，积极鼓励学习者充分、有序地思考和表达自己的见解，认真反思后，努力尝试进行深层次的审美认知，获得审美能力的提升。教师鼓励和支持学习者的交流与表达，通过小组讨论、个人发言、班级研讨、周记、日记、微博等方式鼓励支持学习者的表达，使学习者提高审美兴趣、完善审美方法。

2. 支持个性化思维

关于认识活动，让·皮亚杰（Jean Piaget）提出了 S-AT-R 公式，他认为，客观刺激只有被个体同化于其认知结构中，才能引起个体对刺激的相应行为反应。B. 英海尔德（Barbel Inhelder）则指出，让·皮亚杰（Jean Piaget）认识论中的"认识"既不是由客体决定，也不是由主体预先决定的，而是逐渐构造的结果。这恰恰表明在审美个性化的教育过程中，不能漠视学习者作为审美个体逐渐形成的审美认识，这种逐渐形成的认识依托于学习者个性化思维。

为了学习者审美思维的形成，有必要积极培养学习者形成自己的审美认识角度与审美习惯，提升审美素养。《再别康桥》是一首脍炙人口的诗作，但是如果没有个性化的审美思维，不去主动进行探究，学习者只能在康桥美丽的波纹中迷失，他不明白也无法明白为什么作者要"轻轻地走""轻轻地挥手"。没有思维，再美的诗作也只是一段段美丽的词语，有形无情。

因此，要鼓励学习者思维的多元化，多元化是基于学习者的审美条件。学习者的各种审美条件是因，审美思维的多元化就是果。在调动学习者所有相关审美条件的同时，鼓励学习者养成多元化思维的习惯。有学习者认为《蜀道难》美在雄奇，有人认为美在幻象，有人认为美在自由，等等，在这个意义上说，只有一定的思维角度和意境生成，才会逐渐突破情感的简单体验而踏入审美境界中来。

个性化思维不是凭空而来的，自然有先天的基础，也有必要的教育和引导。每个学习者自身的认识来源于自己的积淀，真实而自由，审美的愉悦有真实性和发展性。在一般意义的审美体验后，建议鼓励学习者总结和提出自己的审美认识与判断，不是要说服他人，而是把自己的审美愉悦与他人的共享，在交流的陶养中不断浸润自己情感与情操。例如，有人提出《雷雨》中周朴园良心未泯，有人则认为周朴园是矛盾式人物，有人认为他是彻头彻尾的伪君子，等等，无论怎样，审美对象给我们提供了可任思维和情感飞翔的空间，每名学习者都通过思维成为让自己心灵进行审美的人。到了这一层次，就是一个超越的过程，是一个不断获得审美自由的过程。

3. 支持个性化审美情境因素

审美情境要注意梳理审美对象相关的材料、人物、背景、场合等概念和信息的来龙去脉。作为教师，要引导学习者充分识别和利用审美情境因素，多方思考，整合审美信息，否则将"直接导致阅读教学组织中外部过程的刻板的有序和内涵过程的繁杂的无序。"[①] 例如，在《泪珠与珍珠》的审美教育中，原文没有直接说泪珠与珍珠的关系，只是用"雨后的青山"等词语来逐步引导读者的思维，如果只是就泪珠和珍珠而对原文进行美的鉴赏，只能得出泪珠是泪珠，

---

① 区培民. 语文课程与教学论［M］. 杭州：浙江教育出版社，2003：130.

珍珠是珍珠,二者有相似点等乏味机械的结论,远非原文思乡情感经时代与文化洗礼后所表达出的深刻内涵。

首先,要引导学习者对作品进行初步的阅读和鉴赏,感受、理解原作的基本内涵,进而引导学习者充分借用文中提供的文章背景、语言风格、话语场合及引文中包含的文化信息,使学习者的审美情感受到激发,并从人本的角度重新审视阅读的意义,对作品进行有审美特点的联想、想象,对其主旨进行分析与拓展。在此基础上,引导学习者进行深层次的审美活动,结合自己的知识积累、性格特点、生命体验,领略作品中的精神与情感风采,创造出更具个性意义的新的艺术形象。另外,教师要营造一个开放性的学习情境,尽可能使每一个学习者的独立思考都得到关注、倾听和容纳。

其次,要加强艺术经典教育,引导学习者积极寻找人生意义,追求更深远的人生内涵与审美境界,如果仅靠所谓的流行艺术是不可能达到这个效果的。正如叶朗所云"美育不应该孤立起来进行,不仅要十分重视受教育者直接参与审美活动、艺术活动的实践,而且应该和提高一个人整体的文化教养结合在一起来进行。同时,在美育的实施过程中,要十分关注一个人的人生经历对他心灵的深刻影响"。①

4. 鼓励个性化创新,享受审美自由

在审美教育过程中,学习者的审美心理与行为事实上存在差异。例如,在《蜀道难》的学习过程中,有学习者洞见了自然风光与中国知识分子精神境界的微妙联系,有学习者看到了中国古诗语言发展与时代要求的必然关系,更有学习者从"蜀道"艰难的描绘中寻求到了文化发展对文人心理的独特要求,等等。这种个性化,是审美创新的基础。

进行有个性化的创新,首先,教师要引导和鼓励学习者拓展知识视野,除却一般意义的知识,也包含审美视野、审美态度,要有对人生真谛、生命价值的终极思考,有对优秀文化与历史的坚定信仰和积极传承。基于此,学习者的创新,包括审美个性化的创新才是有的放矢,学习者才享受得到学习与审美的自由。

其次,设置问题情境,提供创新平台。"使学生通过解决这个问题,就如同

---

① 叶朗. 美学原理 [M]. 北京:北京大学出版社,2009:411.

通过一道大门而进入一个崭新的天地。"① 当然，问题情景的设置，要根据和贴近审美内容，适合学习群体的审美能力，鼓励学习者通过想象与联想，充分感知和思考形象的综合特点，进而提出自己真实的看法并相互交流，这会使学习者具有一种审美创新经验，这种创新经验使他能够洞见情感、价值与精神的个性化审美价值。

创新重在结论，更重在过程，要徐徐拉开审美的帷幕，引导学习者循序渐进地进行属于他们自己的即使浅显但是有见解又有个性的审美判断，这也要求教师的教育视野要再宽阔些。

5. 支持个性化审美判断

个性化审美判断常遇困难。一方面，有些经典作品与现实社会的价值取向差距过远，学习者缺乏理解能力；另一方面，学习者会认为典型作品不需解读，专家早已有结论，学会了人云亦云。例如，诗经代表作《氓》的审美教育过程中，学习者通常能理解到主人公对氓的态度与诗歌的基本意义，但是除却按参考材料、注释及鉴赏辞典来解释外，学习者较少也无力形成对先秦时期政治、经济、文化等方面富有个性的明确清晰的审美判断，人物形象的审美苍白而肤浅。

这些都需要引导与帮助。一是引导、鼓励和帮助学习者树立正确、积极的审美态度，注意知识的积累与运用，注意综合素质的提升与发展，尤其是要注意和个人各方面的特点相结合，强大的特点要利用，弱化的特点要弥补，这种挑战会使审美教育成为学习者学习的兴趣之所在、理想之所在。

二是进行多角度情境展示与分析，提供学习的多层次平台。不同学习者关注的情境不同，但是不受关注的情境同样有其价值，教师引导学习者多角度多侧面地分析不同情境，广泛感受，细致整理，根据自己的理解形成明确的审美判断，这也是完善学习者对美的鉴赏策略。

三是进行示范，同时，鼓励学习者形成自己独特的审美思维与认识角度，只要符合时代发展的一般要求，符合基本的价值标准，就要大胆地支持学习者对不同角度的情境进行选择与判断，不同见解不等于错误见解，要给学习者以

---

① 徐宾. 有效问题情景的基本特征与创设策略 [J]. 中小学教育，2007：9.

勇气，提倡自然而然，提倡有感而发，不轻易阻断学习者的审美个性化思路，在潜移默化中使学习者的审美个性化的能力得以发展、水平得以提高。

第二节　审美情趣的内涵及养成分析

2016 年发布的《素养》对审美情趣的基本内涵进行了较为系统的界定。理解审美情趣的内涵及养成要素，有助于审美教育活动的有效开展，有助于中国学生审美情趣的发展与提升。

一、审美情趣的基本内涵

在审美的范畴内，审美情趣的说法不一。有人认为是审美情趣，有人认为是审美趣味，也有人认为是审美格调，甚至朱光潜直接提出审美趣味就是审美鉴赏力。无论怎样分析，审美情趣是富于个体意义的，不能简单等同于主体，个体和主体的区别是鲜明的。

从个体出发，审美情趣是整体素养的体现，是在长期的生活实践中逐渐积累和感悟形成的，一方面有持久性，另一方面也有可塑性。

既然从个体意义出发，就不能回避个体的喜好、态度和追求。按叶朗的提法是审美偏爱、审美标准和审美理想。审美偏爱是自然意义的个人喜好，这种喜好是审美的优先注意心理倾向，也是一种审美心理指向，是潜在和隐性的，既稳定又可塑；审美标准强调了外部因素的影响，使学习者不断接受不同参照物的影响，结合自己的偏爱、综合素养，逐渐形成的审美判断的尺度；审美理想是一种追求，是由情感而向精神的升华，是对既有生活的精神感悟和超越，是可追求的审美自由，是对立的和解也是一种审美的"高峰体验"，和存在心理学的审美需要与成长的层级是相呼应的。

仅就青少年而言，审美情趣的养成有明确的国家意志，强调更多的"要求""导引"意义，教育的意味更浓。《素养》强调，审美情趣是人文底蕴的重要因素，包含了四个基本内涵：（1）具有艺术知识、技能与方法的积累；（2）具有发现、感知、欣赏、评价美的意识和基本能力；（3）具有健康的审美价值取向；

（4）具有艺术表达和创意表达的兴趣和意识。

这里要说明的是，上述四个内涵并不只是框架意义上的可习得的内涵要素，相较于一般学科要素而言，它更具体地指向审美的关键能力和必备品格，更多地指向基于发展意义而非习得意义的学习理念。美永远在心中，但美永远在前方，不断追求也恰恰是审美的价值所在。

如果从养成的角度看，使学习者的审美情趣水平提升，至少需要两种助力，一是需要环境的感染和浸润，自然而然，潜移默化；二是需要教育导引，结合人文教育进行示范和鼓励，也是可行的。

二、审美情趣的养成分析

审美情趣的养成基本可以从个体认知、环境与行为三个角度予以考量。之所以界定这三个角度的要素，是因为参照了阿尔伯特·班杜拉（Albert Bandura）认知结构，阿尔伯特·班杜拉（Albert Bandura）充分强调了认知、环境、行为三者交互对于学习认知发展的重要意义和价值。我们使用阿尔伯特·班杜拉（Albert Bandura）的理论来认识审美情趣的基本要素，一方面是考虑了审美情趣本身的要素内涵，另一方面也充分考量了审美情趣养成的要素内涵。认知、环境、行为的交互会使审美情趣养成更趋近于感性和理性的交融，更有实际的践行意义。从内涵关系来看，个体认知包括兴趣、需要、审美经验、想象；环境包括环境与行为的再创造、审美的本真姿态。

（一）认知

我们认为构成审美情趣的个体认知因素主要包括"兴趣、需要、审美经验和想象"。

1. 兴趣

审美角度的兴趣是审美情趣个体认知的一个要素，从美学意义上说，主要体现在理论和实践两个方面。从理论层面看，前文提及叶朗将审美情趣厘定为审美偏爱、审美标准和审美理想三个层面。每个层面都是和兴趣关联的，兴趣是情感关注的起点，它首先与审美偏爱产生相互影响的关系，触发和形成了审美偏爱。但它是感受性的，是感非悟。有人提出美感是一种高级的精神愉悦，兴趣则可能是一种生理快感和情感愉悦，相对于美感，兴趣并不一定要超功利，也并不一定要情景交融、物我合一。兴趣是审美的起点之一，但并非终点。但是兴趣关联着愉悦性，没有了兴趣也不会产生美感。兴趣对于审美，的确是不可或缺。

2. 需要

审美角度的需要是审美情趣的核心要素，从美学的理论层面看，审美情趣的形成与发展必须以个体内在的审美需要为根基，是一种自发与自觉相结合的过程。厘定审美需要是审美情趣养成的重要环节，它在审美情趣的形成中起着根基作用，事实上是强调审美角度的"需要"是强调生命活动发展过程中的一种需求。从本质上看，这是一种自由和自觉，也是人生存和发展的内在规定性。构成这种审美需要的重要因素主要有学习者的心理需求、发展需求和基于自身的积极的审美期待。虽然审美过程中的需要与生存和发展有关，但是这并不与生理意义的需求相关，恰恰是大相径庭，这是一种生存与发展的高级需要。对于这种"需要"也需要理解和认知，并不强调为了认知而认知，而是说理解"审美需要"对审美的必要性，使"自由"和"自觉"不受理性的压抑和控制，不以功利性实现为追求。

3. 审美经验

经验对于学习的意义是重要的，无论作为动词还是名词。对于审美经验来说，约翰·杜威（John Dewey）提出过一个例子，他说："人们普遍认为帕台农神殿是一件了不起的艺术作品。然而它只有成为后人的一个经验，才拥有美学地位。"① 可见其重要。作为学习者的认知，要理解审美情趣的形成受到个体情感、情操、气质、性格、思想、生活方式、人生经历、文化教养以及社会生活方面因素的制约和影响，这些影响的存在以及发生作用就是一种经验。它对于审美情趣的养成是有基础性和前提性意义的，也就是说审美情趣只有在个体的审美经验过程中，才会被不断整合到个体意义的审美情趣之中，个体的情趣实际上是离不开社会与时代风尚的影响的。当然，不能把经验仅仅理解为经历，还有混在一起的情感经验、性质经验。性质经验是约翰·杜威（John Dewey）提出的，他以此区别审美经验和智性经验，审美经验是受多方面因素制约的，是引起情趣性质上的变化的。

---

① 杜威. 艺术即体验［M］. 程颖，译. 北京：金城出版社，2011：2.

4. 想象

从美学意义上说，审美意义上的想象是使审美者审美情趣真实和有趣起来的翅膀，张扬的就是丰富性和创造性。在文学理论中，文学被称为"想象的艺术"。想象，把文字符号转换成可以触及的情感意味，走进作品背后的意蕴，呈现一个情感的世界。刘勰在《文心雕龙》中也提出"文之思也，其神远矣。故寂然凝虑，思接千载"。即"想象"把审美对象中的意象与意境鲜明地表现出来。审美情趣依托审美想象的视角，由审美者个体扩展和生成而得的。

审美想象对于审美情趣的意义更在于上述内容的扩展和生成，审美想象的参与使审美情趣始终向往着"新意"，这种新意是无穷尽的，除了理智的"真理"之外，审美想象使审美情趣永远存在着对美的参与的无数的方式。基于此，并不在于审美对象是否完善，而在于审美想象对审美情趣的激活是无止境的、是极其丰富的，审美者面临着一个广袤的意蕴丰富的美的大海。格奥尔格·威廉·弗里德里希·黑格尔（Georg Wilhelm Friedrich Hegel）有句话更形象："如果谈到本领，最杰出的艺术本领就是想象。但是我们同时要注意，不要把想象和纯然被动的幻想混为一事。想象是创造性的。"①

（二）环境

美和美感从来都是有社会属性的，自然地理环境、社会文化环境、时代风貌都对美和美感有影响。从审美情趣的养成看，环境无疑存在具体影响，也制约着审美情趣养成的行为，显示在情趣的创造性和本真状态方面。

1. 创造性

自然环境对审美情趣的养成存在影响，梁启超也认为，不同的天然景物，影响一个朝代的气象（审美风貌）。这种影响来源于地域性自然环境的特点长期的浸润。例如，希腊的自然环境使该地域的人精细、明朗、恬静，也使当地的审美趋向于绝对的优美、和谐，这区别于其他地域，就是一种创造。

叶朗也有直接的表述，他认为社会文化环境对审美活动的影响，在每个个人身上集中体现为审美趣味和审美格调。可以说，社会文化是一种精神上的气候，这种精神上的气候是长期形成且稳定的，对包括学习者在内的审美者当然

---

① 黑格尔. 美学（第1卷）[M]. 朱光潜，译. 北京：商务印书馆，1996：357.

起作用，这种作用使一定社会文化背景下的审美者形成稳定的审美情趣，这也是创造的前提、是坚实的基础。

2. 本真状态

格奥尔格·威廉·弗里德里希·黑格尔（Georg Wilhelm Friedrich Hegel）谈到环境赋予的社会美以及社会美对审美者审美情趣的影响时，说得很明确，他把社会美理解为一个意象世界，这是美及审美角度的应然，就是有无穷的意蕴，又因为社会美的物质，这种无穷的意蕴有着深刻的历史意味。基于此，社会美显示了生活的本身面目，这就是一种本真状态。格奥尔格·威廉·弗里德里希·黑格尔（Georg Wilhelm Friedrich Hegel）认为我们在社会美的感召和影响下，回到生活本身，超越等级、特权和框架，照亮审美者的生活的本真状态。在这种过程和结果中，可以感受到审美情趣的存在和发展，它随社会美的影响而影响到每一个审美者，从而使审美情趣始终关注生活和情感的本真状态，从未脱离美及审美的本源。

恩格斯提及"规律"时认为，事情不在于把规律外注于自然界，而在于从自然界中找出这些规律并且就在自然界中阐发。本真的审美状态不是他人规定好并告诉我们的，恰恰是我们设身处地，在以他为我的体验活动中感悟而来。环境内蕴的社会美是时代风尚与品格发展的应然产物，高尚的美必然带来高尚的情感与精神回应，这是艺术得以作用于精神世界的主观原因。生活的本真状态自然为审美情趣的养成与发展提供影响和保障。

第二章

审美教育历史叙述与情趣养成钩沉

第一节　审美教育历史叙述

一、基于美的本质探析

国外审美教育研究的历史久远，在美学、哲学与心理学层面有丰富的研究成果。基于我们的目的与范围，对国外相关审美教育的研究重点着眼于近年来教育学角度对审美认识、地位、功能及内容等方面研究成果的述评，同时对审美教育过程中教师与学习者的教学地位、实践原则等方面的成果有所梳理和评析。

在教育中，尤其是基础教育中，审美教育一直以不同形式开展活动，取得不同角度与层次的研究成果。我们选取关于审美教育的地位、内容与对象、师生关系等直接相关内容进行梳理与研究。

（一）审美教育需要改变教育中的边缘地位

学者安德里亚（Andrea）在《诗与孩子：遐想及老师的责任》中指出，审美教育不仅是教育行为的一种空白边缘补充，而更应该是思考和行动的基础，审美要能够提供软能力（技能），从教育的价值与意义上看，这对儿童个性形成与发展有较大的影响，可以大幅度地提高他们的社会竞争力。

学者娜塔莉（Nathalie）在《每日审美》指出审美的重要意义，即要从日常生活更多方面和人们长时间忽视的物体上寻找美的现实存在及其意义、价值的判断。审美活动同时带给人以美的感受和良好的伦理道德意识，在实际生活中有非常重要的作用等。他认为审美是人与环境、物体感觉能力互动的结果，这种互动过程也正是其价值与作用之所在。

学者埃文（Evan）在《审美教育课程计划和课程改革》中指出，审美教育非常重要，但是在美国的许多小学，作为审美教育载体的艺术课直接被看成一种娱乐，这让教师和学习者在学习负担面前有减负的机会，而这并非审美教育。另外，在许多中学，艺术课程耗资较大，以至于只有一小部分优等生才能享受，但是，审美教育并不只是少数学习者才享有，它应使所有学习者都受益，应该给更多的学习者以审美教育机会和平台。

（二）审美教育关注思考、想象和发现能力

学者艾米丽（Emily）在《重新评估审美欣赏大自然与康德之崇高》一文中提出，因为审美的特殊性，在审美欣赏中存在着多种不确定的模糊存在，很多时候美及审美并不是表面存在的形式能涵盖和代表的，应该用更精确慎重的研究方法进行复杂和微妙的研究。

莫迪凯（Mordecai）则在《幽默与审美经验的关系》中指出，在审美经验中应该使用更多的想象，用极大的自由感去创造并产生惊奇，这是一种有趣的感受。在审美教育中，要关注审美经验的本质和目的，不能只由事物表面美的特征来判断美的存在。

奥尔加（Olga）在《在艺术馆的教育项目中反思批判性思维和它的作用》中认为艺术作品的互动经常在教育中缺失，人们习惯于感受直观可感的艺术作品。他指出，目前美国的几家艺术馆致力于培养学习者批判性思维的教育项目，从多元角度提供教育的平台，启发与鼓励学习者的审美探索，同时艺术作品本身其实能够发展学习者的思考能力，教师要训练学习者进行推理判断，寻找艺术作品的观察角度与鉴赏证据，提升观察力水平。

迪娜（Dina）在《一个创造性审美课程的意向》中指出，在审美课程中，文化性研究仍然未受重视，学习者的审美行为缺乏探索与研究，这值得警惕并要受到教师的重视。

（三）审美教育要准确把握学习者的审美地位

詹姆斯（James）在《艺术和观众》中提出，在艺术作品中，审美主义者过多地关注作品和艺术家，忽视了观众。但实际上只有了解了观众的所思所想，才能决定艺术作品的方向和作者的创作。观众的作用与地位不能忽视，在提高审美价值，鼓励艺术作品创作中有着重要作用。布里特（Britt）则直接在《审美经验在学校教育中的角色》中指出，教师一定要注意观赏学生的审美活动，一定要有所总结和整合，并且依此在活动中不断提示审美讨论的重点。邓肯（Duncan）在《美学、艺术和教育：有影响的课程》中认为，在审美教育过程中，教师既不应该以灌输的方式学习某一种理论，不将其作为任何美学行为的必备条件，不将学生作为刻板的学习对象，同时，也不应该尝试去鼓励学生放任自己的好恶，随意判断，而是要控制好尺度。

从上述国外审美教育的研究看，有以下五个方面内容。

第一，审美教育对学习者的个性发展有较大影响，可以较大程度地提高学习者的综合素养和社会竞争力。第二，审美教育要多视角，不能限制在一个单一的角度，应该鼓励师生对美进行多元化感受、理解与判断。第三，审美教育可以提升和发展学习者的综合能力，例如，思考技能、推理判断、观察力等。第四，审美教育一定要关注学习者群体，关注每个人的发展，不能只从教师的角度去设计教学过程，师生要共同参与，共同完成。第五，审美教育要有一定的原则，不能随意化和自由化。

总体而言，当前审美教育支持学习者个性地、充分地发展，同时提出审美教育需要注意的重要问题，尤其提出充分关注学习者群体和个性的发展，这些都使审美教育在健康有序的环境中发展，对教师和学习者个体意识觉醒与发展都有积极意义。但要指出的是，以下三个问题尚未解决且缺少观照。

第一，对教师角度的审美情趣养成缺乏思考与关注，更多的是关注审美教育学习者的发展，而教师在审美教育中的教学行为为学习者的个性发展提供平台与保障，教师不是学习的主体，但是依然是学习者审美学习的参与者、引导者、促进者和评价者，并非置身于教育之外。同时，没有教师个性化的参与，显然无法在某些方面深化审美教育，而且无法与学习者形成强烈审美共鸣，无法进行较深层次的感受、价值，进行较深入的审美交流，审美功能实际是弱化的。从这个角度分析，并不能以学习者个性发展代替教师的个性化教育，这是不同的角度、不同的功能。

第二，从教师角度审视，个性化的特征还缺乏研究。目前，还没有学者直面此问题并进行思考，对于审美教育而言，教师的审美情趣养成研究还只是边缘化的存在，这使审美教育缺少个性化意义的方式、方法与策略，没有个性化特征的审美教育无法让学习者真正解放个性尤其是正确科学地发展审美个性，其内涵与价值并不与学习主体地位相适应。有必要从教师角度思考审美教育的个性化教学特征，以审美教育的"教"为起点关注审美教育的有效性，依据审美情趣养成规律开展审美教育，以期实现学习者在审美学习中的主体地位，实现审美教育功能。

第三，虽然有学者在关注审美教育的实践原则与策略，但是还缺乏包括审美、审美教育、人本主义教育思想、个性化教学等因素的综合思考和判断，结论还显得单一。例如，美在基础教育中的内涵、审美教育中教与学双方的个性化特征、以学习者为本的审美教育、学习者群体的年龄特征、个性化解读等问题，都制约着审美教育的实践深度和价值，还有一定的理论研究和实践空间，有必要依据上述因素对实践原则和策略进行研究与探讨。

二、基于体系、模式探究和特色实践

21 世纪以来，国内有关审美教育各方面的研究与相关论文无论从数量上还是质量上来讲，较此前都有突破性的进展，越来越注重教育过程，强化了对审美自由、感受与判断的关注。自 2000 年以来，以《审美》为题名的博士论文有386 篇，涉及政治、音乐、艺术、体育、音乐、美学、教育学、文学、德育等学科与专业。从目前审美教育相关基本理论层面的研究看，主要集中于实施素质教育，改进美育教学，提高学习者审美和人文素养，促进学习者健康成长，明确新时期审美教育的发展方向。基于学科教学和教育学视角关注审美教育则相对较少，有必要对其目的、价值、内涵、本质、特征进行梳理。

（一）审美教育目的

审美教育目的是教师开展审美教学工作的指导与要求，国内部分学者主要围绕审美主体、人格、能力等视角开展具体研究。

叶春平在《美育基础》中提出，美育的目的是提高人的审美感受能力；蒋冰海在《美育学导论》中指出，美育的根本目的在于全面地培养人；毛宣国在《美学新探》中指出，美育的核心就是培养完整的人格和全面发展的人；李刚在

27

《语文美育的目标与任务》中认为语文美育应该达到培养良好个性和健康人格的目标；张效民在《美育与中学古典诗词教学》中认为美育的目的是要培养全面发展、具有健全而高尚人格的人才；杨斌、蔡明在《关于语文教学美育的对话》中提出要把学习者个性自由、人格的全面发展当作美育的根本目的，要在素质教育的框架下进行美育目的研究，以素质教育的总目标为美育的目标；张万有在《语文教学与审美教育》中认为美育的任务旨在培养和提高人们在现实世界（包括社会和自然）以及文艺作品中感受美、鉴赏美和创造美的能力，陶冶人们的情操，增添人们的生活情趣。

（二）审美教育价值

审美教育价值主要表现在思维与精神境界两个角度。

张楚廷在《美育在教育中的地位问题》中从美育与德育的差别和联系的角度批判了伦理美学观中涵盖"善"的错误观点，指出了美育在发展思维、激发创造等方面的独特作用。

顾明远在《苏霍姆林斯基教育思想的现实意义》中阐释了苏霍姆林斯基的美育思想，进一步廓清了美育与德育的区别，重申了美育的独立价值，认为所有德育手段不能达到的精神世界，美育的手段都能触及它。

其实无论哪个角度至少说明了审美教育的促进作用，思维与精神维度的发展和道德的发展一样，都需要自然而然，而不是刻意灌输。审美的视角使人们由逻辑到审美状态，再到道德，比由自然状态直接到道德状态来得容易，易于接受，这也是约翰·克里斯托弗·弗里德里希·冯·席勒（Johann Christoph Friedrich von Schiller）一直强调的审美教育的价值与作用，他甚至认为道德教育只能从审美教育中产生和升华，不可或缺。

（三）审美教育理论体系的构建探索

赵伶俐致力于美育科学体系的构建，在《当代美育研究的主要课题与问题》中从七个方面对中国美育研究的主要课题及在这些课题中存在的主要问题进行了梳理：对美育价值的全面认识、美育理论系统的建立、美育传统与现实的衔接、美育研究科学化、美育研究的实践性、美育与现代化、市场经济。《论美育的科学化——兼论整个教育构成的科学化》更是从理论系统化、实验化、数量化三方面提出了美育学科的建构和研究的科学化问题。

美育内容的相关研究有所突破。长期以来，美育内容三因素说普遍为人们接受，理论界与实践人员都是从"自然美、社会美、艺术美"等美的因素去进行美的体验、鉴赏与教育。如周冠生在《美育的今天、明天与昨天——对美育概念及其在教育中地位之我见》中列举了对美育界定的四种最具代表性的观点。四种代表性的观点均采用三因素说。他认为美育是运用艺术美、自然美、社会生活美来培养教师正确的审美观念和感受美、鉴赏美、创造美的能力的教育。近年来，理论界对美育内容的认识有所拓展，出现了四因素说。如林绿茂在《美育在人的全面发展中的重要作用》中认为，美育内容应包括社会美、自然美、艺术美、科学美四个方面。

在此基础上，张楚廷在《美育在教育中的地位问题》中提出了美育内容的五因素说。他把心灵美增为美育的内容，而且肯定了美育在塑造美的心灵时的感染力量。在谈到音乐、美术知识对人的素质的重要影响时认为它们是直接表现人的心灵的知识，它能唤起心灵的震撼，能更直接地进入心灵。这种直接，按约翰·克里斯托弗·弗里德里希·冯·席勒（Johann Christoph Friedrich von Schiller）的看法是强调了感性的意义，但是不能把感性作为唯一的进入审美教育的入口，毕竟任何审美者，尤其是学校的审美学习者不可能是永远的个体意义，他也有要达到的显性目的，所以包括审美教育在内也要在自然目的的范围内，为达成理性目的而做准备，或者说，审美教育也是有法则的，需要在审美法则的支持下实现自然规定。这种审美法则的系统性一直困扰着我们，人们在不断建构和完善的过程中也认识到，按照美的规律来构造，既构造对象也构造自己，所以美学因素在让知识进入心灵并成为心灵的一部分中起着特殊的作用。

（四）审美教育的内涵、本质

对美育的内涵、本质、特征进行探讨的学者较多。如周庆元、胡绪阳在《走向美育的完整》中确定了美育的两个基本维度：审美教育和立美教育，丰富了美育的内涵，有突破性意义。卢世林在《美育的本质与创造能力的培养》中指出美育的本质在于自由创造。认为审美和创造能力密不可分，美育的功能应该从德育的遮蔽中凸显出来，把艺术和审美还原为生命力的充盈与创造，把陶冶情操还原为自由游戏。蔡春、邱德雄在《论审美教育的感性规定性》中从审美活动中美感的角度提出审美教育首先是一种感性教育。

张正江在《中华人民共和国美育的命运》中重新厘清了新中国成立以来美育的历史、发展趋势、成熟、问题及各种影响发展的因素，他指出美是事物生命自然或自由地显现。美育的本质就是涵养和培育学习者生命力的一种教育。美育的目的在于培养自由生命。美育的价值在于使人的生命充满朝气与活力，获得自由。

还有一些学者用教学美学的角度诠释美与教育的关系。

陈建翔的系列论文对教育与美的内在联系进行了深入的考察，旨在构建教育美学"立美育人"规律，具有较强的实践品格。其代表性论文《教育美学视野下的教学操作艺术》论述了从教育自身的创造规律来理解和把握美的观点。

但研究者们对教育美学的理解并不一致，王大桥在《语文教育美学观》中认为，教育美学主要是教育上的美学借鉴，语文教育的美学借鉴应该是精神的吸收，强调以自由创造为内涵的审美精神应成为语文教育的灵魂。

李如密则做了比较清晰的梳理，他认为，像孙俊三的《从经验的积累到生命的体验——论教学过程审美模式的构建》、杨四耕的《当代新基础教育的生命美学观及其方法论意义》、王敏的学位论文《走向生命观照的美的教学观》等，都关注于用生命美学的观点来分析教学美学问题，关注现代教学技术。杨成、李子运、邵敏在《基于电化教学的教学之美研究》中，专门探讨了现代教学技术与教学美学的结合问题，关注审美化的教学模式建构。像查有梁的《"审美—立美"教学模式建构》，让人们在诸多教学模式中看到了审美化教学模式的新趋向与新特点。像宋其蕤在《语文教学美学论》中，着力于语文学科的教学美学的意义与内涵建构。①

第二节　审美情趣养成的沉思

一、以审美想象为视域

审美想象是审美主体在审美过程中的一种特殊的认识和心理活动，它属于

---

① 李如密. 国内外教学美学研究状况及存在问题［J］. 教育学术月刊，2008（1）：3-7.

审美感受的基本范畴。伊曼努尔·康德（Immanuel Kant）认为"就适意者而言适用的是如下原理：每一个人都有他自己的鉴赏（感官的鉴赏）。"① 而审美感受则是审美主体对审美表象的主观反映，是一种特殊、复杂的审美心理活动，它由审美感觉、审美知觉、审美表象、审美想象等综合作用而构成的。从审美心理活动过程来看，审美想象是审美特有的审美心理活动功能，是基于对审美表象的理解和认识，对其进行重构，形成属于审美主体的改造后的新表象，是一种改造和组合，并创造新的审美意象的过程。

（一）突出创造

古罗马学者斐罗斯屈拉特（Lucius flavius philostratus）有段著名的表述，"想象比起模仿是一种更聪明灵巧的艺术家。摹仿只能塑造出见过的事物，想象却能塑造出未见过的事物"②，说明了想象在艺术活动中的重要作用和对创造的重要价值。从根本上说，审美想象力是一种创造力，它可以补充审美对象表现出的事实链条中不足的和还没有发现的潜在的意义、价值。审美想象激发的创造力并非单一对新事物的塑造，而是与审美相关的多种因素复合而形成的复杂性结构。它以注意、观察、理解和记忆为基础，加之以审美分析、审美判断、审美综合，进而形成审美创造力，这取决于上述因素、条件的综合性和实现程度，同时还取决于审美主体多元的审美视角。总体而言，审美想象是审美创造的前提，并强调着审美创造。《崇高与美——博克美学论文选》提及，趣味对于想象而言，其原则对于所有人都是相同的，人们受影响方式没有差异，影响的原因也没有差异，但是在程度上有差异。

（二）关注生活

审美想象并非凭空而来，不是幻想。从审美心理看，是审美表象唤醒审美主体的审美感性经验并重新组合的过程，同时，通过不断的审美想象，审美主体的审美心理结构不断优化调整，审美经验水平和层次不断发展与提升，审美想象水平也得以发展和提升。在此过程中，审美主体的现实生活经验则是审美想象参考和比较的重要内容，换言之，也是审美主体不断改造来自现实生活的

---

① 康德. 判断力批判 [M]. 李秋零，译. 北京：中国人民大学出版社，2011：42.

② 朱光潜. 西方美学史（下卷）[M]. 北京：人民文学出版社，1979：682.

审美体验的过程，是客观现实在一定角度下对审美对象的相关反映。关注现实生活，感受与体悟其中的情感、态度，会使审美、审美想象有真实的情感共鸣。基于此，审美主体并不脱离现实生活提供的记忆表象进行审美想象，不游离于现实生活提供的记忆表象之外信马由缰，审美想象则会成为新的审美意象形成的有效动力。

其实，倒不必说得这样复杂，格奥尔格·威廉·弗里德里希·黑格尔（Georg Wilhelm Friedrich Hegel）有段话有相应的描述，他认为"想象这种创造活动，首先是掌握现实及其形象的资禀和敏感，这种资禀和敏感通过常在注意的听觉和视觉，把现实世界的丰富多彩的图形印入人心灵里"①，生活作为现实世界的一个方面，同样帮助人们通过想象把丰富多彩的图形印入审美者的心灵里，会起到推动作用，不能忽视。

（三）丰富情感

情感以感性为特征成为美及审美的必然前提，也是激发审美想象的主要心理动因。审美主体在审美过程中的情感体验反映着他对理性美的态度，反之亦然，二者其实是互为关系、不可分离。从审美想象的过程看，其初始阶段实际是基于情感的想象，审美主体的情感不断寄托于审美对象的表象，形成多元意象，这些多元意象不断强化存在，如果和相似的审美对象联结，则会激发其中的情感，形成联想，触类旁通，妙意无穷，其触发元点便有情感的因素。从这个角度看，审美过程中的情感并不只是感性的存在，更是参与在审美的全过程中，多角度、多侧面，不容忽视。当然，不同审美主体的感情因素制约着不同的审美想象，因为不同的审美主体的生活经验、经历、审美经验、审美心理均不同，对同一审美表象所进行的审美想象的活动及其结果也不尽相同，这必然表现出审美想象多样性、复杂性的特点。大卫·休谟（David Hume）也认为多数人之所以缺乏对美的正确感受，最显著的原因之一就是想象力不够敏感。可见情感的丰富程度与想象力是有紧密关联的，美的感受力同样如此。

（四）与理性交织

审美想象以感情为动力，但是其发展的过程中，实际是对审美对象的表象

---

① 黑格尔. 美学（第1卷）[M]. 朱光潜，译. 北京：商务印书馆，1996：357.

层面不断再现和重组，并不断与现实生活相响应，激发出表象下潜在的意义与价值，这也是对以情感为代表的直接经验的突破，进入更为广阔的理性领域，它将审美主体不同审美阶段的经验联系起来，理性判断和补充表象链条中的不足和断裂，实践潜在的未知环节，实现审美的深层次发展和收获。审美理性并不单指理性的思维特征，也指客观存在和有客观特征的审美对象表征。基于理性的介入，审美想象得以正态发展、深入体味，并不只停留在感受的随意姿态。格奥尔格·威廉·弗里德里希·黑格尔（Georg Wilhelm Friedrich Hegel）认为创造想象"要求助于觉醒的理解力"，马克西姆·高尔基（Maxim Gorky）认为"艺术家应该努力使自己的想象力和逻辑、直觉、理性的力量平衡起来"，也是这个道理。审美想象受理性的制约，从心理层面看，可以理解为审美想象是一种对世界的特殊认知，认知的重要因素包含着理性存在，成为审美对象特征的理解"钥匙"，而任何审美想象的目的，都是使审美主体能够深切感受审美表象多元、特殊的美，因而包含了理性内涵的审美表象的特征，导引着审美想象的基本方向和范围。审美想象受到审美主体主观因素的制约，具有多样性、复杂性的特点，但是它始终是理性参与的审美想象，二者交织在一起。

可见审美主体的审美想象与其他审美行为相比，有独到且自由的地方，或者说，审美想象所强调的审美性和需求性直接影响了审美主体对审美内容的选择与浸润，这是直觉种下审美意味花朵的种子，并成为审美能力形成的基础。

二、以审美经验为视域

审美经验是个含义深远的概念，因为"美"的存在，使其内涵多元，指向复杂，部分研究者将其直接混同于"审美感受""审美意识""审美观念""审美情趣"等。从审美内在发展逻辑看，审美经验是一种发展性的动态过程，不断丰富和叠加着相关的认识和外延。在西方美学史上，明确使用"审美经验"概念的是伯纳德·鲍桑葵（Bernard Bosanquet），还有一种看法，认为"审美经验"真正发端于英国的经验主义美学。他们以审美经验作为美学研究的起始点，以弗朗西斯·培根（Francis Bacon）、大卫·休谟（David Hume）为代表，将审美经验主要归纳于审美主体的感性体验，这种体验来源于趣味与能力，趋向于将美学范式归结于"经验归纳和心理分析"。伊曼努尔·康德（Immanuel Kant）

在《判断力批判》中对审美判断力进行了哲学意义的分析，从而使审美主体的复杂特征和审美经验的多元特点具有了哲学意义。换言之，审美经验开始实现了审美意义的独立性与狭义性的存在。约翰·克里斯托弗·弗里德里希·冯·席勒（Johann Christoph Friedrich von Schiller）则进一步延续了德国古典美学的这一倾向，试图将美的本质、审美活动建立在感性的、形象的审美经验之上。格奥尔格·威廉·弗里德里希·黑格尔（Georg Wilhelm Friedrich Hegel）则直接认为"美是理念的感性显现"，将美与审美、感性与理性归于一体，并以此揭示了审美经验的本质，即美可以通过概念加以认识，把审美经验看作矛盾冲突、辩证增长、发展的过程，这是格奥尔格·威廉·弗里德里希·黑格尔（Georg Wilhelm Friedrich Hegel）对审美经验理论的重要贡献。叔本华提出了"生命意志说"，强调审美经验的隐性解脱功能，对德国古典美学提出的审美非功利性、非概念性的审美观念进行了主观阐释。弗里德里希·威廉·尼采（Friedrich Wilhelm Nietzsche）则认为审美经验是意志的肯定、释放和对痛苦的超越。审美经验进一步走向复杂性特征。

20世纪开始，约翰·杜威（John Dewey）直接提出审美经验的要素论。他在著名的《艺术即经验》一书中认为艺术的产生是为了使人类进一步获得适应所处环境的经验，相应地，经验的再创造也会对艺术的发展产生直接影响，而这样发展的艺术也会因不断持续的创造性使相应的经验不断发展，如此不断地延伸发展，使艺术及经验的内涵进一步升华，他还认为审美经验的价值还体现在其自身的不断超越，认为"把对过去的回忆与对将来的期望加入经验之中，这样的经验就成为完整的经验，这种完整的经验所带来的美好时期便构成了理想的美"说的就是这个道理。米盖尔·杜夫海纳（Mikel Dufrenne）在《审美经验现象学》中，提出"艺术即审美对象和审美知觉相互关联"的观点，使美学及审美深具哲学色彩，有深远的影响。此后，各种新发展产生的美学理论形态开始涉及审美经验，不仅心理主义取向的审美经验论受到质疑，约翰·杜威（John Dewey）、米盖尔·杜夫海纳（Mikel Dufrenne）等人对审美经验的描述与阐述也受到批评。从"分析美学"的角度考量，审美经验在本质上不能是现象学的、直接的或情感的，应该是对艺术的"符号说明和语言解释"，成为语义学对象，从这个角度看，分析主义美学离弃了审美的感知、直觉感兴力和更为重要的情感。后来，新先锋派对艺术概念本身也构成了极大的挑战，分析美学针对"艺术"概念进行了长时间的论争，主要体现为"本质主义"和"反本质主义"的论争。其中有的派别，例如，持"惯例论"的学者甚至基本排除了"审美经验""审美态度"等与"审美"有关的概念，并用"艺术经验"或者"对艺术作品的经验"直接替代了"审美经验"，认为文化与审美开始分离。

后来兴起的实用主义美学正视并扩大了美学及审美的视域，甚至包括流行艺术和日常生活在内，属于更广阔意义的审美经验论。其后的研究者更是将生活、感知态度、传媒文化以审美的角度切入，以宽广的视域为审美经验厘定新的内涵，更有活力与发展意义。理查德·舒斯特曼（Richard Shusterman）的看法目前看更具代表意义，他强调审美经验是能够给人带来愉悦，是有价值的；是可以被感知和体会的；区别于一般意义的简单的感觉；把美和其他艺术区别开来，这为人们完善理解审美经验注入了新鲜的活力。

总体而言，研究审美经验的依据、概括与分类并不相同，从主观角度看，审美经验是审美主体的心理因素的反映；客观的角度则认为审美经验是由审美对象独具的审美物质决定的。当代美学则趋向于二者的融合，至少将哲学意义、心理学意义的美对现实的超越和人们日常的审美生活关联起来，强调审美与现实的积极的融合，强调审美者审美过程的敏感性、层次性和审美深度。

对美及审美从封闭走向开放、从沉思走向观看，审美经验既有多元化、复杂呈现的一面，也有平面、解构的特征，虽然不至于消解传统经验，但也足以影响其发生与发展。

三、以高峰体验为视域

叶朗在《美学原理》中提出，审美情趣是审美偏爱、审美标准、审美理想的总和，审美偏爱的健康发展，表现为兴趣的专一性与兴趣可塑性之间的张力平衡，肯定了审美兴趣对于审美情趣形成的重要作用。审美兴趣的重要感受是高峰体验。学习者作为审美主体，在进行审美实践的过程中，高峰体验首先被看作审美情趣养成的核心支撑要素。

亚伯拉罕·哈洛德·马斯洛（Abraham H. Maslow）在《自我实现的人》中提出，"高峰体验一词是对人的最美好的时刻，生活中最幸福的时刻，是对心醉神迷，销魂，狂喜以及极乐的体验的概括"。①

高峰体验对审美学习者是不陌生的，在"美"的审美对象面前，在"内心融入，并无他物"的沉浸中，他们都曾经历过这种高峰体验，是一种沉淀后的审美愉悦，必然成为审美情趣的养成原因之一，就算为了这个也许瞬间即来、转瞬而去的高峰时刻，单从"期待"而言，也是审美应然之一。

而且，高峰体验并不只是情感意义的喜悦，更有承担社会的伦理责任的欲望与勇气，这则是审美情趣的重要内涵之一："经历高峰体验的普遍后果是一种感恩之情油然而生……这种感恩之情常常表现为一种拥抱一切的对于每个人和万事万物的爱，它促使人产生一种'世界何等美好'的感悟，导致一种为这个世界行善的冲动，一种回报的渴望，甚至一种责任感。"② 而审美情趣并不只是个体意义的执着，更是在社会、时代视角下的个体审美格调，进而发展为社会人群的审美风尚。情趣不是单一生成的，也是诸多审美因素促成的。

再进一步说，高峰体验对于审美主体的个性意义的情趣生成的关键意义在于激发潜能，"他更真实地成为他自己，更完全地实现了他的潜能，更接近于他的存在的核心，更完全地具有人性"③，这才能使审美主体通过自己潜能的激活形成兴趣、期待与感悟。审美潜能激发后的情感体验是顺理成章的，个体的能力与水平能够远至何处，则是各有其能了，审美情趣的层次与深度就在默默中呈现了，不需要担心会不会成为审美的心理定式。

四、以审美需要为视域

审美活动是审美主体情感的直接需要，是自然行为。相应地，审美态度、审美观念、审美情趣、审美理想等，都源于审美需要，当然，这里还要分析的是审美需要与教育对审美情趣养成的综合作用。

---

① 马斯洛. 自我实现的人 [M]. 许金声，刘锋，等译. 北京：生活·读书·新知三联书店，1987：9.

② 马斯洛. 自我实现的人 [M]. 许金声，刘锋，等译. 北京：生活·读书·新知三联书店，1987：315.

③ 马斯洛. 自我实现的人 [M]. 许金声，刘锋，等译. 北京：生活·读书·新知三联书店，1987：316.

（一）审美需要的性质与层次

审美需要的性质，是有其深层次心理学意义的。我们承认从心理学意义上说，"需要"是人一切行为的内在动机，而且把其归纳于典型心理现象，至于从特点上看，是否是功利性的动机，这还要看"需要"本身的"功利性意义"。从审美过程看，审美需要激活的动机是"非功利性"，且是"直觉需要"，这也是内驱力，是心理需要。每位审美者的审美心理需要有相同处，也有各异点。在基本的情感共鸣方面，每个人的心理需要都呈现一定的相似处，例如，读到李白的作品，心生向往，这种向往心是一种需要，也很普遍，这是一种后天习得，只是人与人有重合点；当然也有各异点，每个审美者都有自己与众不同的生活经历和教养水平、学习能力，逐渐形成不同的审美偏爱，这也使得审美需要各显其异。

综合而言，审美需要是后天的，是心理意义的。既表现出一般性（共性），同时也呈现出差异，是一种复杂的心理范畴。

另外，从层次上说早有定论，其中有代表性的是亚伯拉罕·哈洛德·马斯洛（Abraham H. Maslow）的心理需求层次。

亚伯拉罕·哈洛德·马斯洛（Abraham H. Maslow）对人的需求层次进行划分时，提出"一个基本需要的满足，就会出现另一更高级需要占统治地位的意识。就他所关心的范围来说，这个与生活本身同义的、绝对的、最终的价值，就是在特定时期内支配他的、需要阶梯上的任何一种需要。因此，这些基本需要和基本价值既可以看作目的，又可以看作是达到一个终极目的的手段。的确，有一个单独的、终极的价值，或者说人生的目的。然而，这也是同样确实的，即我们有一个有层次的、发展着的、综合地相互联系起来的价值体系"。① 他的需求体系中，最高层次的是自我实现需要，而作为一种心理的内在增长，审美需要也是自我实现需要的一种表现形式，是发展性的、成长性的，是极具个性意义的。这种需求对审美情趣的养成而言，是一个关键的起点，影响情趣养成的方向、目标与期待。审美者在与外部、自身的交流和反思中，逐渐形成精神需要，既有社会属性，又有个体属性，由被动而主动，由对外而对内，以至自

_____

① 马斯洛. 存在心理学探索［M］. 李文，译. 云南：云南人民出版社，1987：137-138.

我实现为成自我精神需要的至高层次，这在一定程度上显示了审美情趣的发展轨迹。

审美需要的性质与层次直接影响审美情趣养成，但二者是和而不同的，审美情趣是基于审美需要的，但又不是完全依据需要的，有自己的独立内涵。或者说需要是一种起点，情趣则是全程性的形成。杜甫说"四更山吐月，残夜水明楼"，朝闻先生认为是灵感，但又何尝不是杜甫的审美情趣所聚呢，这倒不只是审美需要，情趣倒是占了大半。

（二）审美需要生成条件

审美教育不可回避的前提是审美主体的审美快感，或者说是愉悦。这是必然的，无论生理与心理维度，审美都不可能回避是审美快感。审美快感也是一种基本的审美需要，它调动了审美者的多种情感因素。

心理学家提到这个问题，愿意将其与兴趣并列，杨清认为"当一个人发生某种需要的时候，也就是说，当一个人感到自我与周围环境处于某种不平衡状态的时候，他就必然会对有关的事物持有某种积极的态度，从而他就必然会对有关的事物具有一种优先发生注意的倾向"。① 其实，优先发生注意的前提有许多，至少心理、生理都承认愉悦是重要的因素。这是真实的情感的冲击，审美主体将自觉性推进审美，并对审美对象或者所生活的世界产生兴趣，否则，过于刻意地回避"愉悦"，是不是进入了功利性分析呢？

审美意义的愉悦，用约翰·克里斯托弗·弗里德里希·冯·席勒（Johann Christoph Friedrich von Schiller）的话是起于"游戏"，是把审美者自己从自然机械的因果律中解放出来，是心灵意义的自由和生动。还有人将愉悦关联到了"真与善"，这是至高道德水平的召唤，是一种导引，最终在获得"真与善"的过程中获得愉悦。贝奈戴托·克罗齐（Benedetto Croce）评价说是"装在智慧与道德杯口上的甜蜜"。且不论这种诊断的意义，只是说他的名言"一切历史都是当代史"，把历史研究与当代人兴趣联系在一起，就说明他对"兴趣"重要意义的理解与推崇。

另外，我们承认并不是所有的感官的愉悦都是审美的愉悦，有的只是感官

---

① 杨清. 心理学概论［M］. 长春：吉林人民出版社，1981：567.

上的意义而已，并不属于美学表现，仅仅是一种个人的欲望满足。回避了这一点，教育对审美是有要求的，审美主体产生心灵意义的审美需要，而审美需要自然是审美主体的审美期望，这当然源于审美及审美教育活动，我们通过审美理智主义将审美教育关联到了真与善，其中自然不能没有引导和指挥。只是做得恰当，审美情趣会由审美者自然形成；做得过头，审美情趣就成了审美者共享的公共的情趣。

我们当然会避免这种公共的所谓情趣，要看到，随着时代与社会的发展，人们的审美需要就越复杂，非线性、自组织性的特征鲜明，并且更复杂的愉悦感需求也使审美需要多元化。有的不属于审美意义的先搁置，各种和美的对象相关的审美者的审美需要则紧紧依托于他们的认识、态度、经验、情感、思想，这是必然的，美的事物就必然和审美者密切联系着，这是有心理学意义的，是自然形成的，我们将审美需要设了前提，将审美情趣又放到了审美需要的座下，受教导、影响而成。

我们又认为，审美者在对美的事物的理解和体验过程中，对美的鉴赏潜移默化地成为他的精神生活需要，这使愉悦上升到了审美愉悦，又形成了审美需要。是不是要导引和教育？正如柏拉图（Plato）《文艺对话集》中描述苏格拉底的话说："我们不是应该寻找一些有本领的艺术家，把自然的优美方面描绘出来，使我们的青年像住在风和日暖的地带一样，四周一切都对健康有益，天天耳濡目染于优美的作品，像从一种清幽境界呼吸一阵清风，来呼吸它们的好影响，使他们不知不觉地从小就培养起对于美的爱好，并且培养起融美于心灵的习惯吗？"① 这句话是不是将审美者的审美的杯子涂了甜蜜，有本领的艺术家是不是可以替我们领略美的外表与内涵，是不是具有功利意义，一时各有所论，但是这至少充分说明了审美活动对审美需要的形成具有的重大意义。或者说，审美需要一旦形成，它就变成了审美者自身目的，成为一种行为需要、行为习惯，这并不等于本能冲动，恰恰是审美需要自身。

基于此，正确、健康的有示范和教育意义的审美活动，对于审美主体审美需要的形成具有不可忽略的重要性，而恰恰是健康的审美需要又打开了健康的审美情趣的窗子，连接紧密，自然形成。

---

① 柏拉图. 柏拉图文艺对话集［M］. 朱光潜，译. 北京：商务印书馆，2013：60.

(三) 审美需要的功能意义

亚伯拉罕·哈洛德·马斯洛 (Abraham H. Maslow) 需求理论认为，低级需要仅要求从外部使人得到满足，高级需要则是从内部使人得到满足。这同样符合审美需要的意义，如何仅就感官角度的愉悦，这种需要易满足，但有限，如得到满足，便不再会激发人们行为的动力，不是情趣养成的动机。高级需要则不易得到满足，上述谈到自我实现是难以达成的，但如能达成，则成为审美者审美自由、审美情趣提升的重要前提。其中是不是有更多的社会性因素的进入，社会性因素是不是在干扰着审美者对审美对象的沉浸，这个问题是复杂的，但从反方向看，审美需要会实现一种社会性功能，实现审美活动在社会活动中的独特地位与价值，每个个人身上的因需要而形成的审美趣味和审美格调，也必然影响社会意义的审美风尚和时代风貌。

除去社会功能，审美需要是具有均衡意义的，它与审美主体的情感反应相一致，生活在一定社会生活条件下的审美主体，一方面，审美需要是对情感的宣泄和诉求；另一方面，又是对任性情感的规范和净化，呈现出形式化秩序化的特性，从而不断使审美主体提升综合素养，这是具有均衡意义的心理存在。

审美需要是一种发展性需要，审美活动给审美主体带来审美需要，其中获得的情感和精神满足是带有超越意义的，并不是生活本身表现出的一般性特征。或者说，满足审美需要的超越性效应是对社会生活的功利需要，利益需要的暂时性超脱，是对审美主体情感与意识的净化、陶冶，形成较为积极的、超然的人生态度与境界。格奥尔格·威廉·弗里德里希·黑格尔 (Georg Wilhelm Friedrich Hegel) 也认为社会美是一个意象世界，其中包含着深刻的历史的意蕴，一定程度显示了生活的本身面目，回到生活的本身，超越等级、特权，局限和框架，照亮了人们的生活的本真状态。同时，这种超越是不断发展和提升的，不断趋向于极致。这种超越性同样对个体的审美愉悦、情趣的发展有意义。亚伯拉罕·哈洛德·马斯洛 (Abraham H. Maslow) 也认为，超越性需要的满足是最高的愉悦。高级需要的满足能引起更合意的主观效果，即更深刻的幸福感、宁静感，以及内心生活的丰富感。审美的非功利性特点是个体审美愉悦与情趣发展的意义所在。

审美的世界，与埃德蒙德·古斯塔夫·阿尔布雷希特·胡塞尔 (Edmund

Gustav Albrecht Husserl）的"生活世界"不同，而是原初的经验世界，是本原世界，叶朗也有直接的概括，"这个'生活世界'，是有生命的世界，是人生活于其中的世界，是人与万物一体的世界，是充满了意味和情趣的世界。这是存在的本来面貌。"① 一方面，在这个世界里，审美者暂时斩断了与现实的功利性关联，以自由的审美观照的态度真实对待美的存在，体现审美超越与自由；另一方面，由于审美者获得审美需要的高度满足，进而使审美者在这个充满了意味和情趣的世界充分自由体验，提升审美情趣水平，培养自由精神的价值功能。这是最高层次的精神价值，是审美活动永葆魅力的真正原因。

综上所述，审美教育的有效切入点是审美主体的审美需要。审美教育的关键是要在审美主体身上培育起自觉的健康的审美需要，正是在这样的审美需要的引导下，学习者才会逐渐萌发出向上、积极的审美情趣，积极感受、体验和判断美的意义与价值，从中陶冶和启迪，形成正确的审美观念，满足发展需要，提升思想境界，照亮审美者的本真状态。

五、以审美文化为视域

审美文化是审美及审美教育内涵的应有之义。约翰·克里斯托弗·弗里德里希·冯·席勒（Johann Christoph Friedrich von Schiller）在《审美教育书简》中说，"人必须学会更高尚地欲求，借此而能使他不必崇高地希望。这件事情通过审美文化将会做成，审美文化使既不受自然法则约束，又不受理性法则约束，而受人的任性支配的一切东西，都服从于美的法则，并且在它给外在生命的形式中就已经展现出内在生命"。② 格奥尔格·威廉·弗里德里希·黑格尔（Georg Wilhelm Friedrich Hegel）借用阿洛伊斯·希尔特（Aloys Hirt）的特性说，提出"美的要素可分为两种，一种是内在的，即内容；另一种是外在的，即内容所借以现出意蕴和特性的东西。内在的显现于外在的，就借着外在的，人才可以认识到内在的，因为外在的从它本身指导到内在的"。③ 这种看法和约翰·克里斯托弗·弗里德里希·冯·席勒（Johann Christoph Friedrich von Schiller）的认识综

① 叶朗. 美学原理［M］. 北京：北京大学出版社，2009：76.
② 席勒. 审美教育书简［M］. 张玉能，译. 南京：译林出版社，2009：74.
③ 黑格尔. 美学（第1卷）［M］. 朱光潜，译. 北京：商务印书馆，1996：25.

合起来，使审美文化的视域宽广、内涵厚重、作用无匹，贯穿了审美的形式与内涵，"能够使任何审美对象外在生命的形式中展现内在生命"，仅这句话就呈现出了审美文化的重要价值，之于生命、情感、情趣都有极重要的引导和决定作用。苏联《简明美学辞典》中把"审美文化"界定为"是社会其他领域审美方面的总和，或者人们在生命活动过程中创造和消费的审美价值的总和。"直接用"总和"来评价审美文化的重要意义，无论从哪个程度、角度上说，审美文化对于包括审美情趣养成在内审美教育内容都起着不可替代的作用。这个视域的关键性可见一斑。

前面提到审美文化的重要性，不同时代的审美文化起着程度不一样的作用，从未弱化，影响着社会群体质的审美风尚、精神文明，也影响个体的审美感受、自省和观照生活的本真状态。

米哈伊尔·费奥多罗维奇·奥夫相尼科夫（МихаилФедоровичОвсяников）在《美学思想史》中指出"审美文化的发展绝非始于古希腊人和罗马人，它在阶级社会的东方各国已经有了高度的发展"。① 这种看法仍然强调，审美文化还显示着广泛性，同样显示出明显的时代印迹，总是现实和历史上显示着影响。

西方美学家审视中，倒是有更进一步的看法，赫伯特·斯宾塞（Herbert Spencer）在《论教育》中提出，审美文化是产生人类幸福的因素，从根本上说，审美文化是人类幸福的必需品。审美文化的上述内容不仅在生活的闲暇，而且在教育的闲暇之中占有重要的地位。这里不仅广义陈述审美文化的影响和作用，而且将审美文化与审美愉悦充分关联，与审美情趣充分关联，反复说明审美情趣等与审美文化的必然依存关系。

国内学者也明确关注着审美文化的影响，叶朗在《现代美学体系》中提出："所谓审美文化，就是人类审美活动的物化产品、观念体系和行为方式的总和，它是审美社会学研究的中心课题，由三个基本部分构成：审美活动的物化产品，包括各种艺术作品，具有审美属性的其他人工产品，如衣饰、建筑、日用工艺品等，经过人力加工的自然景观，以及传播、保存这些审美物化产品的社会设施，诸如美术馆、影剧院等等。第二是审美活动的观念体系，也就是一个社会的审美意识，包括审美情趣、审美理想、审美价值标准等；第三是人的审美行

---

① 黑格尔. 美学（第 1 卷）［M］. 朱光潜，译. 北京：商务印书馆，1996：122.

为方式，也就是狭义的审美活动。这种独特的人类行为方式，通过审美创造和审美鉴赏两种行为，不断地将审美观念形态客体化，又把物化的审美人工制品主体化，形成审美对象，产生审美感兴。"① 大致与西方学者的观点趋同，其中，审美文化对审美情趣的影响亦是明确的。

上述判断是对审美文化的影响与作用而言的，如果指向具体内涵，目前对于审美文化有两种角度的理解，一是将审美文化意指古今中外以文学艺术为核心的一切具有审美特性与价值的文化产品或形态，其重要的表征是坚持审美的高层次与高品位，坚持审美是高阶段、是以优质精神资源改善和促进审美主体的精神境界，有应然意义，追求完善与完美，其实是强调审美的非功利性和心灵自由性；二是将审美文化用来专指大众文化，将审美文化沉入日常生活和习惯、风俗与风尚，不避实利、不忌世俗，其实是肯定审美文化的功利性和精神愉悦，强调实然性，有商品化和市场化的特点。

关于这一点，国内学者有清晰的认识："在这一扩展和渗透过程中，不是艺术和美学低就文化的其他领域，更不是艺术和审美原则消失在政治生活和普通生活之中，被其吞并和消解，而是文化的其他领域受到美学和艺术原则的指导和熏陶，成为审美的或准审美的，成为艺术的或准艺术的。这样一来，美学和艺术就打破了本身的'自治'或'孤立'状态，为消除认识、伦理和审美三大领域的长期隔离作出贡献，为促进整个文化的审美升华作出贡献。当人们的思维方式、生活方式和教育方式全部都艺术化之时，整个文化就成为审美文化。"②

总体而言，"审美文化"是在文化复归兴起的学术背景下，从文化的视角来考察审美和审美活动的总体性概念，总体有以下判断。

首先，"审美文化"是人类精神活动的产物，有其明显的心理特征，显示出人类文化活动的共性，它应该是一种广义的界定概念，并与其他文化样态交融，形成一种大文化视域。

其次，是在传统意义美学理解基础上，超出格奥尔格·威廉·弗里德里

---

① 叶朗. 现代美学体系 [M]. 北京：北京大学出版社，1988：259.

② 聂振斌，滕守尧，章建刚. 艺术化生存：中西审美文化比较 [M]. 成都：四川人民出版社，1997：527-528.

希·黑格尔（Georg Wilhelm Friedrich Hegel）、伊曼努尔·康德（Immanuel Kant）们宣示的审美领域，融合审美与生活、伦理、科学、政治、经济的一般界限，将审美赋予更多的内涵和"责任"，这并非宣告传统的破产，而是一种拓展，虽然这一点还在论争中。

最后，审美文化是发展意义上的，是不断质疑、批判与前行的，即西方美学所谓的"现代性"，人们谈得较多的是审美文化的现代性问题，那么，何谓"现代性"，实现高度的自我实现或自我满足。例如，音乐、诗歌、小说、绘画等文化形式都试图以审美想象的形式深味、展示人类生存和发展的意义。当然，"现代性"还显示着谋求不同领域、不同学科之间的跨越、交流、融通，提倡对话，重视交流和沟通，强调"反对释义""整体感性""不确定内在性""多元对话论"等，实质是追求审美角度的文化意义：民主、开放、合作、对话、交流、沟通、交融、综合、多元等价值。

六、以审美创造为视域

一直以来，审美教育把刺激和满足学习者的创造冲动作为一个重要指标，其隐含意味包括鼓励学习者审美过程中与他人不同的理解，并建立自己个性化的审美标准，提升情趣养成水平。更明确的说法是，审美教育培养学习者对美的不断完善的追求，自然会引起一种创造的想象冲动，继而表现为创造的行动，审美情趣正是这种创新的支撑力。

在日常生活中，我们之所以要经常保有一种审美的态度，一方面是要让审美在生活中一直引导着审美者有创造的冲动；另一方面自然是鼓励审美者新鲜活泼的情感体验，让审美不断显示和保持着活力。上文刚说过，它是一切创造力的基础。

但是，审美创造应该保持一种清醒。

其一，是在审美教育过程中，请注意并不是审美过程中，我们容易把审美对象中有个性追求的具体道德、情感、精神方面的内容，逐渐淡化，取而代之的是抽象的纯粹的审美概念，学习者在似是而非中开展审美创造是没有效果的，这种情趣的养成与发展至少指向的是哲学意义的美学，并不是教育的目的。更有人把审美对象的题材、艺术、主题等一概忽略，以纯粹的、抽象的美学表述做判断，也无益于审美创造，而虚无的审美情趣并不和"感性与情感的完善"有真实的关系，最终自然走向单一理性，把审美情趣与理性搭上单一的关系，怎样看都是滑稽的。

其二，基于审美教育过程中对"悲剧美、审丑"等审美范畴的关涉，学习者会遇到含有"挑衅性本原物质"的审美对象，有"在丑陋中，艺术必须去谴责这个世界"的断语，这种与审美范畴俱来的思维和感受方式，比较容易影响学习者对自我与社会关系的看法，甚至会成为另一种固定模式，真若如此，就不是创造而是退步，这必然使审美情趣走上一个看似深刻、高端却愤世嫉俗的偏颇。

其三，审美创造是审美教育的高层次，但并不是说审美创造就是完全的个性化行为，而是理所当然要有教育的参与和导引，即创造亦是有根源和基础的。在扎实审美基础的前提下，审美创造是自然而然、水到渠成。而且，要看到，为学生导引和养成这个基础的，不只有学校教育，还有家庭教育、社区教育和媒介教育，是多种教育的合力的结果。从这个角度上说，审美情趣也潜移默化地受着这四类教育形式的影响，而且起着决定性的作用。

其四，审美创造从超越和复归两个视角显示了对美的期待及对最终目的的追求，实现叶朗的说法，"美（意象世界）一方面是超越，是对'自我'的超越，是对'物'的实体性的超越，是对主客二分的超越。另一方面是复归，是回到存在的本然状态，是回到自然的境域，是回到人生的家园，因而也是回到人生的自由的境界。美是超越与复归的统一"。① 美及审美终极目的看来与"创造"有一致的意味，审美创造就是对个体生活的真实观照，是对人类群体精神家园的回归。

---

① 叶朗. 美学原理［M］. 北京：北京大学出版社，2009：79.

第三章

审美情趣养成的内在动因

第一节 伊曼努尔·康德（Immanuel Kant）
——审美的特性

美学家伊曼努尔·康德（Immanuel Kant）有三个重要的观点：美是统一知性与理性的桥梁；审美自由论；审美的"无目的的合目的性"。这三种观点对我们的启示与指导意义较大。一般而言，在审美教育过程中，以下三个问题是教师要正视的：如何对待学习者的审美共通性和审美个性；如何将学习者的主观感受、体验和客观理性的感悟、判断相融合；如何分析存在于审美对象内抽象的美的形象与情感。

伊曼努尔·康德（Immanuel Kant）三种关于美及审美的观点，帮助教师思考和解答了上述问题中审美共通性与审美个性的问题，和审美情感与境界的超越问题，并在教师审美教育方式方法的有效性和针对性上提供了实践视角——了解在什么时候，什么方式进行怎样的引导、参与或者示范。简而言之，伊曼努尔·康德（Immanuel Kant）的美学理念在美的判断方法、审美自由和美的个性化解读等角度对我们有所启发，使教师在理解和分析审美情趣养成的特征与原则、感悟"美"的意蕴时，指向性更清晰、更科学。

一、审美共通感

审美教育是教师通过适合的个性化的方式方法激发学习者对美的情感，形成对美的感悟与判断，力图将感性与理性融为一体，形成理性对感性的超越。这正是伊曼努尔·康德（Immanuel Kant）对美的判断。他认为美是统一真与善、知与意、自然与自由、知性与理性的桥梁，这是伊曼努尔·康德（Immanuel Kant）《判断力批判》的主要观点，成为贯穿伊曼努尔·康德（Immanuel Kant）美学思想的中心线索。我国学者曾繁仁曾通过下表解释伊曼努尔·康德（Immanuel Kant）的美与真、善的关系（见表1）。

表1　曾繁仁关于"美是真与善桥梁"观点的分析

领域	真	美	善
	自然（现象界）	艺术	自由（物自体）
凭借能力	知性力	判断力	理性力
先验原理	合规律性	无目的的合目的性	最后目的
心理机能	认识（知）	情	欲求（意）

由上表可见，由感性认识过渡到理性认识，就必须通过一个主体共通感的中介，即主体的审美判断力。从这个意义上说，审美对象形式所表现出来的美不是通过一定的概念来规范的，而是由审美主体通过感受实现的，这种感受不仅是个人的，而是具有普遍性，人人共同感到美的存在、意义和价值，这就是审美共通感。美是独特的情感领域，严格说，伊曼努尔·康德（Immanuel Kant）将之前对美的感性或理性判断融合为一体，并将关注点转移到审美主体体验的研究上来。

基于此，审美教育有两个既矛盾存在，又互相支持的因素，一是审美共通性，二是审美个性。一方面，将自然与自由联系起来的艺术（美），需要具有普遍性，人人共同感到美的存在，这是美的存在基础，每个人都可以体验得到，都可以感受；另一方面，存在自然和自由二者的融合，这是个性化的审美认知，人对自然和自由的领悟与理解水平决定着对美的个性化判断水平，而张扬和强化对美的个性化判断，也将提高对美的理解层次、能力与水平。换言之，教育中教师的审美教育不仅要引导学习者关注可感受的感性的美的存在，还要引导学习者思考美的理论内涵与价值，教师的审美判断与学习者的审美情感要在师生间、生生间产生共鸣，有共通感。在此基础上，需要有更高的理性与感性融合的角度审视美的存在，就要求教师根据不同的审美制约条件对审美教育方式方法有所选择和取舍，体现审美情趣养成特点而不是同质化，否则，无法在更深层次取得审美理性与感性的统一和共鸣，美成了孤立的存在，审美教育就失去了应有的意义与作用。

二、美在自由

在观照美的形态时，教师要注意审美的自由性，其实美的本身就是一种自由。德国古典美学最基本的一个范畴就是"美在自由"。约翰·约阿辛·温克尔曼（Johann Joachim Winckelmann）认为艺术之所以优越的最重要原因是有自由；伊曼努尔·康德（Immanuel Kant）认为没有自由就没有美的艺术，甚至不可能有对于它正确评判的鉴赏；约翰·克里斯托弗·弗里德里希·冯·席勒（Johann Christoph Friedrich von Schiller）认为当艺术作品自由地表现自然产品时，艺术作品就是美的等。伊曼努尔·康德（Immanuel Kant）"美在自由"说，虽然是众多美学理论之一，但是在一定意义上揭示了关于美的一个基本规律，就是所谓的美既不完全在于单一的理性，也不完全在于单一的感性，美所表现出来的是在理性与感性之间存在的一种自由关系。这种自由关系的内涵是丰富而深刻的，它并非仅指关系"和谐"，而是指由此形成的感性与理性的统一。

这里要指出的是，伊曼努尔·康德（Immanuel Kant）认为在对美的内涵的理解关系上，理性对感性的超越可以产生一种不受各种既定条件束缚的自由感，这种自由感就是所谓的崇高感，它也是美的表现形态之一。从对自由理解的本质上看，伊曼努尔·康德（Immanuel Kant）"美在自由"的观点与马克思主义美学之间有着紧密的关系，后者强调了审美过程中理性与感性的对立统一。

基于此，审美教育的过程就是教师与学习者共同完成的对美的感受和判断的过程、审美理性对感性超越的过程。在这个过程中，审美并不需要一种模式或者公式，而是让学习者自由地感受与审视，感受自己的情感，审视自己的结论，形成审美的境界，教师则要给予更广阔的审美空间，但是以何种原则和策略搭建审美空间，教师要有个性化的判断与选择，面对不同的审美对象，能够选择不同的教学因素，参与、引导和帮助学习者感受理性对感性的超越感，实现审美自由，体会美的自由，达到审美的高层次与高境界。

三、无目的的合目的性

审美教育过程中，人们习惯捕捉审美对象中美的形式，进而产生美的情感体验。在审美教育中，学习者通过感悟美的形式、美的情感，进而理性判断审美对象蕴含的美的思想、精神与价值，既有美的熏陶，又有美的境界。为实现这种审美的境界与价值，教师要有适合的方法与原则引导学习者感受和判断审美对象中"美"的形式与内涵。

伊曼努尔·康德（Immanuel Kant）认为："关于一个客体的概念，只要包含着这个客体的现实性的根据，就叫作目的，而一个事物与各种事物的那种唯有按照目的才有可能的性状的协调一致，这叫做事物的形式的合目的性。"① 伊曼努尔·康德（Immanuel Kant）提出的"无目的"是指审美主体没有将任何客观目的作为审美的前提，也就是对审美对象的存在没有任何实际的、预设的利害要求。在此前提下，"合目的性"就是在审美过程中，审美对象的形式适合了审美主体的主观认识能力的需求，从而引起的直接的审美愉悦。在文艺创作中，作者具有一种审美的目的性。审美的目的性就是作者在进行艺术创作的过程中意识到对象的某种功利性，但依然在保持距离的基础上对其持有审美的态度与情感。这种以某种功利性为基础和特点的审美情感与态度贯穿艺术创作及审美欣赏活动的全部过程，以充分实现艺术创作的审美意义和艺术感染力。审美活动强调"间离效果"，否则美及审美就会成为功利性的存在。从审美表现形式来看，文艺创作并不是将逻辑思维自觉地直接地表现在概念或者作品中，而将前文所述的有目的性和无目的性进行整合，统一表现在文艺创作之中，既有功利性的目的，又不直接在显示在作品形象之内。相应地，审美就是要透过功利性的目的，感受和判断不受干扰的非功利的无目的的美的情感与形象。从这个意义上说，所谓的形象是主体对客观世界思维的直接产物，但不是主体对客观对象的纯粹、单一的感性再现。这种内容在艺术创作中需要隐藏，要从艺术作品所表现出来的场面与情节中自然而然地显示出来，"理之在诗，如水中盐，蜜中花，体匿性存，无痕有味"。②

---

① 康德. 判断力批判 [M]. 李秋零，译. 北京：中国人民大学出版社，2011：14.
② 钱钟书. 谈艺录 [M]. 北京：中华书局出版，1984：231.

基于此，对开展审美教育的教师而言，审美教育的目的就是确立学习者学习的主体地位，激发学习者审美的感情力与表现力，提高和促进审美素养及个性的发展，使审美教育成为一种自觉的活动、有意识的实践。所谓"合目的性"就是教师并不简单设定有倾向性的审美目的、审美学习策略和审美学习方法，而是在教师本身积极、主动、个性化地参与下，引导学习者进行一种能动、自觉和有意识的审美学习，不断提升审美意识和判断水平，这个过程自然合乎审美教育的目的。例如，在教学设计或者教学过程中，会有较多的预设空间和生成空间，教师应该支持并积极引导学习者参与审美的预设与生成，并不能认为预设与生成会偏离审美教育目的，教师引导与参与下以学习者为主体的审美教育，其过程本身就必然是合乎审美教育的目的性的。

从这个意义上说，教师要注意分析师生角色与教学特征，使之形成审美推动力，审美者并不是单纯因为好奇或者兴趣进行审美，也不是为最终寻找到审美问题的解决方法、为满足这种功利欲望而进行审美，简单地说，审美者是被审美历程本身收获的没有利益欲望的愉悦推动，师生合作，互为启发，互为资源，理性与感性结合，深入进行审美感受和判断。同样，在审美教育中，在激发学习者审美兴趣的基础上，引导学习者在审美教育的过程中，不断感受和体验美的存在与内涵，这是有价值有意义的。一方面，审美教育要引导学习者不断体验和感受审美对象的感性存在；另一方面，审美教育还要引导学习者思考、探究和判断感性形式之背后的理性存在，通过对审美对象理性的分析与判断实现审美的超越性，对于教师而言，同质化的审美教学设计无助于学习者审美超越性的形成，不会提升审美兴趣；教师自身也要体会审美超越性的存在，审视可以利用的审美教育因素，体会审美教育中的个性化设计，最大限度地引导学习者在课堂教学中实现审美活动理性对感性的超越。

第二节　蒙罗·比斯莱（Monroe C. Beardsley）
——自我实现与经验特征

20世纪美国著名学者蒙罗·比斯莱（Monroe C. Beardsley）对审美及审美

教育有深入的研究。他在三个方面的研究结论对审美教育的过程与结论有重要的启示:"自我实现"的审美功效、审美经验的五个特征、审美判断的普遍性标准。

审美经验的特征,更贴切地说是审美活动的特征。审美的特征未必都适合审美教育,但是其审美视角可以引为借鉴和实践。审美判断是教师与学习者在审美教育中的结论,每位教师和学习者都有属于自己的审美判断。基于此,关注审美判断的特点,教师选择更适合的角度激发学习者的审美情感,进而将审美判断的功效最大化,这种选择无疑和教师个体对审美判断的认知水平相关联,充分体现着个性化特点。审美教育过程中,不同的年龄阶段、不同的学习者群体,其审美特征不同,审美教育的原则与策略也不同,需要教师准确适宜地判断与选择,使审美教育更适合学习者群体的特点,教育的针对性更强,最终实现学习者审美的独特性与创造性。

蒙罗·比斯莱(Monroe C. Beardsley)对于审美和审美教育的认识既契合当前审美教育的要求,也符合以学习者为中心的教育思想。

一、审美"自我实现"的功效

审美教育过程中,审美活动的功效无疑是教师确定审美教育目的的重要内容,审美功效在审美教育中的真正作用、不同学习者个性特点如何契合、如何实现审美功效等,都需要教师在审美教育前有所思考。

(一)审美功效内涵

在蒙罗·比斯莱(Monroe C. Beardsley)看来,在审美过程中,人们伴随产生的各种情感和情绪就是审美经验的效应,这给审美者一种特殊的感觉:随着自我的提升和发展,自己的人格更加完整和完美,因而更为自爱和自强。这种效应就是满足感。

蒙罗·比斯莱(Monroe C. Beardsley)认为,用"满足感"(gratification)比用"快感"(pleasure)、"满意"(satisfaction)、"享受"(enjoyment)等文字更能形容审美功效。审美满足不同于那种一般意义的美好感受,这种特殊的满足在日常生活中是很少感受到的。正如蒙罗·比斯莱(Monroe C. Beardsley)所说,日常生活中人们的经验要素很少能得到和谐的组织和结合,直到产生一种审美的满足感，这种审美满足感所达到的那种存在状态本身就是一种令人满足的快乐。这种情感是一种恰到好处的感染，对于审美者而言，这个过程就是"自我实现"，即在情感和价值上形成一种自我扩展，这种精神状态是一种非常独特的快乐，这种快乐形成审美推动力，促使审美者可以深切感受和深味其中的情感内涵与意义价值。

（二）审美功效的益处

蒙罗·比斯莱（Monroe C. Beardsley）指出，关注审美功效，会有以下四个方面的益处：逐渐提高的敏感度；更加充分的注意力；与周围环境的更密切接触；对未来的事情和可能发生的事情的关心。

蒙罗·比斯莱（Monroe C. Beardsley）关于审美功效的表述是清晰的，它同样有益于审美教育，同样体现在四个方面。

一是教师通过审美教育逐步提升学习者审美感受力。教师充分关注学习者群体的审美特点与能力，关注学习者的情感体验，引导学习者关注自己的审美感受力，自由地表达，积极地体验。教师运用恰当的方式方法激发和提升学习者的审美兴趣，进而逐渐提高感受的敏感度，产生审美的满足感。

二是教师通过审美教育提高学习者审美的关注力。审美和审美教育的目的与任务并不完全相同，后者有教育的思想、因素与行为，是一个学习、感受与判断的过程。教师要激发学习者的审美兴趣，引导他们喜欢、关注美的事物与情感，引导他们进行一定层次的审美教育，这是提高审美感受力和判断力的基础。

三是教师通过审美教育，使学习者愿意与环境进行接触与沟通。这里的环境是广义的。与环境进行沟通，就是脱离自身的情感、理性桎梏，不局限于个体认知，而是吸纳他人有益成果，开阔审美的视野，提高审美的层次。

四是关注和热爱生活。这是审美教育终极性的目的。学会发现和判断生活中的美，是在课堂教学中审美教育的目标，从对审美教育中审美对象的感受与判断，逐渐发展为对蕴含"美"的事物的感受与判断，这是重要的审美功效。

综上所述，学习者四个方面的变化与发展有利于构建适合自身审美学习的方式方法，提高"自我实现"审美能力与水平，提升审美境界。这就是审美教育的方向，它可以拓展欣赏者审美的视野，提升审美感受力和关注力，对教师审美情趣养成而言，指明了教学可能达到的一种理想状态，是我们判断审美教育功效的依据。

二、审美经验特征①

审美教育并不要求学习者回避自身之前的生活、感情体验与经验，而如何使用这些经验与体验，同时又要有一定的原则，蒙罗·比斯莱（Monroe C. Beardsley）在这方面有比较清晰的描述，可以指导审美教育中教师选择适宜的教学方式方法，提升个性化教育水平。审美经验的五个特征为我们提供了审视审美教育过程中学习者是否有美的感受、是否在感性和理性两方面有所收获的依据。

蒙罗·比斯莱（Monroe C. Beardsley）指出，审美经验具有明显特征，但是当一种审美经验产生时，这些特征并不一定全部显现出来，只有第一个特征是必不可少的。这说明，审美经验的特征既有混合性，也有分离性。其混合性，是因为它是由几种不同特征组成的；其分离性，是因为虽然这些特征会不时地显现在普通的或者日常的经验中，但是审美经验本身是高度集中的，使得这种审美经验与其他经验严格区分开来。

（一）客体指向性

这是指审美者的注意力集中于审美客体，感知审美对象各个组成成分的组合特点与表现出来的特征。在对一件优秀艺术品的审美过程中，审美者的注意力总是牢牢地集中于眼前出现的对象，对它的构成、形式关系、性质和语义诸方面进行自由的浏览和欣赏。

基于此特征，在审美教育过程中，教师首先要引导学习者将审美注意集中到审美对象上，从形式、内容、关系、价值等诸方面感受审美对象中美的特征与意义，这种关注保证了审美教育的真实性、实践层次及价值。这是审美经验不断积淀和发展的基准，审美经验也是有对象要求的。

（二）审美自由

这是指审美者的审美角度要从日常功利性中解放出来，达到一种暂时性的

---

① 拉尔夫·史密斯. 艺术感觉与美育［M］. 滕守尧，译. 成都：四川人民出版社，1998：43–45.

自由。

基于此特征，在审美教育过程中，教师引导学习者关注个体体验和审美对象的客体存在，细致感悟并仔细判断。首先，并不从功利角度，例如，带着具体审美问题、结论甚至成见进行审美，而是为了切实感受审美情感、体验美的存在、判断美的意义、升华审美的价值层次而进行审美教育，这有益于学习者审美情趣与感受力的提升。其次，学习者的审美经验提供了一定程度的自由，能够使思绪暂时不再受制于实际生活中的各种顾虑。这种从实际生活顾虑中的暂时解脱，也有助于释放与审美经验同时而来的超脱感。

审美经验是审美自由发生作用的结果，没有自由的审美，审美经验只会缠绕在文本本身或者作者本身，或者最多停留有可预见的审美层次，只与作者和文本共鸣，从而自身感悟，缺少"审美超越和创造"的可能。如此审美经验也就是只文本解读经验了，无美和审美有着不小的距离。强调审美自由是强调审美经验的发展，是对审美超越和创造的有力支持。

（三）超脱感和非功利

所谓的超脱感，并不意味着对审美对象失去兴趣，相反，审美者对自己功利心施行一定程度的压制，使自己的情感和心理与这种功利心保持一定的"距离"，即所谓"审美距离"或者"审美注意"。

基于此特征，在审美教育过程中，教师要注意帮助学习者与审美心理预期、外界期望、实现学习预设目的等因素保持一定的审美距离，相对客观地进行审美学习。这里的审美距离并不是绝对的，而是指在审美学习过程中不要有先入为主的思想、情感与判断，不是为了证明审美结论而进行审美。一定的审美距离就是指不为了审美教育而进行审美教育。

非功利之于审美，意义是显而易见的。但是在教育过程中，审美教育目标是会有实际目标的，这本身是不是一种功利？另外还关涉审美对象之外的因素，例如，优秀的作品，人们总是期待作品体现了作者何种意图，有何种背景等，这些都是"发生学理由"，虽然这些都有助于审美教育的推进，但是都没将作品本身作为关键对象，没将学习者作为关键对象。这些"发生学理由"一定程度上就是功利性目标，干涉着学习者的审美感受和判断、经验。这种干涉实在无益于审美经验的形成与发展。强调非功利是对这种干涉的回避。

（四）审美的创新发现和理解

这里的审美创新发现与理解是一种超越和完善，当审美者将眼前美的形式中各种相互冲突的审美因素排列和组合成有意味的式样、使之具备深刻的人文意义或表现特征时，会感到兴奋不已：审美者会感到思想与精神的澄明，有新的发现和理解。

基于此特征，在审美教育过程中，教师引导学习者进行审美教育，并不仅仅是为了求得新的发现和理解，但是教师的审美情趣养成实践会在不同层面激发学习者的审美兴趣与欲望，重新整合和审视相关审美因素与信息，观察其中的情感特征与意义，提高自己的审美情感与思想境界，进而产生个性化的审美判断，这就是一种新的发现和理解，这个过程本身也可以理解为一种审美角度的创新性发现与理解过程，这也是审美经验的发展过程。

总之，审美经验的所有这些特征使它有了明显的两面性：既是超脱的又是参与的，既是自由的又是控制的，既是认识性的又是情感的。对教师而言，审美教育既不是一种简单的教学任务，也不是学习者的自学作业，而是师生共同参与、共同完成的，旨在引导学习者学会自主学习，进而建构有个性化意义的审美学习方式、方法与策略。

三、审美判断的普遍性标准[①]

审美判断是审美教育的结论。在蒙罗·比斯莱（Monroe C. Beardsley）看来，审美判断要依据三个普遍性标准。在进行审美判断时，批评家们一般愿意脱离开作品的性质而对一些与性质无关的审美因素进行判断，取代全面的审美。例如，一件作品是好的还是坏的，他们会认为这与是否体现了作者的意图、是否成功地表达了一种情感、是否新奇或者独创等相关。显而易见，这些理由并不总是关系到作品本身的性质。通常，批评家们关注作品的起源、开端、背景和创作的意图，他们愿意涉及一些外在于作品的因素，蒙罗·比斯莱（Monroe C. Beardsley）将这种影响作品的外在条件或者前提条件称为影响艺术发生的"发生学理由"，应该说，这些理由可以解释一件作品为什么会具有某些特征，

---

① 拉尔夫·史密斯. 艺术感觉与美育［M］. 滕守尧，译. 成都：四川人民出版社，1998：93.

但绝不能直接解释作品为什么是好的，它并不与审美判断直接相关。

据此，蒙罗·比斯莱（Monroe C. Beardsley）提出了审美判断的三个普遍性理由或者说审美判断的一般标准即统一性、复杂性和强烈性三个标准。

（一）统一性

在审美过程中，审美者认为一件作品具有统一性或者不具有统一性时，主要是指它组织或者排列的良好或者不好、形式完善或者不完美、有没有内在的逻辑等，任何涉及"一个作品是如何组合在一起的"的描写，都必然指向这种"统一性"。这是对作品形式与逻辑的一种判断，有利于审美的深入推进。

审美教育过程中，审美对象的形式与逻辑作为客观存在，易为师生分析与判断，这是审美情趣养成判断的起点，也是审美判断的重要内容。关注审美对象统一性的审美判断，会因形式与逻辑各种因素的影响而不同，教师有必要引导学习者充分利用既有条件客观判断审美对象在统一性上的表现。

（二）复杂性

在审美过程中，当审美者为自己审美判断提出的理由是作品中含有丰富的对比（或者相反）、制作精细或者微妙（或者相反）时，都是指作品的复杂性。同时，多元主义已经变成一种核心事实，教育过程中的每个对象都会以不同姿态、身份出现在学习者面前、情感世界中，并没有把自己限制在一种单一的风格中。另外，不同的传播途径也使审美判断变得复杂起来，尤其是网络媒介。审美的复杂性既寓涵在美的事物本身，也关涉表达角度、方式和途径等。我们经常提及的非线性、不可还原性和自组织性等是显而易见的，复杂的意味是伴随其中的。

在审美教育过程中，因为学习者和教师的介入，就更复杂起来，审美对象的各类与形式各异，在形式、内容、情感、价值诸方面都有着不同的特征，这些特征不只需要学习者、教师的感受与传递，还需要环境的桥梁，这就使本就复杂的审美在教育世界中更为复杂，这也说明着审美教育的空间、内涵的浩大与丰富，使用得当，会实现异彩纷呈的教育效果，达到理想的教育目的。

（三）强烈性

在审美过程中，当审美者认为作品富有活力（或者相反）、生动有力（或者相反）、美（或丑）、温柔、幽默、具有悲剧性、雅致、富有戏剧性时，这种"认为"便是基于强烈性。它使学习者感受到一种真正的发现，觉得自己得到精神扩展和自我实现，人格进一步完善和完美，这种感受性的冲击是强烈的。

强烈性通过情感和精神得以传递，表现在审美全过程，也可以说是审美及审美教育开展的条件之一。因强烈性而点燃了个性的向美火种，真实而独特，审美和审美教育就应该是自然而然的，是强烈的审美情感的推动下的自然行为。失去或者回避强烈性，那就是任由理性熄灭向美的火种，审美就只能是标准化的操作，成为一种逻辑认知。

在审美教育过程中，学习者审美强烈性与审美感受性有相似之处，但毕竟不同，一个是前因，一个是后果，不能缺失，不能替代，用强烈促进感受，通过感受呈现强烈。

上述三种标准特征都可以在优秀的作品中找到，但是不一定同时拥有统一性、复杂性和强烈性三种典型特征。因为当它缺乏其中一种性质时，其缺陷或许因为其他两种性质很突出而得到平衡和弥补。

我们选取统一性、复杂性和强烈性这三个标准，就是针对审美教育中不同审美对象所表现出不同审美特征的状况而言，教师在进行审美教育时，可以依据这三个标准判断审美资源所蕴含的美的特征，选取适合自身审美个性、适合学习者审美学习与生成的内容进行审美预设，提高审美教育的层次与境界，并不只停留在感受层面。这也是我们提出审美教育策略时依据的判断标准。

第三节 拉尔夫·史密斯（Ralph Smith）——美育的分期

拉尔夫·史密斯（Ralph Smith）在研究审美教育的不同阶段时，非常清晰地对学习者不同审美学习阶段的特征进行了说明，提出了审美学习的重点与应具备的能力，是我们判断学习者审美学习行为合理性和判断教师审美情趣养成行为有效性的出发点。其主要观点有如下三方面。

一、审美教育分期

拉尔夫·史密斯（Ralph Smith）将审美教育从幼儿园到 12 年级分为了四个

阶段，并研究了每个阶段学习者进行审美学习的具体特点（见表2）。

表2　拉尔夫·史密斯（Ralph Smith）关于审美教育的学年分期及特征表述①

阶段	学年	特点
第一阶段	幼儿园至小学3年级	专注于发展儿童对艺术和艺术世界的基本感觉，开拓儿童的天然审美倾向和乐于用事物的感性性质或戏剧性质表达自己的倾向
第二阶段	4~6年级	精力花费在对艺术品的理解上，特点是对它们的特殊结构、表现性和风格的理解上。在这一方面，教师指导时要注意视觉艺术、文学艺术和表演艺术之间的不同，特别要注意这些艺术品组织和结构方式的区别
第三阶段	7~9年级	发展出一种历史意识，具有一种在文化和文明的背景中思考的能力
第四阶段	10~12年级	发展出一种对选择出来的艺术杰作的批评性欣赏能力，具备了审美判断的标准，能对某些美学问题进行讨论

二、美育与教师导引

教师对学习者的导引表现在许多方面。

至少，教师要对那些为美育准备的经典的艺术性作品有准确的认识和判断，维度多元、理解丰富，这才能引导学习者。至于方法，拉尔夫·史密斯（Ralph Smith）建议可以选择适合的专业参考书籍，或是一些综合性著作，丰富和提升自己才能有条件导引学习者，这里需要注意的是，注意力不要分散，即聚焦，并在聚焦的过程中熟悉和理解审美对象的独特性质，为个性化地解读和导引提供条件，比较好的途径就是对比学习，对比要"少而精，不能贪多，更不能面面俱到。尤其是在对个别艺术杰作如饥似渴地学习和探索的时期内，就更是如

① 拉尔夫·史密斯. 艺术感觉与美育［M］. 滕守尧，译. 成都：四川人民出版社，1998：199-211.

此"①。

这样的准备后，学习者在教师的引导下学习所选择的审美对象或者内容，教师导引下聚焦的审美特质有足够的复杂性和丰富性来维持这一阶段学习者对它们的耐心、感受、判断与探究。例如，基础教育第四阶段，在探索审美对象独特的审美性质和意义时，审美活动由教师和学习者合作进行，毕竟此时的学习者只有进行审美讨论与判断一般性水平和能力，同时仍然不能完全熟练地运用各种比较艰深和复杂的审美技能，还不拥有完全意义的审美情感境界。

同时，教师导引的成功与否很大程度上取决于教师为课堂教学选择的审美对象的恰切性，这取决于教师的认知和判断，通过个性化教学方式与方法，充分发挥和激发学习者审美能力水平和审美潜能。更重要的是，审美教育过程中教师同样引导和提示学习者的注意力不能过于分散，例如，在基础教育第四阶段，教学的主要目的要聚焦"鼓励学习者熟悉审美对象的独特性，感受和感悟其中的感性与理性认识"，这种聚焦可以通过教师审美情趣养成示范、导引获得，这也是我们判断审美教育过程中教师行为是否得当的标准之一。

三、凸显审美焦点

不同的学习阶段聚焦不同的审美焦点，符合学习者学习心理特点，并能恰当激活学生学习兴趣，提升学生美的感受力与理解力。例如基础教育第四阶段，学习者美育应聚焦批评性判断的形成，引导学生学习如何进行审美判断，如何进行严格的审美论述以说明观点。不同的作品的偏爱与特点不同，学习者在个体学习和教师导引的前提下认识优秀作品的审美性质，并不断熟悉审美判断、批评的标准和规则，尝试进行审美批评并说明自己的感悟。当然，如果有启发性的审美判断，还是要积极借鉴和共享。面对不同的审美判断，"学生必须学会重视他们对作品肩负的伦理责任。这意味着，与达到一种对作品的批评性论证相比，达到对它的最好和最全面的知觉、理解和认识，要重要得多"。②

这一过程中，教师引导和帮助学习者在审美感受、体验能力等方面进行判

---

① 拉尔夫·史密斯. 艺术感觉与美育［M］. 滕守尧，译. 成都：四川人民出版社，1998：210.
② 拉尔夫·史密斯. 艺术感觉与美育［M］. 滕守尧，译. 成都：四川人民出版社，1998：210-211.

断，然后，鼓励学习者对审美对象的美的性质与特点进行深层次认识。这不在于结论，而在于过程。学习者也要熟悉相应学段的审美判断的具体标准和方法，学会自主、个性化的审美判断，并能分析明确的原因，自证判断结果的意义和价值。同时，正如上文所述，学习者必须学会重视他们作为个体进行审美判断所负的伦理责任。这意味着审美判断的能力与层次要逐步提升，逐渐形成对审美对象的准确和全面的感受、体验和认识。

在此阶段结束时，学习者就应该具备比较成熟的审美知识、态度、情感、认识与判断。

第四节　雅克·马利坦（Jacques Maritain）
——审美与理智

20世纪，法国新托马斯主义者、审美的研究者雅克·马利坦（Jacques Maritain），对人类理智的理解和判断较大程度地区别于当代文化。他强调，理智并不是思维逻辑意义的理性判断和理性存在，而是内在于心灵的一种精神存在，是审美者感性、理性、思维、意志、情感等诸多因素发挥作用的一般基础，人类的理智活动是以不同形式出现在不同活动中的。雅克·马利坦（Jacques Maritain）强调审美理智主义，主要是强调审美活动需要理智，审美知觉在审美相关的活动中起到重要作用，但这种审美知觉一定是基于理智意义的。据此，雅克·马利坦（Jacques Maritain）判定，审美最高原则一定是理智的参与以及对价值的引导，简而言之，作为审美活动，是要引导理智来协调人类的精神力量，建构和谐、完善的生存环境。

一、理智与感性经验

雅克·马利坦（Jacques Maritain）认为，感性经验是人与外部事物发生审美关系的根本途径。他勾勒了要素及要素间的关系，即要素为理智与美两个不可回避的审美因素，沟通桥梁即为感性经验。

（一）理智与感性经验的关系

雅克·马利坦（Jacques Maritain）一直强调，作为接触事物的一般桥梁或者说自然方式，是感觉。但这只是起点，感觉并不是终极的目标，或者说并不是精神层次的追求。作为一种必要的手段和对应的工具，理智则显示了应有的能力和意义。雅克·马利坦（Jacques Maritain）强调，人类精神是一个整体构成，理智、想象、外部感觉相互关联、紧密结合，构成了所谓的精神整体运动，上述要素关联是有一定的秩序和意义的。理智先于想象，想象先于外部感觉，这是价值与意义的逻辑关系，而理智从本源上更接近完善的精神力量，单就审美而言，恰恰是外部感觉早于想象，想象早于理智。雅克·马利坦（Jacques Maritain）不断梳理着审美理智、审美直觉的关系，和审美精神力实现的条件。理智，是一个不可忽视的枢纽与中心，既是起点，又是重点。

（二）理智与审美活动

相对于美学对审美活动和感性经验的多元界定与解读，雅克·马利坦（Jacques Maritain）更强调从感性特征来看待审美活动。相对于雅克·马利坦（Jacques Maritain）对理智的强调，他同时肯定了感性活动的价值取向。在哲学和美学发展的历史上，约翰·约阿希姆·温克尔曼（Johann Joachim Winckelmann）强调沉思，认为感官会减弱美，并使美变得晦暗。亚历山大·戈特利布·鲍姆登（Alexander Gottlieb Baumgarten）也只是把感性和审美勾连起来，强调审美是理性与感性的融合，大卫·休谟（David Hume）则认为，感觉是可以确定的，是可以把握的，是优先的。简而言之，更多的哲学家和美学家们认为感性是一种主观的表象，为知识认识提供资源，作为审美而言，是对象的表现形式和主体的认知能力相适应而产生的。自然而然，雅克·马利坦（Jacques Maritain）直接指出，不能简单粗暴地切断感性经验与外部世界的关联，并不能把人类的精神活动与不断变化的存在本身隔绝开来。审美活动也不只是审美个体的感受或者是精神力量的简单体现，理智与审美活动是紧密关联的，感性世界和外部世界是紧密关联的，理智是和感受，精神力量紧密关联的。

（三）美的桥梁——感性经验

雅克·马利坦（Jacques Maritain）强调，审美，包括审美实践是人类与外部事物发生联系和碰撞，相对于理智，感性起着不可或缺的桥梁作用。他认为，相对于自身，审美个体所面临的审美对象，或是精神与意义，或是自然与意义的统一体。仅就外形和意义而言，审美个体自身也存在着形式和内涵的同质关系。换言之，感性经验同样可以被审美者用来作为审美的一般意义及一般基础。基于此，雅克·马利坦（Jacques Maritain）把感性的表征作为事物本质的外显，而深入理解事物的本质，则需要上文所述的理智，和"理智"相对应的感性经验则成了感知美的存在的桥梁和途径。"可感觉事物的美……被当作专注于经验世界的智性的鲜明特点的感觉所感知——被为智力和智力活动所渗透的感觉所感知。"①

总之，在审美过程中，雅克·马利坦（Jacques Maritain）认为，外部形象、内在精神力量需要有感性经验作为桥梁，因感性经验而最终显现的理智认识，则是判断审美对象精神力量的钥匙。简而言之，基于理智的感性经验是沟通审美者与外部世界的桥梁，基于感性经验的理智则是审美者认识精神世界的纽带。这两个桥梁和纽带消除了审美与审美对象之间的隔阂，而经由理智化关照的感性经验则逐渐脱离了非本质、虚假的外形和现象，感知的意象容纳着美的形式和本质，这是人类认识活动的源泉。在这个基础上的理智正是不断积淀的感性经验。单单从审美角度而言，正是因为有了感性经验、有了美，正是因为理智的介入，使审美者对美的感悟直达精神世界。

二、理智与审美直觉

不可否认，审美直觉是与感性认识直接关联的，而赋予了理智色彩的审美直觉则是强调了审美对精神的追求、对事物所蕴含的意义的本质追求。

（一）美与直觉

对于美的体验和感受而言，"直觉"是一部"发动机"。作为火种，"直觉"促使审美者调动联想、想象，感受和思考美所蕴含的多重价值。相对于理智而言，或者说相对于抽象意义的理智而言，正因为直觉的存在，使人们认可美是包含着无法言尽的模糊性和多重性，毕竟就个性化而言，直觉也是多元化的，

---

① 马利坦. 艺术与诗中的创新性直觉 [M]. 刘有元，罗选民，等译. 北京：生活·读书·新知三联书店，1991：139.

它是直接联系经验，是瞬间的感觉，在这个瞬间的直觉中创造了一个意象世界，"华奕照耀，动人无际"，这就是美的存在。还得强调的是美是内隐的，是用概念无法尽述的，美虽然是简单的情感存在但内蕴了无穷的意义，显示了丰富性，这是一个区别于物理世界的情感世界和精神世界。直觉是走进这个世界的门，和美相互关联、不可或缺。当然，直觉也有其独特的体系，也有属于直觉的"知识"，贝奈戴托·克罗齐（Benedetto Croce）直接说："知识有两种形式，不是直觉的，就是逻辑的。"① 并不把直觉与知识断开。这是复杂的，而从美及审美的角度上看，直觉必然是强调了独立的感性存在，其中也蕴含了直觉的知识，只不过，这种认知已经成为直觉的单纯元素了。

（二）直觉与理智

雅克·马利坦（Jacques Maritain）关注审美客体的美学属性，将情感和理性、直觉和理智关联起来。他认为一方面，理性并不只是概念性的认知活动，同样有非概念性的意义存在，包括直觉在内的情感，也并不只是简单的情趣或印象，传统意义的概念认知、理性认知是无法理解和把握美的全部的，只有和理性相对应的情感的介入，才能真正感悟美的存在。另一方面，直觉和理智实际上是一体的，只是不同的审视方式，从不同的角度和方向共同建构着人和美的关系桥梁，各有侧重，相互支撑。正如上文所述，直觉是起点，但起点的同时并不是终点。

如果细论直觉和理智的关系，那么他认为，直觉引导着理智觉醒，而理智则引导着直觉走入更深刻的情感与精神世界。这里面的理智并不是基于思辨的逻辑理性，它甚至直接提出直觉的理智，而区别于推论的理性。基于存在而言，直觉的理智是更深刻的，因为它是在概念界定之前激活了人类的情感精神活动，直觉的理智是直觉和理智共同作用的结果。任何一个真正揭示一个新的存在方面的发现在被推论检验和被证明是正当的之前，都是在一种直觉性中诞生的。要说明的是，直觉的理智并不显性存在，这是区别于逻辑的理智，直觉的理智是内在于精神中的。雅克·马利坦（Jacques Maritain）甚至将直觉理智和逻辑理智定义为"人的精神能力的动因和核心力量"，在审美活动中，直觉理智尤其显

① 克罗齐. 美学原理 [M]. 朱光潜，等译. 北京：人民文学出版社，2008：7.

示出了它重要的价值，正如上文所述，基于直觉理智的存在，审美并不只是情感与表象、并不只是喜欢和愉悦，更是审美过程中对审美对象本质的动态关照。为了说明，雅克·马利坦（Jacques Maritain）更直接地将直觉的理智定义为"审美活动发生的本体性精神存在"，使审美活动成为对存在的超验之美的精神体验。

三、理智与审美愉悦

作为一个审美的要素判断，雅克·马利坦（Jacques Maritain）将前文的直觉理智介入的结果——情感的爆发提升到精神性情感力量的层面，这是一种别样的审美愉悦。

（一）感性愉悦

相对于感性愉悦而言，理智愉悦则是审美者需要梳理的因素，即雅克·马利坦（Jacques Maritain）一贯强调的，即便是愉悦，也包含着理智的因素。因此，感性愉悦在严格意义上说也是一种理智愉悦，是属于理智愉悦的。一方面，非理性的情感最先接触审美对象，但是经受理智愉悦的纯净和调整，感性愉悦显示更为深刻的情感共享，并进一步使直觉变得更有敏感度和感染力。实质上，雅克·马利坦（Jacques Maritain）将情感，包括感性愉悦，提升到了理智的存在境界。理智基于直觉感受到超验之美，又因超验之美形成更强烈的审美期待。基于此，感性愉悦已经变成一个通向情感、形式、内涵以及超验之美的大陆，它是一个与理智纠缠到一起的综合体。

（二）审美愉悦与内隐

内隐并不能简单理解为隐性的或内在的，而是试图把内隐的范畴由感性引导到存在，使审美者基于自我，走出自我，既感悟美的形式，又能体会美的精神，进而不断地充实和完善自我。雅克·马利坦（Jacques Maritain）强调，审美愉悦并不只停留在感性阶段，还体现着追求美的过程和意愿。之所以审美愉悦是复杂的存在，原因是它不断受着审美对象或者外部世界与理智的响应，从而因超验和存在而产生愉悦。从这个角度讲，内隐并不神秘，与外显并不对立，这是它一贯的主张，感性与精神同存、感官与理智同存、超验之美与形式存在同存，交织成愉悦和领会。

第五节　维果茨基（Lev Vygotsky）——学习观与共同体

建构主义产生于 20 世纪初，代表人物有让·皮亚杰（Jean Piaget）、维果茨基（Lev Vygotsky）等，强调"人之所以能把握世界，是因为人对自身的经验做出了独特的理解和解释"，学习不是知识迁移和记忆，而是基于学习者的个体经验和互动，来建构自身的解释。他们认为知识并不是简单的客观存在，内部表征不断变化，学习者要基于发展的角度去掌握客观现实，不只是从相关情境中去获得。

建构主义对课程的影响主要表现在以下五个方面：第一，强调学习者拥有与学习内容相匹配的学习心理和潜在能力，要给予学习者学习的平台和学习的权利；第二，课程的目的是引导学习者重新解释学习信息，并亲自体验；第三，课程的学习具有规律性，不同的阶段体现出不同的学习心理和学习外在表征；第四，课程学习是与他人合作，进行社会性意义建构的过程，课程强调让学习者充分意识到形成自己的学习策略，将其应用于新的问题情境，并使之不断获得发展；第五，语言和言语在课程的学习中具有重要的价值与意义。

社会建构主义的代表人物维果茨基（Lev Vygotsky）谈论了学习论的基本原理，对于审美情趣的养成而言，值得借鉴和参考。一方面，申明了审美情趣养成中"养成"的学习逻辑与要素；另一方面，也对读者或者学习者这一主体的审美行为、审美情趣养成过程有必要的理论导引和实践脉络显示。从这个意义上说，维果茨基（Lev Vygotsky）对于审美情趣的养成而言，可借鉴的是学习理性根脉和实践发展趋向，这是必要的。

一、维果茨基（Lev Vygotsky）的学习论主张

维果茨基（Lev Vygotsky）认为，儿童能够主动地建构知识。维果茨基（Lev Vygotsky）学说的核心由三个主张所构成：（1）只有从认知的角度分析并诠释，才能理解儿童的认知能力；（2）促进和改变心理活动的认知能力会受到文字、语言和交谈形式的影响；（3）认知能力源于社会关系，根植于社会文化

背景中。

他还认为，所谓发展取向意味着，通过考察儿童认知能力的根源和早期至后期形式上的转变，理解儿童的认知能力。因而，使用内在言语等特定的心理活动不能准确地孤立地进行观察，而应作为渐进发展过程的一个步骤加以评价。

维果茨基（Lev Vygotsky）的第二个主张是，理解认知能力有必要考察影响和形成认知能力的工具。由此，他认为，语言是其中最重要的工具。维果茨基（Lev Vygotsky）认为，语言在儿童早期开始作为工具使用，帮助儿童计划活动和解决问题。

他的第三个主张是，认知能力始于社会关系和文化，维果茨基（Lev Vygotsky）将儿童的发展描述为和社会文化活动密不可分。他认为，记忆、注意和推理能力的发展都与学习使用社会的创造发明有关，例如，语言、数学体系和记忆方法。

在这些基本主张的框架下，关于学习和发展的关系，维果茨基（Lev Vygotsky）表达了独一无二、颇具影响力的见解。这些见解尤其反映了他认为认知能力有其社会渊源的观点。

二、语言和思维

维果茨基（Lev Vygotsky）认为，幼童使用语言的目的不仅限于社会交往，而且是一种自我管理的方式计划、指导和监控自己的行为。自我管理的语言被称为"内在言语"或"个人言语"。

维果茨基（Lev Vygotsky）认为，语言和思想在初始阶段是独立发展的，但随着时代与社会的发展的不同要求而不断融合，最终显示出较明显的社会性意味。因此，他认为所有心理功能并不是生理意义的，而是都有着外部意义或社会意义的原因。既然语言和思维是个体与社会发生联系的纽带，那么在明确自己的内心想法之前，儿童必须使用语言与他人交流，进而在交流中成长和思考。他认为儿童从外部言语过渡到内在言语是需要较长时间的，这个过渡阶段出现在3~7岁，儿童的自言自语很快成为儿童的第二天性，而且他们无须言辞表达即可行动。此时，儿童已经以内在言语的形式将自我中心的言语内化，成为自己的思想。

维果茨基（Lev Vygotsky）认为，和不使用个人言语的儿童相比，经常使用个人言语的儿童更擅长社会交往。他指出，个人言语代表了社交能力增强的早期过渡。

三、最近发展区与共同学习

维果茨基（Lev Vygotsky）提出了最近发展区（Zone of proximal development, ZPD）理念，这是强调学习者的学习潜力需要被充分激活，而在学习教程中，事实上会存在由于难度过大、学习者无法独立掌握，但可以在他人指导和帮助下学习完成的任务范围。学习者不断地接近这个范围，ZPD 的意义就在不断地实现过程中。其中，ZPD 的下限是学习者独立解决问题的水平，上限是学习者在能力较强的指导者辅助下达到的可以达到的高水平。维果茨基（Lev Vygotsky）强调最近发展区的概念，突出了他关于社会影响，尤其是教育对于儿童认知发展重要性的观点。

社会建构主义还强调教师和同伴共同促进学习者的学习。表现在"脚手架"的建构、认知学徒关系、辅导和合作学习，上述四个方面是实现促进学习者学习的工具。

（一）"脚手架"的建构

"脚手架"是在实现"最近发展区"的目的时，改变支持水平的技术。教师或者能力较强的同伴，根据情境调整指导的方法，以适应学习者个体在学习情景中的表现。例如，学习者学习新事物时，教师可以采取直接指导的方式，随着学习者能力的提高，指导及"脚手架"应该被逐步调整、减少，甚至最终撤出。在最近发展区中实现"脚手架"的作用，将大大促进学习者的学习能力。

（二）认知学徒关系

认知学徒关系是社会建构主义表现在教育中的重要手段，即教师对学习者加强引导和示范，帮助学习者理解和应用技巧，在认知学徒关系中，首先强调学习的情境建设，在学习情境中，教师为学习者示范完成学习任务的必要策略，学习者尝试独立完成学习任务。在此过程中，教师和能力较强的同伴给予支持。另外，认知学徒关系还强调教师对学习者"何时进行下一步学习"进行恰当的指导和评定。

(三) 辅导

辅导在根本上表现为教师和学习者之间的认知学徒关系，辅导关系既可以体现在教师和学习者之间，也可以体现在能力较强的学习者和能力较弱的学习者之间。

在辅导的各种关系中，师生是一组无法回避的关系。在包括审美教育在内的学习过程中，学习者总会出现不同的、个体化的问题和困扰，需要教师进行指导和帮助。这种帮助使学习者达到本应该达到的学习高度。如果类似学习者较多，教师可以对他们进行异质或者同质分组，有针对性地进行辅导，协同常规教学，实现既有的学习目的。

这里更想提及的是学习者的同伴辅导。按社会建构主义的观点，同伴辅导更有利于学业的成功。而且，据研究，辅导不仅利于被辅导者，也有利于辅导者能力与水平的提升，并对低成就的辅导者更有效。这至少说明辅导也是一种学习行为，或者说是一种学习方式，它不是单向的，而是双向的，对双方有利。甚至有人总结说，向他人传授知识与技能是最有效的学习方法，可见一斑。

被辅导的学生群体往往有三个类型，一是学习能力和效果处于低水平，但是没有学习困扰，满足于现状；二是处于低水平，不满足于现状，希望解决学习困扰；三是中等水平，还没有达到最近发展区的高阶水平。

辅导的方法也是因人而异的，通常有以下五个要求。

一是进行同伴辅导，呈现双向辅导关系，辅导与被辅导者的身份是可以互换的；二是强调过程性，并不唯结果论；三是检查终结性效果时，并不由辅导者直接进行，这会使辅导关系失去真实和发展意义；四是辅导本身也是一种技能，需要学习和提高，需要习得和系统化；五是注意把握尺度，不能使之成为学习的常态和必然，不能将其列入学习的主要内容，这会较大程度限制同伴辅导者的提高与发展。

(四) 合作学习

社会建构主义还强调合作。合作学习其实就是强调培养学习者共同体 (Fostering a Community of Learners，FCL)，即通过学习共同体中榜样的示范作用、辅导关系及社会化的学习资源，鼓励学习者进行思考，并且展开讨论，完成学习目标，促进伙伴合作，其本质是学习者学习、商讨、分享和生成向他人展示的成果的一种文化。该方式有利于学习者理解并灵活运用学科知识，从而提高阅读、写作和问题解决方面的成就。例如，在课堂教学中，合作学习的方式可以有以下三种。

一是学习者小组－成就分析法（Student Teams Achievement Divisions，STAD），一种混合能力分组的合作学习方法，包括认可团队整体的成就，并且团队对每个成就的学习承担责任。

二是合作统整阅读与写作（Cooperative Integrated Reading and Composition，CIRCT），一种教授小学高年级学生阅读写作的综合性方案，学生在四人合用学习小组中学习。

三是同伴互助学习策略（Peer-Assisted Learning Strategy，PALS），一种结构化的合作学习模式，学习者配对轮流做教师和学习，并使用选定的元认知策略。

社会建构主义课堂教学可以表现出以下八个特点。第一，课堂教学的目标取向是合作意义的建构；第二，课堂教学关注学习者最近发展区的设定；第三，结成认知学徒关系；第四，运用脚手架的方法；第五，鼓励合作学习，理解学习者与学习者合作团体的关系，教师密切留意学习者的见解、想法和感受；第六，考虑到学习者学习的文化环境建构；第七，教师和学习者以及学习者之间互为学习和教学；第八，监督并鼓励学习者使用个人言语。

第六节　阿尔伯特·班杜拉（Albert Bandura）
——学习与认知交互

阿尔伯特·班杜拉（Albert Bandura）是社会认知理论的主要创始人之一。他认为，学习者在学习时能够从认知的角度表征或转换自己的体验。在之前所述的操作性条件作用中，只有环境经验和行为之间会发生联系。

阿尔伯特·班杜拉（Albert Bandura）强调了认知、环境与行为的要素，这对于审美情趣的养成有实践的指导价值和意义。审美情趣的养成是一个动态的过程，一方面，有感性的浸润、陶冶和语感；另一方面，有理性的沉淀、思考与发展。尤其要指出的是，对于审美及审美情趣的养成，需要环境的照应，需要环境形成必要的学习视域、审美视域。而在审美行为上，外显行为、内隐行为都是审美情趣养成的实践途径。基于此，认知角度、环境角度、行为角度都在为审美情趣养成要素的厘定提供思维角度，而三者的交互更是形成了审美的张力，使审美情趣养成形象生动起来、立体起来，并不显得"随心所欲"。下文将系统介绍阿尔伯特·班杜拉（Albert Bandura）的相关理论，以期为审美情趣养成提供坚实的实践逻辑。

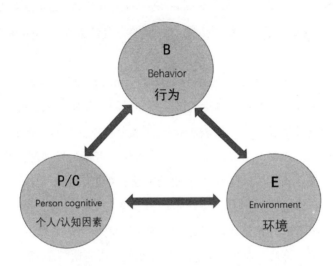

图1　阿尔伯特·班杜拉（Albert Bandura）交互决定论模型

阿尔伯特·班杜拉（Albert Bandura）创立了交互决定论模型（见图1），该模型包括三大要素：行为、个人认知和环境。如图1所示，这些要素之间相互作用并对学习产生影响：环境因素影响行为，行为影响环境，个人（认知）因素影响行为等。

其一，认知影响行为。

在学习过程中，学习者发展出认知策略，从态度、期待、知识系统、策略、方法等方面强化认知，形成更加深入和更具逻辑性地思考与解决问题的方法。正因如此，认知使行为有了前提条件，有了出发点和支撑点。认知策略促进了学习者的成就行为，也使学习者的"行为"具有了"学习属性"，即认识促进行为的规范性和科学性，进而使行为发生持久的变化。

其二，行为影响认知。

这是"用以致学"的简单表述，只是置于不同的关系中。行为因认识而发生着变化，行为也因主体不断地体验和反思而形成着新的经验，取得新的成果，这都使学习者对学生认识产生新的期望，并调整认识的体系，提高自我效能感水平。行为与认知是一对相互的作用力。

其三，环境影响行为。

环境并非简单的物理环境或者人文环境，它更接近教育学原理提及的"教学影响"，包括资源、方法、方式、评价、脚手架诸多要素。这当然影响着学习者的行为特点、层次和水平。例如，学校的学习技能计划，这能够帮助学习者掌握记笔记、管理时间和提高考试成绩的方法。学校技能计划能使学习者的成就行为得到提高。

其四，行为影响环境。

学习者的行为既取决于认识，也取决于环境水平，而行为的成功使学习者提高了学习的信心与期待，行为的得失也会促使师生改善环境水平，例如，丰富资源，调整学习脚手架，选择新的学习方式，或者完善学习计划等，以获得更大的成效和满足。要说明的是行为影响环境与环境影响行为是一组相互的关系，它们相互促进。

其五，认知影响环境。

认知对环境的影响是复杂的，一方面，教育者以及学生对认知的期望和规划要求有相应的条件支持，这些条件就是环境因素；另一方面，认知的鲜明的目的性使环境的建设也要有系统性和个性，以更好地支持目的的实现。环境更类似一个学习的支持系统为认知服务，而认知也必然有着目的与内容的要求，进而使学习水平的提升成为可能。

其六，以环境影响认知。

上述内容都指向着环境的作用，它影响着认知。从实践角度看，教育者建设各种资源中心，供学习者甚至是家长查阅有关如何提高学习能力的书籍和材料；同时，资源中心还为学习者提供学习技能辅导服务。学习者和同伴可以利用资源中心提供的资源和辅导服务进行学习。这是影响的显性存在，至少提高着学习者的兴趣、期待和知识建构能力，并在一定程度上影响着学习者的自我效能感水平。

　　在阿尔伯特·班杜拉（Albert Bandura）的学习模式中，个人（认知）因素发挥着重要作用。最近几年阿尔伯特·班杜拉（Albert Bandura）最强调的个人（认知）因素是自我效能，即相信个人可以控制某种局面并产生积极结果。阿尔伯特·班杜拉（Albert Bandura）认为自我效能对行为具有强大的影响。这一点是引人思考和引人关注的。

第四章

审美情趣养成的核心要素

第一节　当前我国基础教育阶段"美"的内涵

在"发展"成为当今时代主题的今天，以人为本和促进人的全面发展日益成为一个国际性的问题和世界关注的焦点。联合国教科文组织国际教育发展委员会在《学会生存》报告中提出："（学习者）要更充分地发展自己的人格，并能不断增强自主性、判断力和个人责任感来行动。为此，教育不应忽视人的任何一种潜力：记忆力、推理能力、美感、体力和交往能力等。"

按前文叶朗的总结，美是超越与复归的统一，其张力与目的都有清晰的陈述。在此背景下，在基础教育改革深入推进的过程中，审美教育的目标开始清晰和明确起来，从"知识与能力""过程与方法""情感态度和价值观"等多维度提出了培养审美知识、感受、兴趣、能力、个性、人生态度等多层级的美育目标体系，反映出基础教育课程目标价值取向的重大转变，即由社会本位转向了学习者本位，并首先关注个体的发展。在新的课程理念指导下，美育目标在继续重视知识与能力等传统目标的同时，把关注的焦点放到了学习者在与自我、他人和社会交互作用中所必须具备的情感及精神素养的培养上，注重良好个性、人格、生活态度的养成。

但是，事实上，基础教育中"美"的内涵较为模糊，同时，作为教育质量评价标准的升学考试有高利害的特点。长期以来，各级各类学校以升学为首要任务，一线教师虽然对审美教育有所关注，但是在实践过程中，因美的内涵模糊，无法确定审美中"美"的内容与意义。另外，因为对基础教育中"美"的认识存在误区，导致部分一线教师在教学目的和内容上"各行其是"或者干脆"任意想象"，曲解了审美教育的应有之义。有的教师甚至认为审美教育只是一种无法实现的理想，是美好的"乌托邦"。

基于此，有必要对基础教育中"美"的内涵进行厘定，并研究、厘定析实践原则，以此推动基础教育阶段的审美教育走向深入，取得应有效果。

一、基础教育对审美教育的要求

早在 1999 年，中共中央国务院就做出了关于深化教育改革全面推进素质教育的决定，认为从素质教育的角度看，美育不仅能陶冶情操、提高素养，而且有助于开发智力，对于促进学习者全面发展具有不可替代的作用。同时，要求尽快改变学校美育工作的薄弱状况，将美育融入学校教育全过程。这个决定明确强调了审美教育在教育工作中的重要地位。

对于基础教育而言，上海市普陀区 1989 年就出台了全国第一部《中小学美育实施纲要》，在总纲中提出："美育，即审美教育，是培养审美意识和审美能力的教育活动。加强美育是建设社会主义精神文明的重要措施。美育的目的是提高人们的审美素养，完善人们的心理结构。"同时进一步指出："学校美育是全民美育系统工程的基础。学校美育是为了提高学习者的审美素质，有计划地向学习者实施审美教育和创造美教育的活动。"可见美育是提升学习者综合素养的重要的且必要的途径。

《国家中长期教育改革和发展规划纲要（2010—2020 年）》也直接提出："坚持全面发展，全面加强和改进德育、智育、体育、美育。坚持文化知识学习与思想品德修养的统一、理论学习与社会实践的统一、全面发展与个性发展的统一……加强美育，培养学生良好的审美情趣和人文素养。……促进德育、智育、体育、美育有机融合，提高学生综合素质，使学生成为德智体美全面发展的社会主义建设者和接班人。"这足以说明美育已经成为基础教育阶段重要的教育内容，作为教师有责任提高审美教育的实践水平，提升学习者的审美素质。

各学科课程标准也对审美教育做出了明确的说明。以语文学科为例，《普通高中语文课程标准》（2017 年版，2020 年修订）（以下简称《标准》）在提及学科核心素养"审美鉴赏与创造"时，直接说："审美鉴赏与创造是指学生在语文学习中，通过审美体验、评价等活动形成正确的审美意识、健康向上的审美情趣与鉴赏品位，并在此过程中逐步掌握表现美、创造美的方法。"① 同时，在"课程的基本理念"中也明确提出："语文教育也是提高审美素养的重要途径，要让学生在语言文字运用的学习中受到美的熏陶，培养自觉的审美意识和高尚的审美情趣，培养审美感知和创造表现的能力。"②

国家的相关文件要求更加明确，立意清晰。

近年来，基于"立德树人"和"发展"的要求，国家很重视青少年审美情趣学科培育问题。

2015 年，国务院已经下发《国务院办公厅关于全面加强和改进学校美育工作的意见》（国办发〔2015〕71 号），强调审美教育，但是对于普通高中的审美教育而言，明显缺乏具体的审美教育及审美情趣核心要素厘定，缺少必要的培育与实践指导。

2016 年，教育部委托北京师范大学研究并发布《素养》，直接明确地强调审美教育中的"审美情趣"培育，在"人文底蕴"中明确了"审美情趣"这一要素，但是审美情趣自身的要素厘定与培育，缺乏直接说明和界定，依然停留在抽象方向指导上。

2017 年，在教育部《国家教育事业发展"十三五"规划》中，提及"全面落实立德树人根本任务"时，明确指出要"提升青少年身心健康水平和学校美育工作水平"；在"提高学生文化修养"的要求中，明确指出要"坚持以美育人、以文化人"。

2020 年 10 月，中共中央办公厅、国务院办公厅《关于全面加强和改进新时代学校美育工作的意见》，提出要以习近平新时代中国特色社会主义思想为指导，以立德树人为根本，以社会主义核心价值观为引领，以提高学生审美和人文素养为目标，弘扬中华美育精神，以美育人、以美化人、以美培元，把美育

---

① 中华人民共和国教育部. 普通高中语文课程标准［S］. 北京：人民教育出版社，2020：5.

② 中华人民共和国教育部. 普通高中语文课程标准［S］. 北京：人民教育出版社，2020：2-3.

纳入各级各类学校人才培养全过程。

2021 年国家"十四五"规划也提出六大新目标，其中提出，社会主义核心价值观要深入人心，人民思想道德素质、科学文化素质和身心健康素质要明显提高，中华文化影响力要进一步提升，中华民族凝聚力要进一步增强。这六项目标均关涉审美教育的内容。

2022 年颁行的《义务教育阶段语文课程标准》在"核心素养内涵"中直接提出，"审美创造"是义务教育阶段语文学科核心素养四项内容之一，提出"审美创造是指学生通过感受、理解、欣赏、评价语言文字及作品，获得较为丰富的审美经验，具有初步的感受美、发现美和运用语言文字表现美、创造美的能力；涵养高雅情趣，具备健康的审美意识和正确的审美观念"①。甚至没有提及审美情趣这一词汇，这些都充分显示着学习者审美情趣学科培育的迫切性与科学价值。

上述诸项要求主要说明三个问题。一是要从全面发展及人文素养的养成、个性发展等角度认识审美教育的重要性，从这个意义上说，审美的角度即形式、经验、境界等因素也就直接成了"美"的界定角度。二是基础教育中的审美教育是不可或缺的，其意义在于既关注了人的全面发展，又照顾到了个性发展，体现了以人为本的教育理念。基于此，"美"的内涵界定要满足不同学习者不同角度审视、感受、体验和判断的需求，满足同一角度的不同理解和判断。三是在对审美教育"美"的内涵分析中，不设唯一、固定的审美目的。伊曼努尔·康德（Immanuel Kant）认为，"从关系方面考察审美判断，美是对象的合目的性的形式，在它不具有一个目的表象而在对象上被感知时，就是美。"毕竟在基础教育中，基于受教育群体的不同心理特点，其审美教育目的不同。叶朗曾在《审美教育的基本理论》中引用了关于审美心理学的研究："7~9 岁的儿童批判作品的唯一标准就是看作品与实物是否相像。9~13 岁的少年开始进入审美萌芽期。他们不再受到写实标准的束缚。他们也开始对特定艺术家和特殊艺术作品类型产生兴趣，而不再限于写实风格的作品，把讽刺作品也包括进来。13~20 岁是个体审美发展的危机阶段，这一时期的特点是相对主义与道德发展的相对

---

① 中华人民共和国教育部. 义务教育语文课程标准（2022 年版）［S］. 北京：北京师范大学出版社，2022：5.

主义阶段相一致。"①

不同的审美心理特点必然有不同的审美表现、感受与判断,在审美教育中设定教学目的要考虑这些心理特点。但是,不能为了某种既定的教学目的进行审美,否则,美的感受、体验、趣味与判断都成了满足所谓的"目的性",学习者不是在真实感受美的存在,不是在判断纯粹的美的意义,而是为了审美而审美,为了目的而审美,将审美愉悦直接演变为答题的逻辑思维,这将导致审美教育的技能化。因此,有必要对基础教育阶段"美"的内涵进行重新研究与界定。

二、基础教育阶段"美"的内涵

目前,我国基础教育阶段的审美教育,就是借助课程资源及相关教育因素中美的因素来培养学习者审美理想、兴趣、判断力和审美鉴赏、创造能力,感受审美愉悦,养成高尚的道德情操、精神境界,这具有自发性的审美教育行为一再催促着学者们对审美及审美教育的相关问题进行"接地气"的研究,不仅仅纠结于语言及内在逻辑,更多的是关注事实逻辑,什么是可感受、可理解的"美"呢,当前中国基础教育阶段"美"的内涵又是什么呢?

（一）美在"特殊"

按叶朗在《美学原理》中的理解,在审美领域中,分为自然美、社会美、艺术美、科学美和技术美。审美的范畴则指"优美与崇高""悲剧与喜剧""丑与荒诞""浓郁与飘逸""空灵"等,这是比较有代表性的分类。从中可以发现,美的世界是多元的,存在于现实生活中,例如,自然美、艺术美等;也存在于哲学层面,例如,社会美等。这种多元对于基础教育而言,在思维的深度与广度上有一定的指导意义,可以开拓审美教育视野,提升品位,使学习者的审美观念更纯粹。但是,基础教育中的"美"不简单地等同于中西方美学思想、理念中的哲学意义上的"美",而且其感性与理性的内涵也不尽相同,借用约翰·克里斯托弗·弗里德里希·冯·席勒（Johann Christoph Friedrich von

---

① 叶朗：审美教育的基本理论 [J]. 中国高等教育（社会科学理论版）, 1988 (3): 25-
35.

Schiller）的说法，是有不同的"游戏"内涵的。简而言之，基础教育中的"美"受制于美的理念本身、教育资源因素、教师因素、学习者因素、时代与社会发展因素、地域因素、教育教学规律及其相互关系的影响，从而显示出它的特殊性。

基础教育有其自身的特点和规律，影响基础教育发展的因素也和美学界、哲学界不同。从受教育群体看，学习者的生活空间、学习空间因其年龄特点和社会因素的影响有其独特之处，他们所能感受和鉴赏的美也不能脱离他们的实际审美能力与情感水平。另外，基础教育中的审美资源基本上都是有典型的审美意义的，是符合中小学习者的思维规律和鉴赏能力的。

基础教育阶段的教育对于学习者的一生而言有奠基的意义，所有的审美教育目的，要注重过程，要贴近学习者生活，要循序渐进，要由浅入深；或者说，是与学习者一起分析教育资源中美的特点、价值与意义，要让学习者有所感、有所思、有所获，这时较少涉及美学的整体意义与哲学内涵。

（二）美在"形式"

美的形式有三个方面的内容：一是教育资源本身所具有的文字书写、文字表达、图像、色彩等诸方面的表现形式的美；二是教育资源本身的语言美、情感美、体验美、氛围美、意象美等；三是在教育教学过程中激发的师生双方含有美的因素的潜质与表现能力，例如，教师的板书美、语音美，学习者的语言美、思维美等。这三个方面的形式，是基于学习者的感性认识，这种感性认识是不带有功利性色彩的、非技能的，却又符合学习者自身特点，符合美的一般欣赏逻辑的，在审美判断中有着纯粹的审美愉悦感。

对于审美情感的问题，朱光潜将其归纳为四点："一是在审美情感中，'感'的对象是形象，'感'的方式是直觉；二是在审美情感中，'情'的内蕴是具有普遍性的精神愉快；三是在审美情感中，主体与对象的心理联系是一种不涉及利害计较的超功利的自由联系；四是在审美情感中，主体之所以获得精神愉快，是因为主体从对象中体验到了自身的本质力量，从对象身上感受到了自身本性的丰富与完满，因而在物我同一的境界中实现了一种充满肯定性和积极性的观照。"

当然，情感视野中的"美"必然基于一定的感性认识，这里的感性认识是基于一定的审美知识和综合素养的综合性审美认识能力，更多趋于美的外在形式、表象、规律等方面，是一种美的纯粹感受，这里的纯粹是指超越生理因素和一般生活感受，基于一定审美理性和基本知识的情感体验。在这种情感体验中的美，是符合基础教育层面审美条件的美。

（三）美在"经验"

1958 年，美国美学家蒙罗·比斯莱（Monroe C. Beardsley）出版《美学：批评哲学的种种问题》，按滕守尧的说法，该书是 20 世纪中期最有影响的一部哲学美学著作。蒙罗·比斯莱（Monroe C. Beardsley）指出了关于审美经验的五个特征。第一种特征是"客体指向"性：指审美注意集中于眼前的客体，感知到对象的各个组成成分组合得恰如其分。第二种特征是从日常功利心中解放出来，达到一种暂时的自由。审美经验提供了一定程度的自由，使人的思绪暂时不再受制于实际生活中的各种忧虑。这种从实际生活忧虑中的暂时解脱，也有助于解释那种与审美经验同时而来的超脱感，或人们通常所说的"非功利感"。第三种特征是以一种自由的心态参与到对象的结构和意味中，最后将它组成一个有机统一的整体。第四种特征是超脱感和非功利心。所谓的超脱感，并不意味着对眼前对象失去兴趣，相反，观赏者必须对自己世俗的功利心施行一定程度的压制，使自己的情感和心理与这种功利心保持一定的"距离"。这就是通常说的"非功利的注意"或者"审美注意"。第五种特征是得到一种新的发现和理解。审美经验的所有这些特征使它有了明显的两面性：既是超脱的又是参与的，既是自由的又是控制的，既是认识性的又是情感的。

基础教育中美的经验不完全等同于美学意义上、哲学意义上的审美经验。在基础教育中，学习者的审美经验依然来源于实践、日常生活以及关于美的基本知识、关于美的一般情感体验和出于自己思维视角的有审美逻辑性的条理清晰的审美判断。有了这种经验的思考和表达过程，就是出于理性地对美的判断。

对于理性视野中的美而言，这里的理性认识是基于自我认知的规律和审美的基本知识，是一种感性指引下的对美的智性的分析与鉴赏。这里的美，是指内涵于形式下的情感、意义、作用与价值等美的因素。需加以说明的是，这不是机械的逻辑分析与判断，而是符合一定审美规律与自然情感的，且不带有任何功利性前提色彩的基于感性认知基础上的审美判断，即不是为了审美而审美。

（四）美在"精神境界"

精神层面上的美，可以说是从更广阔意义上的时代和社会发展、思想与理想，精神境界与品位、审美境界甚至简单涉及了哲学层面对美的审视与界定。这里的美，是感性与理性交融基础上的深度情感体验与鉴赏。按叶朗的看法，对审美活动产生决定性影响的是社会文化环境，包括经济、政治、宗教、哲学、文化传统、风俗习惯等多方面的因素。社会文化环境对审美活动的影响，在每一个个体身上，集中体现为审美情趣和审美格调。审美情趣是一个人的审美偏爱、审美标准、审美理想的总和，是一个人的审美观的集中体现，它制约着主体的审美行为，决定着主体的审美取向。

审美情趣既带有个体性的特征，又带有超个体性的特征。美的格调则是一个人的审美情趣的整体表现。一个人美的趣味和美的格调都是社会文化环境的产物，受到这个人的家庭环境、地位、文化教养、社会职业、生活方式、人生经历等多方面的影响，是在长期的生活实践中逐渐形成的。而在基础教育的背景下，社会文化环境体现为教育目的、教育思想、教育传统、教与学的方式和习惯、被提倡的人生观和价值观，还包括电视、刊物、网络等传媒所传递的社会信息资源和价值体系。从范围上看，更具体，体现为学校、家庭、网络和学习者对自我的认识等方面；从影响要素上看，更与自身处于成熟过程中的人生观与价值观直接相关，与掌握的审美技能相关，与教师的引导和学习者群体的个性发展特点相关。所有这些形成一种带有社会性、时代性、哲学性特点的美的精神境界，越来越影响基础教育的审美情趣和生活风气，而且时期较长，相对稳定。

第二节　审美情趣养成的相关因素

当代西方哲学家雅克·马利坦（Jacques Maritain）在《艺术与诗中的创造性直觉》一书中非常直接地说："尽管东方艺术只关注于事物，然而它却与事物一道隐约地展现了艺术家的创造的主观性；而另一方面，尽管西方艺术愈发专注于艺术家的自我，可它却与这个自我一道隐约地展现了事物的表面实在和奥秘的含义。从而我们可以得出结论：在创造性行动的本源中，一定存在一个十分特殊的智性发展过程，一种无逻辑理性上的对等物的经验和认识，通过这一认识，事物和自我一道被隐约地把握。"① 他又说，"在艺术美中，美的这种超然而又类似的特征甚至以最引人注目的方式出现在人面前，因为美为了在事物中存在，它在人类的智性中被预先地感知和养育。然后，面对着出自人之手的作品，智性通过感觉的直觉，以对经验最适合的状态发现了既是关于感觉的，又是关于智力的欢娱——根据普桑的看法，这种欢娱就是艺术的目的；智性对人类艺术品越是熟悉，它对美的这种超然而又类似也就越明了。"② 雅克·马利坦（Jacques Maritain）是把直觉作为实现审美智性要求的一种手段与方法，期望理智在审美活动中的直觉引导下进入深味美的表面特征与内在奥秘的境界，最终使人豁然开朗地理解事物的本真之美。这其实就是审美教育的最终目的。表现在基础教育阶段中，其更为鲜明和突出，有观照的价值与意义。

　　基础教育阶段是学习者、教师、社会生活、时代特征等要素之间的多重对话。在基础教育阶段中，要厘清审美情趣养成，形成宏大的审美教育视野，进而从审美实践中获取最大的"美"的效益。

一、审美情趣养成的意义说明

　　20 世纪，审美教育的专家们对审美情趣养成有相应的界定。克莱德·E. 柯伦（Clyde E. Curran）在《教学的美学》中提出，当创造使创造者的感情升华到完善的境界，当创造的成品的匀称美不仅给创造者而且给观看这一成品的其他人带来了快乐的时候，这种创造便是艺术。相应地，当教师更多地懂得了美的素质怎样深入人心的，当他们能有意识地来完善、扩展这种美的体验方法时，他们也就踏上了教学艺术之路。苏联美育专家曾提出教学法也可能而且应当具有审美价值。如果教学法是从学生认知的年龄特点出发，目的在于满足他们的认识需要，而教师又努力勉励学习者，振奋他们的精神，帮助他们体验发现的

---

① 马利坦. 艺术与诗中的创新性直觉［M］. 刘有元，罗选民，等译. 北京：生活·读书·新知三联书店，1991：95.

② 马利坦. 艺术与诗中的创新性直觉［M］. 刘有元，罗选民，等译. 北京：生活·读书·新知三联书店，1991：139.

欢乐，感受自己的长处，享受认识的才能带来的快感，学习过程也就获得了审美性质。德国古代艺术研究者阿洛伊斯·希尔特（Aloys Hirt），在讨论了各种艺术的美之后，认为美就是"完善"，可以作为眼、耳或想象力的一个对象。"正确地评判艺术美和培养艺术鉴赏力的基础就在于特性的概念。"① 从当前国内审美教育的理论发展看，审美情趣养成研究已经开始关注生命。有学者如孙俊三已注意用生命美学的观点来分析教学美学问题。查有梁的《"审美—立美"教学模式建构》就对审美化教学模式进行了新的建构。在学科美育的发展中，语文学科占主导。代表性的有张永昊、周均平合著的《语文审美教育论》、区培民的《语文教学中的审美教育》等。

总结各种提法，雅克·马利坦（Jacques Maritain）的认识更直接和有序，他指出，审美是人类理智通过可感事物去直觉性地领会事物蕴含着的内在奥秘。这是符合审美情趣养成要求的。审美情趣养成是在教育教学中那些组成关于美的教育的重要标志，例如，阿洛伊斯·希尔特（Aloys Hirt）所形容的"形式、运动、姿势、仪容、表现、地方色彩、光和影、浓淡对照，以及体态所由分辨当然要按照所选事物的具体条件。"②

审美情趣养成不应该只关注美本身，还应该关注美之外的与鉴赏教育相关的诸多因素，进而使审美教育活动立体和鲜活起来，毕竟，审美教育不是一种静止，而是因为不同人的研究、鉴赏及教育因素的介入使"美"的教育意义更宏大、更丰富、更有感染力，更有时代、社会意义。作为审美教育的一种背景与平台，基础教育阶段是非常适合的。在基础教育阶段过程中，人的因素与审美资源是不可剥离的。在基础教育阶段的背景下，审美情趣养成是一种明确的美育标志，这种标志是对教师、学习者和美本身三者的共同标志，以这种标志为着力点和表现点，美才有感受、研究和教育的价值。综上所述，在基础教育阶段的审美教育中，审美情趣养成是对美本身和教师、学习者相关教育因素的标志。一方面，要标志出美的事物的教育内涵与意义；另一方面，要标志出教师和学习者感受美、体验美、分析美、研究美、鉴赏美的教育因素。审美情趣养成的标志作用不可或缺。我们以基础教育阶段为例，为审美情趣养成进行举

---

① 黑格尔. 美学（第1卷）[M]. 朱光潜，译. 北京：商务印书馆，1996：22.
② 黑格尔. 美学（第1卷）[M]. 朱光潜，译. 北京：商务印书馆，1996：22.

例和说明。

二、审美情趣养成的相关因素

佐藤学（Manabu Sato）认为基础知识与基本技能并不是通过反复练习来习得的，而是通过经验、功能性地加以习得的。虽然审美教育不等同于基础知识和基本技能教育，但同样也要通过经验与功能性的习得而使学习者的审美情趣养成水平达到较高的层次。

基础教育阶段，就是以教师、学习者、文本或者媒体资源为教学要素，以学习者为主体，以教育的"三维目标"即知识与技能、过程与方法、情感态度与价值观的达成为旨归的教学方式。从教学目的上看，审美教育始终把发展学习者对美的感知与理解、鉴赏与创造作为主要任务，童庆炳提出的培养德、智、体、美、劳全面发展的人，肉体与精神、感性和理性和谐发展的人也是这个意思。

基于学习者的年龄特点、知识结构与心理因素，其审美意识、习惯与能力正在形成之中，该群体对美的因素的感知性、敏锐性与创新性远比成人群体高，这是审美能力及习惯养成、形成的关键期，对其今后审美素养的提升影响深远。基于此，在基础教育阶段中，审美教育要使学习者受到美的熏陶，培养自觉的审美意识、高尚的审美情趣和审美创造的能力，热爱自然、热爱生活。正如张楚廷所认为的，由发现美、欣赏美至创造美，才会按照美的规律来构造个体的充分条件，对生活的热爱才水到渠成。

依据审美教育不同阶段以及学习者群体的基本特点，基础教育阶段审美情趣养成的相关因素可以分为三个层级。

（一）涉及审美的有教育意义的表象因素

曾有人提出，在谈及剧本的动作与内容的关系时，凡是和作为剧本真正内容的那个动作没有直接关系的，就应该一律抛开不要，这样才能使剧中的一切对于那个动作都有意义。但是，这个真正内容的理解角度不会是唯一的。

审美教育伊始，是将审美对象的内在之美尽情展现，同时吸收外部事物所蕴含着的意义和价值。引导学习者群体的心灵与审美对象交融相通，进而专注于对审美对象的美的把握，面对着显性的表象因素，学习者群体充分调动想象力与直觉感受力，审美教育的过程自此开始。基础教育阶段亦如此，基于基础教育阶段内容的"审美"的典型性，"从一粒细砂看尘世，从一朵小野花看苍天"，任何教学内容，选好角度都是一种审美教育资源，不应将"美"和"审美教育"定义为一种模式化意义和内涵的事物。但是在外在表象上，审美情趣养成也是确定的、清楚的，正如雅克·马利坦（Jacques Maritain）所说，这种美的表象形式可以产生愉悦，虽然是浅层次的审美教育，也是深入学习的基础，不可缺少。

在基础教育阶段中，审美情趣养成的外在表象，通常表现为两部分。第一部分是对审美鉴赏者的明确标志：深入了解和掌握教师本人的个性特点、学习者群体和个性特点、审美意识、审美兴趣、质疑能力、审美空间、审美角度及基本方法、审美的表现能力、审美的探究能力、审美的个性化水平等因素。作为审美主体，人的因素是非常重要的，失去这个因素，美就只成了一种客观存在，审美教育也无法实现，没有实际意义。第二部分是明确有审美教育意义的资源，即所谓的"感性经验的层面"：美的语言、美的结构、美的逻辑、美的情感、美的观念等因素。这些因素是审美性资源包含的内容，它虽然是固有的，却也随着学习者水平与能力的提高而无限扩大，从而在事实上能够将美的内涵无限提升。其实，这正是学习者研究和体会的审美对象，是审美的空间与平台。它虽然是外在的，但不一定是显性的，要依靠审美教育活动来具体体现与升华。

综合而言，基础教育阶段，审美情趣养成既标志着教师和学习者的审美素养的发展与成熟，又标志着综合素养的提升。

（二）实现基础教育阶段中审美的内在意蕴

感性愉悦就是感性经验在受到理智的感染与提升后产生的，感性愉悦与理智快意的和谐共通事实上深化并丰富了理智对外部世界之美的直觉。意蕴，就是通过这种感性的愉悦来实现的，它是艺术作品所积极追求与表现的。雅克·马利坦（Jacques Maritain）说："这种艺术潜心于在事物中发现并力求从事物中将事物自身被束缚的灵魂和关于动力和谐的原则，即其被想象为一种来自宇宙精神的不可见的幽灵的精神揭示出来，并赋予它们以生命和运动的典型形式。"① 正是

---

① 马利坦. 艺术与诗中的创新性直觉 [M]. 刘有元，罗选民，等译. 北京：生活·读书·新知三联书店，1991：25.

这样，优秀的学习资源，在那些表象的文字、媒介的后面，则是内蕴的灵魂、风骨和精神，这就是所谓的意蕴。

在艺术原则或者审美教育的表现方式中，"特性"通常是一种性质。它要求艺术表现方式中的所有资源及要素都要服务于艺术意蕴，审美教育更要利用这些资源与要素来体现艺术价值，提升学习者的审美品位、精神境界。雅克·马利坦（Jacques Maritain）把人类理智分为逻辑的理性和直觉的理性。在存在的层次上，直觉的理性是更为深层次的理智活动方式，先于逻辑的理性。这种妥帖性要依靠审美教育中那种直觉的理性来实现。

在基础教育阶段，教师、学习者都应该力求在审美意蕴的感悟上下功夫，使审美教育实现深刻性。在审美教育中，情感要品得到自然，灵魂要看得到内涵，风骨要见得到真髓，精神要认得到至诚。审美情趣养成本身也应该有美的境界。

其实，在审美情趣养成中，师生直觉的理性使审美教育不再滞留在对于美的表象形式产生的愉悦中，而是引向对审美对象的本质的动态性、本质性观照上。师生进行审美教育活动，也同时在调整和优化理性自身的结构与潜能。此审美情趣养成就是要对美的意蕴与境界、动态与本质进行标志。这种标志不是显而易见的，而是隐含在学习资源中的，需要教师引导学习者结合自身素质，认真从语言表述到文本内涵、到情感体验、到审美感受、到审美评价等诸方面，积极观照、体验、感受、分析、研究和鉴赏后的水到渠成式的审美教育。这里审美教育标志的内涵与意义是无限的，因学而异、因人而异。

（三）追寻基础教育阶段中审美的终极精神价值

在基础教育阶段，审美情趣养成最终表现为审美教育的终极目标——精神价值的实现。这个层级是无限广阔的，它融合教师、学习者、学习资源等诸方面因素使教学所涉及的"美"的意义最终升华。同样的，它没有终点，因教师、学习者和学习资源的审美教育能力与水平而定。雅克·马利坦（Jacques Maritain）的审美理智主义，正是将审美活动与外部世界贯通起来，构建人类与外部世界协调的生存环境。他强调在审美理智主义的作用下，审美情趣养成能够促进人类精神朝向绝对完善发展的无限可能性。

对审美情趣养成而言，内涵的价值与意义是重大的，是学习者审美境界和创造力形成的保障。审美情趣养成既不是无中生有，也不是牵强附会，其实是和教育理念息息相关、并生并存的。"理念作为理想既然是直接的显现，也就与它显现同一的美的理念，所以在理念发展过程中的每一特殊阶段上，就有一种不同的实在的表现方式和该阶段的内在定性紧密地结合在一起。"① 审美教育不是单一的教育方式，不是单一目的教与学的方式，它是在存在的层次上、在直觉的理性基础上，教师、学习者或者其他主观教育因素关于教育理想、教育哲学、教育理念、学习理念的重要实践方式。审美情趣养成其实更多地关注了人性的发展与变化、感受与升华，力求提升、丰富师生精神、情感的水平与内涵。审美情趣养成融于教育理想与教育理念，在形式与内容上，都应该达到完整，达到格奥尔格·威廉·弗里德里希·黑格尔（Georg Wilhelm Friedrich Hegel）所说的"理念或者内容的完整同时也就显现为形式的完整"。审美情趣养成是审美的最高峰。歌德说："古人的最高原则是意蕴，而成功的艺术处理的最高成就就是美。"② 这里的美，在基础教育阶段、在最终层级，应该体现为审美情趣养成能够促进人类精神朝向绝对完善发展的无限可能性的价值与意义。

三、实现审美情趣养成的基本态度

（一）尊重审美情趣养成的民主性

雅克·马利坦（Jacques Maritain）认为，情感在审美感知中是必不可少的。在审美教育中，只有当师生们发自内心地、自然平等地关注审美，无论是自然界还是时代与社会中蕴含的美的意义才会被研究和展现出来。审美情趣养成中的民主性，是实现这个结果的重要保证。

不仅在学科教学的审美教育中，即使在其他教育行为中，在体现教育性的同时，也要尊重学习者群体的努力与付出。体现民主性，这是审美情趣养成的基本规范与准则。在审美情趣养成过程中，只有尊重学习者群体的理智与感性认识，尊重他们对美的事物的直接感受与情感体验，尊重他们的审美心得与对审美内涵的理解，尊重他们对审美教育的自由理解与选择，才会使审美教育形成一个良好的交流与研究平台，才有机会实现人类精神朝向绝对完善发展的无

---

① 黑格尔. 美学（第1卷）[M]. 朱光潜，译. 北京：商务印书馆，1996：4.
② 黑格尔. 美学（第1卷）[M]. 朱光潜，译. 北京：商务印书馆，1996：24.

限可能性的价值与意义。需要注意的是，"如果没有把'向善''求真'作为教育民主的本质，那么教育民主很可能将会是对学习者发展的不负责任"。① 在品鉴审美时，学习者群体对美的"善"与"真"的追求本身要体现民主性，要引导学习者大胆展示利用直觉的理性审视自己的审美过程与结论，形成多元审美参与，实现相互印证，求取对审美的多元理解，支持多角度深化美的本质性内涵。同时，坚持师生合作、相互引导，用民主性的教育教学使学习者感受到审美情趣养成中真实、自然、个性、唯美的氛围，获得自己的审美过程性收获。

（二）肯定审美情趣养成的过程性

在审美教育中，从思维的发展看，人的精神接受美的事物与思想的陶冶，并不是闭锁在自我设定的细小世界中，因此要通过审美情趣养成的过程，充分调动理智与感性能力，感悟美的内在与外在世界的各种细微变化和蕴藉着的无尽意义。

学科教学的审美情趣养成更是如此。基于学习资源的多样性和审美空间的广博性，更多时候，学习者群体审美的角度与结论是多元的，更习惯于在一般意义的共识性的审美结论后，形成自己个性化的体验与结论。这对审美情趣养成深入理解和阐释的过程是弥足珍贵的，是学习者充分进行审美理智与感性领悟、进行审美批评、感受审美教育意义与收获的最佳平台。在审美情趣养成中，不建议设置更多的所谓的"答案"，要对学习者的审美情趣养成过程予以积极而充分的肯定。从根本上说，审美情趣养成的过程是情感收获与境界提升的过程，不能用固定结论形成定式。

从这个意义上说，能引导学习者关注审美，结合内在与外在世界的各种因素，调动直觉性审美经验，积极进行审美情趣养成的尝试与探索，这个过程本身就是重要的收获。深层次的个性化审美教育需要这种思维的过程性，毕竟失去过程，就是失去了审美情趣养成的意义。

（三）搁置审美情趣养成的多重结论

审美情趣养成的过程中，审美者在对理智和感性因素进行研究梳理时，人们常常有疑问，美是否是一种科学研究对象，或者美只是一种愉悦的游戏；审

---

① 柳谦. 反思教育民主 [J]. 课程·教学·教法, 2010 (4)：29-36.

美情趣的养成是教育的结果，或者只是自然而然；审美情趣的发展是养成的一个阶段还是单独存在的等。不同的结论反过来也发展和调整着审美者自身的审美知识的结构、潜能。审美情趣养成最终要超越理智思考和感性经验的层面，是一种超验之美的精神体验，从这个意义上说，不必统一结论。

从美的研究方式上看，也是多重意味的，通常会有两个方面的结果："一方面，我们看到艺术的科学只围绕着实际艺术作品的外表进行活动，把它们造成目录，摆在艺术史里，或是对现存作品提出一些见解或理论，为艺术批评和艺术创作提供一些普泛的观点。另一方面，我们看到艺术的科学单就美进行思考，只谈些一般原则而不涉及艺术作品的特质，这样就产生一种抽象的美的哲学。"①

（四）树立审美情趣养成的榜样

审美理智主义认为，审美活动会使人类精神与外部事物发生联系，并通过感性经验作为中介，而且认定只有渗透着理智活动的感性经验才能成为感知美的途径。在学科教学的审美情趣养成过程中，学习者审美能力自有高低，渗透着理智活动的感性经验也有不同。在具体实践中，要充分利用教师或者学习者的榜样作用，模拟理智活动，显现感性经验的特点与重要作用，引导更多的人去整理自己的理智活动，梳理感性经验，感受审美过程，形成审美结论。审美情趣养成中的这种榜样要求榜样者自身审美素养比较高，审美的理智活动比较活跃，感性经验描述得体，审美视野开阔，审美情感与境界超前，审美把握的角度独特等，其中的关键是通过理智活动和感性经验对"美"的形式与内容把握适度，更能将二者在适合的角度融合在一起，在最佳的时间与空间形成对学科教学中"美"的深刻的本质性理解。

这种成就是循序渐进的，积极树立学习者审美"榜样"，会在审美情趣养成中引导学习者群体深入理解美的内涵与外延。相对于此，如果在审美情趣养成的过程中，积极收集与学科教学内容相关的古今名家的审美活动与感性经验示例，或者有针对性的审美评析也会使学习者群体大开视野，审美情趣养成的目的与意义也就会通过多角度、有深度的评价得到开发，学习者群体的审美情趣养成思维与境界也会得到拓展，进而使其达到自身水平可以达到的更深层次。

---

① 黑格尔. 美学（第1卷）[M]. 朱光潜，译. 北京：商务印书馆，1996：28.

第三节　基于教育的审美情趣养成要素

基于前文所述，审美情趣养成的要素界定为个体认知和环境与行为三个角度、六个关键节点的交互融合，既显示了审美情趣养成的实践要义，又力求厘清审美情趣养成的要素关系。可"点"，是指要素的指向清晰；可"面"，是强调审美情趣养成的系统关系。点、面结合，是审美情趣养成最终得以实现的基本保障。

审美情趣是不同于简单生理趣味的一种高级心理能力，它的形成不能仅看个体先天的遗传和本能，同时需要抓住构成审美情趣的核心要素在后天对审美主体进行培养。这可以成为内在原因，大卫·休谟（David Hume）也认为作为审美个体，其心理结构与感官、心灵并不相同，也必会产生不同的影响。其实这种影响对基础教育的学习者而言，因为学段的原因显示得更清晰，在审美学习过程中，学习者的年龄、气质的不同，学习者的审美情趣就不同。另外，从思维的角度来看。想象力的敏感程度不同，也使趣味大相径庭。

从外部因素看，前文提及社会生活环境以及文化环境都能对学习者的审美情趣养成产生影响，而无论内部因素或者外部因素都指向审美情趣的养成行为，能够积极品味，感受艺术魅力，发展想象力和审美能力，鼓励学习者积极参与生活，体验人生，关注社会热点问题，形成综合性审美情趣。从基础教育的角度看，推进学习者审美情趣养成需要结合上文表述的认知、环境和行为角度具体开展。（见图 2）

在第一个过程中，审美认知，既包含审美态度的选择和审美知识的学习与系统化，也包括隐性认知；审美环境，是指资源、方式、方法、氛围、境界等审美影响因素；审美行为，是基于认知和环境水平，开展个性化审美实践，养成健康的审美情趣。

在第二个过程中，上述三者互为条件与前提，认知为基础，环境为保障，行为是审美实践。在相互促进与发展中，不断形成审美个性化和情趣养成的关键能力与必备品格。

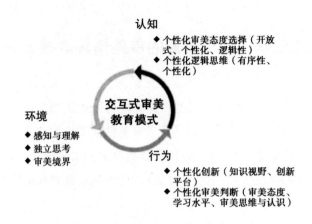

认知
◆ 个性化审美态度选择（开放式、个性化、逻辑性）
◆ 个性化逻辑思维（有序性、个性化）

环境
◆ 感知与理解
◆ 独立思考
◆ 审美境界

交互式审美
教育模式

行为
◆ 个性化创新（知识视野、创新平台）
◆ 个性化审美判断（审美态度、学习水平、审美思维与认识）

图 2　"交互式"审美教育模式

一、基于学习者审美认知——形成基础

基于学习者审美认知形成基础，推进审美情趣养成的总体判断如下。

第一点，引导和支持学习者进行个性化的审美态度选择。

学习者审美态度的引领和选择主要集中于三个方面：一是强调对学习内容中美的事物形式的直觉感兴；二是与审美对象产生理解和共鸣；三是对自身美的情感或精神体验的进一步超越，有进一步的发展，有境界的提升。

第二点，引导和支持学习者构建个性化审美思维。

个性化审美思维是在审美认知的态度选择后，一方面是清晰地表述与判断；另一方面是引导学习者逐渐形成审美的个性化理解与认知，有个性化色彩，并形成风格。

其中的学理意义是清晰的，叶朗在《美学原理》一书中提出"审美情趣是一个人审美偏爱、审美标准、审美理想的总和"。直接肯定了审美偏爱、审美标准、审美理想对于审美情趣养成的重要作用，同时书中又间接论述了审美兴趣、审美经验、审美知识、审美期待、审美追求与审美情趣养成的关系。杜卫强调多重因素制约审美情趣的养成，但是，这些因素只有在个体的审美经验过程中，才会被整合到个性的审美情趣中。他还强调审美情趣的形成与发展必须以个体内在的审美需要为根基。一定程度上厘清了审美情趣的形成与审美经验、审美需要等方面的关系。审美情趣的形成的确受审美需要、审美经验、审美知识等要素的影响，结合学习者心理发展滞后于生理发展、心理内容丰富但心理完整性水平较低、自我意识高涨但自我控制欠缺以及社会化加速的同时个性化突出等特点，我们认为构成审美情趣的个体内部因素主要包括审美兴趣、审美需要、审美经验和审美知识。

（一）以兴趣为基

此处的审美兴趣是指学习者作为审美主体在审美活动中表现出来的比较稳定的审美偏爱、审美倾向。

作为审美情趣养成的核心要素，从美学意义上说，主要体现在理论和实践两个方面。叶朗认为审美情趣与审美偏爱、审美标准和审美理想有紧密的关系，他认为这三个重要因素是审美情趣成熟的不同阶段。单从兴趣出发就直接显示为审美偏爱。当然兴趣与审美偏爱并不是一体的，审美偏爱专指在情感和精神方面的兴趣，如果实现审美偏爱的健康发展，那就要在兴趣的专一性与可塑性之间的张力平衡关系中下功夫。从实践层面看，基础教育阶段的学科教学在兴趣培养方面也有基本的要求，例如，需要学习者对鉴赏诗歌和散文作品养成浓厚的兴趣，乐于拓宽文学欣赏的眼界，积极丰富自己的内心感情世界，更关键的是培养健康高尚的审美情趣。这里强调的是兴趣与审美情趣的发展关系，大致可以表现在两个方面：一是审美教育过程中的兴趣是可以养成的，在个体专业性与美育的可塑性之间是有张力的；二是审美兴趣具有明显的个体倾向性，或者说学习者只有在对事物感兴趣的前提下才能形成审美期待、审美行为，进行促进健康审美情趣的形成。可见，审美兴趣的形成受个体内在的偏爱和倾向的影响，同时在一定程度上制约着审美主体对对象的选择和审美情趣感受的方向、强度，而且审美兴趣也是可塑的，是可以导引的。

（二）用需要为基

需要是期待的前提，并和期待一道成为审美活动的内在动因。从美学的理论层面看，显然把审美需要作为情趣养成的条件，杜卫在《美育论》中提出："审美情趣的形成与发展必须以个体内在的审美需要为根基，是一种自发与自觉相结合的过程。"这其实毋庸赘言，毕竟"一个需要的满足，就会出现另一个'更高级'的需要占统治地位的意识，就他所关心的范围来说，这个与生活本身同义的、绝对的、最终的价值，就是在特定时期内支配他的，需要阶梯上的任何一种需要"①，这显然把需要作为审美的动机，其自身有层次，而且使需要进一步有了情感和精神的高层次特征，这是源于学习者内在的需要发展欲望是人的高层次心理表现，是"人对美的生理、心理、精神的需求、欲望"。潘智彪认为"能否引起需要，取决于两个条件：一个是个体感到缺乏些什么，有不足之感；另一个是个体期望得到什么，有求足之感"。② 这句话说得明白，不断发展、变化的需求，在不断催促着学习者审美情趣内涵得以完善。

只是，审美期待与审美需要的关系仍然有迷雾，潘智彪在《审美心理研究》中指出审美需要产生于主体期望得到什么，直接肯定了审美期待是审美需要的重要组成部分。同时接受美学认为，在接受活动开始之前，读者已有自己特定的"期待视野"，即读者对每部作品的独特的意向。这样看，如果是将"自然"作为评判角度，"需要"更倾向于自然而然，是心理的无目的而又合目的的表现。"期待"则有了"前见"的影响，有了方向与目的，呈现了一定的可塑性的特点，或者说把基于自然的散漫的"需要"导引到了一定的、有意识方向，是"审美活动中一种为强烈的心灵渴求所驱动的有意识、有目的的定向性的期望"。这样的审美期待更有了深层次的意味，为高峰体验打下基础。

（三）以经验为基

从美学意义上，杜卫直接提出审美经验在审美情趣中的重要地位，指出只有在审美主体的审美经验过程中，才会被融合到个性的审美情趣中。

1. 自主——直接经验

直接经验是指主体不经过中间事物而实践得来的知识或技能，当然，如果将这种直接经验的实质以文本的形式表述出来，就符合了所谓现象学的意义了。严格说来，如果将这种直接经验的表述视为一种转变，由体验变为文本意义的表述，那这种表述的效果立刻成为有意义事物的重新体验和反思性的拥有，进而通过文本，学习者自己的生活体验就会被充分激活，产生与文本的"对话"。

在审美学习中，直接经验则指学习者关注自身体验，并非由教师指导或者同伴帮助进行审美，而是通过自己对审美对象尤其是对文本中的审美对象进行

---

① 马斯洛. 存在心理学探索 [M]. 李文湉, 译. 昆明：云南人民出版社, 1987：137-138.
② 潘智彪. 审美心理研究 [M]. 广州：中山大学出版社, 2007：19.

非功利性（不是带着解决问题的目的）的感受与解读，即对审美对象的形式美、内容美、情感美等美的因素进行个体的初步感知。

2. 浸润——间接经验

在审美学习中，间接经验是指审美主体（学习者）经过中间事物并在与其发生关系的基础上，通过实践得来的审美知识或技能。仅从学习过程和目的而言，间接经验正是教育的根本宗旨所在，维果茨基（Lev Vygotsky）所谓的最近发展区正是这种间接经验的效用显示。而间接经验是基于直接经验的，如果教师关注学习者的审美直接经验，激发学习兴趣与欲望、情感之后，与学习者共同参与到审美学习中来，无疑会对间接经验的正确形成产生重要的作用。

例如，对李商隐《马嵬》的审美学习。学习者个体对这首诗的直接理解形成了审美鉴赏的第一层次。善于审美的学习者会感悟到诗人的借古传情，感受到诗人一生经历的总括，并能凭借自己审美素养与诗人在情感和意味上产生不同程度的共鸣；相应地，审美能力较弱的学习者共鸣的角度与层次较单一，但是同样会使学习者在审美学习中有所收获和发展，能对李商隐的情感与艺术有所感悟。在此基础上，经过教师和同伴的参与和帮助，对本诗李、杨的爱情及李商隐的内在情怀——对理想、人生的追求有深层次的理解与触动，这不仅表现在审美教育的功能上，更体现为审美趣味的形成与发展过程。

从学习者审美经验的实践分析，可以再换个视角。

1. 自然——感性经验

感性经验指审美主体（学习者）经过如感觉、知觉等心理活动得来的主观体验。对于学科的审美学习而言，感性经验往往是审美思维的起点，一般从概念形成、推理、决策，到创造性思考和问题解决等。其前提是学习者注意到审美的具体对象（事物），并产生感性认识和基于此形成的感性经验，或者说，这些感性经验激发了新的学习动机并表现出新的行为模式，在此过程中伴随着审美思维。

例如，在《老人与海》阅读中，伴随着老人一次次与鲨鱼的搏斗，学习者不断将自身的感性理解和体验与之结合，强烈的代入感使审美趣味得以激发和生成，为思考老人的行为价值与"硬汉精神"的时代价值做了"审美"意义的积极铺垫。

2. 综合——理性经验

理性经验指经过判断、推理等实践后得来的知识和技能。基于前文所述的感性经验，学习者的审美趣味初步激发，并形成了新的审美动机和相关的行为模式。而更进一步的则是学习者将这种动机和模式有意识地投入理性选择的某种体验中，将新的基于理性思考和判断的审美价值观融入已有的价值观体系，并赋予其恰当的地位，不仅如此，学习者还会表现出与此价值观相一致的行为并坚定地执着于此价值观。这其实是学习者审美理性经验不断丰富和发展的过程。

例如，关于李商隐《锦瑟》的审美学习。学习者并不只是徘徊在迷雾般的诗句中，而是从理性的学习出发，将已有的关于古代诗歌以及李商隐的艺术成就、背景与本诗相沟通，尝试理性解析其应然内涵，并在一定程度的学习收获后，将新的收获再运用到下一步的学习中。学习者从李商隐的创作背景，从"此情可待"判断到其对生活及仕途的怅惘之情，再从这种情感推及前三联的情感内涵，加深对本诗的审美模式建构，并能够进一步运用这种模式去主动鉴赏其他的诗歌。这种认知和迁移过程不断给学习者丰富审美的经验，不断激发和生成深层次的审美趣味。

（四）以想象为基

审美想象是审美情趣养成的起点，有明显内隐性特征的想象是审美的张力和翅膀，是审美情趣养成的动因和起点，更是一个有效的工具。我们要强调的是，审美想象不只是审美思维的起点、审美情趣养成的起点，还是美的存在起点。更需要强调的是，审美想象既是基于感性的共鸣、感受，也需要借助审美知识的支持与助力。基于审美想象的个性化特征，我们从另一个层面——审美知识的习得与养成，来勾勒审美想象的基础和过程。

此处的审美知识指学习者对现代诗歌学习的审美知识。从美学意义上说，叶朗指出审美情趣的形成与审美主体在艺术史、艺术鉴赏、文化背景等多方面的知识有关。这里所说的艺术知识不仅包括科学知识，还应包括具体艺术及艺术史知识，例如，诗学话语中"陌生化"理论。审美过程中的"前见"一定程度上是推动了审美期待，但是也在一定程度上限制了审美期待，使之有囿于认知的范畴，审美活动就可能出现徘徊不前、套路的现象，"陌生化"理论是试图打破审美前见的范畴，使学习者在"陌生"的审美期待的刺激下提高高峰体验的层次与水平，或者说让高峰体验真实起来，有发展的可能。

知识的积淀为想象提供了基础，但也容易限制想象的发展。想象则是审美的关键动力，感性思维的勃发离不开想象的翅膀。在认知的基础上，想象则需要自身的完善，在对审美对象的"留白"不断"加工""还原"的基础上，实现想象的价值与意义。

以想象为基，是强调了一个起点，这里分析的是想象的形成与发展。如果从想象的基石意义看，不如将想象作为"自然""自由"还给学习者，对于审美而言，这甚至是不需要强调的，是自然而然的；而对于审美教育来说，则需要明确说明，以之导引和形成学习者审美的关键能力。这里所谓的"基"，是一种态度，即高扬想象的意义，把审美活动归于感性和精神的范畴，不让绝对理性乘虚而入，不让"目的"影响"无目的"的实现，审美的高峰体验总不能是纯粹逻辑思维的开花结果。

例如，在古文《烛之武退秦师》的审美学习中，要理解和鉴赏其语言美和人物塑造手法，不仅要对这篇古代散文创作背景、风格流派、创作特点、语言特色、音韵表征进行基本了解，还要允许学习者捕捉语言及语境中的陌生化存在，从感性上走进这段历史，想象情境，回味其中的感性与精神世界的激流，历史的美感不仅能停留在事件复述和语言逻辑上，还应该需要有与先贤情感上的共鸣，有精神上的收获和美的感悟。

美的陶养本身就是潜在的，想象则使之有了新奇和变化，不断打破和不断建构，这个过程也就是个审美的过程、陶养的过程。

二、基于审美环境——形成脚手架

大卫·休谟（David Hume）认为形成审美标准差异性除了来自个体的内部原因，还有来自个体的外部原因，每个人所生活的时代、社会环境都会对审美情趣产生影响，同时认为审美情趣具有时代性和民族性。我们认为影响审美情趣形成的个体外在因素包括影响审美主体的时代与民族文化、环境背景以及教师的评价。

基于学习者审美环境形成脚手架，推进审美情趣养成的总体判断如下。

第一点，从资源与条件角度为学习者审美提供保障。

这种保障是全面的，是为学习者审美认知和行为保障，可以从语言、思维、文化、情感等角度开展，但是不能使之成为审美学习的限制因素，不能为了审美而审美，不设计功利性目标。

第二点，营造开放式的学习环境，从氛围与场域角度为学习者的独立审美提供保障。审美环境的营造是师生共同进行的，是不可缺少的。条件适合的时候，努力使学习者成为审美环境设计和保持的主体。

第三点，加强艺术经典教育，从方式与方法角度为学习者追求更深远的审美境界提供保障。艺术经典教育是学习者审美境界提供的重要前提，注重三个方面：选题精当，文化与情感意义的融合，超越意识的形成与发展。

这里要提及的是恰当引入审美必需的文化环境。

时代、社会与民族进步和发展影响着社会文化的发展，社会文化则要求学习者有一定的审美理性能力和心理准备，指导者可以采取对话和互动的方式同学习者讨论审美、社会生活的关系问题、相互影响问题。也许各有结论，但能够检验学习者的审美能力和审美情趣水平。

社会文化生活影响下的审美活动，就未来发展方向看，是积极的。其积极的意义在于情境与氛围的影响。从显性的角度看，社会文化可能显示为审美风尚，也可能显示为隐性的精神情境，这个影响事实存在且作用深远、有效果。关注主流方向和时代社会发展需求，恰当引入社会文化环境影响，每一名学习者都有关注社会生活并在社会生活影下获得审美满足的权利，并能在其中进一步扩大自己的知觉力和深刻审美理解力。正确判断和把握审美资源，并在社会文化环境的感染和丰富下，会彰显旺盛的审美生命力。

要说明的是，时代发展所带来的文化影响是不可忽视的。从教育者角度看，这也是审美教育的契机。审美的个体性是真实的，并表现为一种自由，是自然存在的。但是从教育的视角看，学习者对本时代的文化作品容易产生认同感，这就要努力使学习者在任何一个时刻下都不能仅关注自身的意愿，不能仅仅满足于自然而然，这里需要一个理性的导引，使学习者达到社会群体共识的高度。其中一个途径就是融合时代发展的文化潮流，"自然"导引，期待主动生成。这并不是道德教育，而是期待感性和精神层面的提升，不囿于个体的直觉体验，而是有更高尚的欲求和更崇高的精神希望。

至于民族文化则有自身的传承性，其传承性是民族意识在历史发展中不断积淀而成的。民族审美心理的健康传承是所有教育形式都不能回避的，是包括审美教育在内的各种教育形式的共同任务，这是一个应然的教育目的。审美情趣养成也处其中，也需要这种文化环境的支持，这是显而易见的。

三、开展审美实践——促进发展

推动学习者开展审美实践，推进审美情趣养成的总体判断如下。

第一点，引导和鼓励学习者的个性化创新，享受审美自由。

注重学习者审美个性的张力，加强对美的积极体验和经验，由形式而内涵、精神的审美感悟，区别于随意性，区别于问题的个性化解析。

第二点，引导和帮助学习者进行"明确清晰"的个性化审美判断。

这里的判断并不是理性和条理性的，而是倾向性的，丰富的联想、想象和感悟后的审美自省、省悟。其中的"明确"是指向条件适合时的显性省悟，"清晰"是审美情感与境界的提升程度。

当然，在审美行为实践中，通过恰当的评价方式，认可学习者个体健康向上的审美经验和判断，鼓励审美情趣视角的"发现和创新"。在美育中，有必要鼓励师生建立审美档案和形成非智力性的系统性审美成果。主要表现在四个方面。

第一，强化审美学习主体的多元性，强调多元参与。简而言之，教师、学习者、学习者团队等都应成为审美评价的主体，适时、适当开展评价。

第二，以过程性评价为主。鼓励和支持教师使用过程性评价与终结性评价相结合的方式及方法，实现诊断、激励和发展的目的；采用过程性评价引导学习者保持对审美体验的期待和向往；采用非指导性评价激活学习者审美体验的直觉、个性水平；以强化差异性理解拓展学习者的审美视域；通过不同受众的个性化写作展示对生活和学习的情感。

第三，及时积累审美学习经典案例，关注多种方式，提升隐性审美境界，基于需求和学习者个性化学习特点，关注多元评价方式，充分肯定学习者在审美体验过程中的表现，引导方向。例如，通过"档案袋"肯定学习者的审美成果，通过"交流和共享"促进学习者的反思和情感升华，通过朗读释放学习者的审美情感和个性化体验，通过"专家讲座"引导审美方向。

第四，采用非指导性评价激活学习者审美体验：通过对比性展示来拓展学习者的审美视域，通过个性化写作展示学习者对生活和学习的情感。其实，非指导性评价并非显性评价手段，恰恰"非指导性"是鼓励和促使学习者对自身学习行为的反思与判断，其手段是观察同伴的表现，是通过自身与学习同伴间的

"对比"，实现"评价"，这种评价是真实的，是一种内省，更适合审美学习。

四、基于"认知、环境、行为"三者交互

只有审美认知、环境和行为三者交互、融合才能最终促进审美素养及能力、情感的发展，最终实现审美"感受和鉴赏、思考和领悟、应用和拓展、发现和创新"等方面目标实现过程中审美情趣养成的系统性。

基于"认知、环境、行为"三者交互，学习者审美情趣养成可以参考以下两个图示："认知、环境、行为"三者交互角度的目标参照（见表3）；审美情趣系统性养成"认知、环境、行为"交互内容图示（见图3）。

表3　基于"认知、环境、行为"三者交互角度的目标参照

评析内容	交互纬度	具体目标
基于审美情趣养成的认知、环境、行为交互	审美知识与技能基础	积累与整合：在审美知识、技能、方法、理性思维逻辑等方面积累、整合经验，形成能力。
	审美学习行为	1. 感受与鉴赏 引导学习者重视审美过程，关注审美过程中感性与理性的共鸣，在过程中感受和思考美的内涵、意义与价值。 2. 思考和领悟 引导学习者从学习目的、意义、方式、方法等方面加强对审美教育的理解与实践，领悟内涵，主动探索未知领域，形成自己的审美方法、准则和理想。 3. 应用和拓展 引导学习者开阔视野，激发潜能，增强审美意识，尊重和理解多元文化，关注当代生活，拓展审美思维和审美领域。 4. 发现和创新 （1）引导学习者从感性的角度接受美的事物与情感的熏陶，帮助学生培养和提升审美趣味，端正审美态度，促进对美的发现、追求、求异和创新。 （2）引导学习者充分认识和感受审美的价值，富有创新能力和探索精神，进而对自身、社会和人生有比较深刻的思考与认识，有一定的深度和广度
	审美环境保障	1. 个性化审美教学环境 2. 多类别特色性审美问题情境 3. 多形态课程资源的个性化整理与价值甄别 4. 灵活的教学方法 5. 适合的评价基准与个性化评价原则

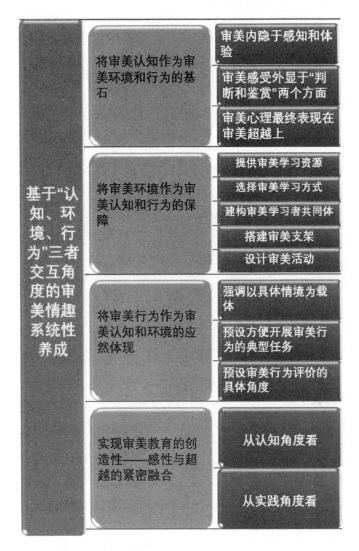

图3 系统性审美情趣养成的"认知、环境、行为"交互内容

（一）将审美认知作为审美环境和行为的基石

教育者从审美态度、审美直觉感兴力、审美体验角度为学习者提供基本的审美认知素养。

关于审美体验的层次性，各有见解。目前，学者们总结的层次设定为：

杨恩寰：观照、领悟和彻悟三个层次；

李泽厚：耳目、心意、神志这三种境界。

王苏君：直接体验、认同体验、反思体验三个层次。

从审美认知角度看，我们有以下观点和建议。

其一，学习者审美内隐于感知和体验，心里有所触动，才会感受到文章中"心有灵犀"的地方。

其二，学习者审美感受外显于"判断和鉴赏"两个方面。这是审美思维的理性显现，也清晰地体现出学习者对审美对象形态、风格、题材等是否有偏爱的心理倾向，或者继续外显为审美标准，或者转变成内隐学习重要资源，成为缄默性知识的一种，可意会不可言传。

其三，学习者审美心理最终表现在审美超越上。在审美学习过程中，尤其是审美体验，不单是精神、情感与个体生活的融合，还指向于对自由的关照、对精神空间的开拓。

（二）将审美环境作为审美认知和行为的保障

准备好审美环境，为审美认知和行为提供支持，审美环境可以从以下五方面进行准备：审美学习资源、审美学习方式、审美学习者共同体、审美脚手架、审美活动。

1. 提供审美学习资源——为认知和行为提供更多学习视角

审美环境提供各类学习资源，不同的资源蕴含着自然、社会、人文等方面的丰富的审美内容，这不同于单一审美对象，会形成不同的学习视角，多维度的审美角度会拓展认知的层次、内容，可以为行为提供方向和策略上的支持，有必要积极利用和开发。

其基本的设计维度是知识角度、自然角度、社会角度和人文角度。

2. 选择审美学习方式——为认知和行为提供更丰富的学习层次

不同的学习方式影响着认知和行为的效果。

坚持自主学习，是认知的基础，是元认知的起点，是审美的出发点，不可或缺。它强调审美个体在情感与精神方面的重组、完善。

坚持合作学习，是基于激活学习者审美潜力而进行的建构，是为实现审美教育中以人为本和实现最近发展区的意义、价值。它强调同伴的引导和激发。

坚持探究学习，是创新与创造的条件，审美探究为审美创造提供审美语言、思维和文化前提。它强调审美问题的发现与解决。

3. 建构审美学习者共同体——为认知和行为提供更多学习启发

建构学习者共同体的意义在于四个要素的思考。

一是学习要素，是对学习者个体的审美学习的具体要求，是个性化的审美。

二是交流要素，是从合作学习视角进行的学习者与同伴的审美激活、导引，是基于最近发展区的同伴启发。

三是共享要素，是一种审美成果的展示，是收获的呈现。

四是生成要素，这是审美探究、创新的前提与保障。

4. 搭建审美脚手架——为认知和行为提供更多学习协助

审美脚手架帮助学习者完善审美感悟，提高审美境界。

审美脚手架有三个显性的原则：

一是基于学习者的自主和积极的审美态度；

二是能帮学习者改变而不是替代；

三是需要的时候搭建脚手架，但要适时调整，甚至退出，并不是持续提供。

5. 设计审美活动——为认知和行为提供更多展示平台

审美活动是强调了真实的审美实践情境。

一是强调个体体验需求，设计个性展示性审美活动。

二是强调学科认知需求，设计审美活动。

三是强调社会需求，设计生活性审美活动。

（三）将审美行为作为审美认知和环境的应然体现

强调"实践取向"在审美教育中的决定作用，必须引导和鼓励。

鼓励学习者主动审美和沉浸式审美，在审美认知和审美环境的合力下，从典型性审美行为出发，显示为以下内容。

1. 强调以具体情境为载体

真实而富有意义的审美行为情境，主要包括个人审美体验情境、社会生活情境和学科认知情境。

个人体验情境指向学习者个体独自开展的审美实践活动，例如，在审美过程中体验丰富的情感，尝试不同的感悟方法以及创作文学作品等。

社会生活情境指向校内外具体的社会生活，强调学习者在具体生活场域中开展的审美实践活动，强调审美交流、共享的对象、目的和表述方式等。

学科认知情境指向学习者探究学科本体审美相关的问题，并在此过程中发展学科视角下审美认知能力。

2. 预设方便学习者开展审美行为的典型任务

典型任务指向为开展审美实践而选取的具有代表性价值的审美实践活动。

典型任务强调多样、综合和开放，角度多样，视野开阔，主要是为学习者的思考与拓展留有足够的机会和空间。具体而言，是从"阅读与鉴赏""表达与交流""梳理与探究"等角度预设某一方面的具体任务。

3. 预设审美行为评价的具体角度

按上文所述，"阅读与鉴赏""表达与交流""梳理与探究"三个角度的具体内容可以参照以下设计。

"阅读与鉴赏"在预设中侧重审美的整体感知、信息提取、感性阐释、赏析感悟等。

"表达与交流"在预设中侧重审美的语言表现、陈述阐释、解释分析、应对交流等。

"梳理与探究"在预设中侧重审美的感性与情感的积累融合、感悟提炼、解决问题、发现创新等。

（四）实现学科审美教育的创造性——感性与超越的紧密融合

在审美体验的实际发生过程中，学习者的体验一直处于循序渐进、螺旋上升的动态过程，在感性和精神层面显示出了对美的追求和期待。

1. 从感受角度来看

基于审美体验，学习者对生活、世界、生命有时候会有着独特的感悟与思考，即便有时候是缄默性的，属于"此中有真意，欲辨已忘言"的现象，这也是一种鲜活的情感存在，体现着追求和创造性，感性的意义莫过于此。

另外，从感受的角度看，具体心灵层面感受以及个性化特点就是审美的理想的出发点，它显示着审美活动的真实性和独特性，并为审美创造提供着条件。

2. 从探索角度来看

在被审美对象激活的情感的不断引导及碰撞下，学习者有审美创作的冲动与热情。审美创作并不是指概念化的写作，而是强调学习者个体情感、兴趣、能力的整体表现，强调精神层面的超越和发展。审美教育并不一定能把每个人都培养成艺术家，但应该帮助他们感受和体验美的存在，逐渐形成美和审美的表现意识、兴趣、冲动，并充分而个性地表达和交流自己的审美心得。究其根本，这也是精神自由，是审美的创造。正因如此，审美教育才能突破知识教育，从精神层面进入学习者的人生领域，把感性和超越、理解和创造系于一身。

第五章

审美情趣个性化养成的学理表征

我们提出审美情趣养成的学理表征，为教师引导和促进学习者进行审美学习，从理性与感性二者融合的角度开展完整意义的审美感受、体验、理解与判断提供理论支持，保证审美教育的自由性和非功利特点，积极追求创新发现，提升学习者整体审美鉴赏能力与水平。

我们依据蒙罗·比斯莱（Monroe C. Beardsley）的审美教育相关理论、伊曼努尔·康德（Immanuel Kant）的美学理论、人本主义教育思想和《标准》的实践要求，提出教师开展审美情趣养成教学的四个学理表征，即基于审美情趣养成认识的个体性和差异性，基于审美情趣养成实践的开放性和自由性、交互性和公平性，基于审美价值、意义的超越性和创造性。

第一节　个体性和差异性

从审美教育的认识角度审视，审美情趣养成表现出个体性和差异性。伊曼努尔·康德（Immanuel Kant）在评析美及审美鉴赏时，直接指出美的"无目的的合目的性"，而且说"鉴赏是通过不带任何兴趣的愉悦或者不悦而对一个对象或者一个表象方式作批判的能力。这样一种愉悦的对象就是美的"。① 这也标志着"鉴赏判断不是知识判断，它不是逻辑的，而是审美的"。② 国内学者叶朗在《审美教育的基本理论》中引用关于加德纳审美心理学的研究成果时，也关注到

---

① 康德. 判断力批判［M］. 李秋零，译. 北京：中国人民大学出版社，2011：33.
② 康德. 判断力批判［M］. 李秋零，译. 北京：中国人民大学出版社，2011：33.

审美者与美及愉悦的关系。"13~20 岁是个体审美发展的危机阶段，这时期的特点是相对主义与道德发展的相对主义阶段相一致。"① 从中不难看出，现阶段学习者已经具备了独立进行审美鉴赏的可能性与潜质，他们具备感受和鉴赏美的重要能力与思考方式。基于此，教师自身的特点与个性首先要得到激发，选择适合的、个性化的教育方式和方法，激发学习者审美兴趣、潜质与能力，取得审美教育实效，这与个体性、差异性直接相关。

一、个体性

人本主义教育思想一直强调教育的目的就是教师积极利用各种形式与可能来引导和促进学习者的自主及个性发展。人本主义教育思想指出教育的根本目标就是引导和鼓励、帮助学习者发展学习的自主性与个性化，使学习者清晰地认识到在学习过程中自己是独立自主的存在、有独特的意义。从这个意义上说，教师的教育教学过程就是引导和帮助学习者实现自主性与个性化，并最终成功激发、实现发展潜能与愿望的过程。

因此，教师开展审美情趣养成实践活动就是引导、支持和带动学习者实现学习的自主性与个性化。一位法国教育家认为，人通过教育与发展，经过若干阶段才能成为人。教育的目的就在于在教育活动中促进人和人的接近与合作，用情感促进人的个性化。由于人的自我实现和人的个体要求是实现人的潜能的前提，在审美情趣养成过程中，教师首先要张扬个体性，觉醒个体意识，以个性化的视角开展与引导审美教育。个体性体现在两个方面，即强烈的自我意识和独特的审美教育观念。

（一）强烈的自我意识

由于审美情感、经验和能力的不同，每位教师都有不同的审美个性和特点，人本主义教育重视学习者的个别差异和个人价值观，认为只有实现教师的审美个性特点，觉醒"自我"意识，促使"自我"的形成和"自我"价值的实现，才会在审美教育中进一步促进学习者实现"自我"审美意识与价值。在审美教育过程中，教师的"自我"体现为个体性，个体性促使教师充分激发审美潜能，

---

① 叶朗. 审美教育的基本理论 [J]. 中国高等教育（社会科学理论版），1988（3）：27.

关注和调动一切与审美教育相关的积极因素，在审美教育中积极引导、参与和促进学习者的审美学习，实现学习者的学习个性，实现学习主体地位。伊曼努尔·康德（Immanuel Kant）与蒙罗·比斯莱（Monroe C. Beardsley）都追求审美自由，追求无功利性的审美行为，审美自由和无功利性的两种追求都要求审美教育不要为了实现审美而进行审美，而是通过有特色的教育教学设计与课堂教学活动，端正审美态度，激活审美兴趣，深化审美感受与体验，积极进行理性鉴赏，促进审美感性和理性的融合，取得审美实效。

不同阶段的学习者随着年龄、性格、知识、技能、情感、态度与价值观的变化，对他人、自然、社会与时代形成有自己特点和个性的看法，这些都有助于他们在审美教育过程中对美的事物进行充分而积极的感受、理解与鉴赏，而非一般意义的知识性学习和逻辑判断，这个过程需要教师的引导与促进，但是从根本上说，学习者是审美教育的主体，教师通过有针对性且符合审美教育规律的教学使学习者具备成为学习主体的意识、能力、方法与信心，促进学习者个体审美能力的提升。实现此目的的重要前提与基础是阶段学习者有独立审美的能力，具备初步的审美感受力，有非功利性观察审美对象、保持审美自由的可能性，教师的引导、支持和鼓励以及提供的恰切的环境可以帮助学习者进行深度审美感受、体验与鉴赏，并结合生活体验逐步实现理性认识对感性认识的超越。要强调的是，在学习者觉醒自我意识之前，教师首先要觉醒自我意识，以强烈的自我意识引导学习者进行思考与判断，以个性化的"教"促进学习者个性化的"学"，而不是用同一化的模式进行同质化的教学。简而言之，教师本身充分激发和利用自身的个体审美素养与个性特点，觉醒自我意识，体现个体性，同时积极关注涉及学习者审美的各项积极因素，多角度激发学习者审美情感与兴趣，深度感受美的存在与价值，共享审美情感愉悦，师生在美情趣养成过程中均有收获与感悟。

（二）特色性教育观念

教师作为审美教育的解读者和实践者，应认识到审美教学过程也是一个主观认识不断深入的过程。伊曼努尔·康德（Immanuel Kant）首先提出并论证了人的认识结构在建构科学知识及其认识对象中的主导性决定作用，审美情趣养成同样不是必须由审美对象决定，同样需要教师个体独特而强大的心理因素来支持，在这个过程中，教师的教育心理是逐渐成熟的，在符合心理一般发展规律的基础上，教师的审美情趣、思维逻辑逐渐生成、逐渐明晰，并逐渐成为特色较强、鲜明的审美实践原则和方法。

一般来说，在审美教育过程中，教师个体审美感受更贴近直觉，与学习者容易产生共鸣。在教师个体意义的审美、审美教育意识、方法与策略的引导下，师生合作，从关注自己与审美对象相似生活经历的简单对比过渡到情感、想象、精神和思想等内容的同步渗入，教师的审美教育观念只有突出个性化意义，才有可能使审美教育提升境界水平，呈现出多角度多内涵的特点，使审美思维多元化，教育策略与方法、内涵更加丰富。

在审美教育过程中，教师要坚持个体特色性的审美教育观念，树立鲜明的审美态度，追求较高的审美境界。例如，在话剧《雷雨》的教学中，知识性教学、体验性表演与人性形象分析等审美教育内容的探讨常常成为教学定式，周朴园等人的"人性与情感"等问题成了教学的灰色地带。而随着时代与社会的发展，课堂教学并不使用传统的阶级观解释和评价审美对象，但是同一化的审美教育特点仍然缺失审美自由与创新，有的教师让学习者就此各抒己见，却不做交流与评判，不了了之。从剧作本身看，曹禺笔下的周朴园是戏剧典型，其人物形象非常丰满，有反动、丑恶、伪善的一面，其内心也曾有温情的一面。因为时代的差异，学习者较难完全理解复杂却又鲜明的人物性格，只有教师确立独特而合理的审美观念，进而开展特色性的教学设计，有适合学习者思考和鉴赏的问题平台，有审美资源相助，鼓励学习者进行多元化的审美鉴赏，学习者才会逐渐形成自己的审美标准与鉴赏能力，并在一定范围内，围绕剧作和相关资源因素进行创新式、探索性审美鉴赏，体会美的存在、价值与意义。

无论怎样的审美对象与内容，在审美教育中，教师都存在个体意义的、特色性的审美感受。对此，教师不能简单求同或者求异，而是觉醒"自我"意识，让自己也成为重要的审美因素加入审美学习中，在有自己个体化、特色性理解的前提下，鼓励支持学习者积极认真地展现自己的审美过程与结论，使之符合一定审美规律与道德要求，增强审美自信，形成鲜明的审美态度。教师这种审美教育有个体性意义，对学习者的审美学习是有效和有益的。

二、差异性

在审美教育过程中，按伊曼努尔·康德（Immanuel Kant）与蒙罗·比斯莱（Monroe C. Beardsley）等的看法，师生进行审美鉴赏不带任何功利性的愉悦或者不悦而对一个审美对象或者一个表象方式进行审美批判，这要求审美鉴赏不能是简单的知识和逻辑性判断，而要进行非功利性的、自由的审美判断。这取决于师生的审美态度、视角、素养及对于审美教育中教与学的理解水平，不同的意识、态度、方法与方式感受着不同的情感、内涵与价值。在审美情趣养成过程中，教师审美教育能力与方法的差异性存在是事实，这就要求教师不能简单求同，不能采用同质化的教学方式与方法，进而囿于自身审美结论、能力与水平，而是要充分联系审美理性与感性因素，充分关注审美对象与学习者的审美情感特点、能力与水平，形成有独特感受的、深入的审美判断。差异性具体表现在两个方面，不同的审美教学特点与风格、不同的审美教育视角与能力水平。

（一）不同的审美教学特点与风格

仅以语言表述为例，在学科教学中，学习者使用专业用语的能力大相径庭。黄雪萍在语言研究中指出，"在任何一种语言环境中，每个人都能获得基本的个人交际能力。然而，在此基础上的学术语言技能的发展却因人而异。有的人在专业语言方面表现出超常的能力，有的则不然，这就是说，在这个层次上的语言水平发展有很大差异性"。① 这个表述在审美教育中同样适用。事实存在的各种差异性，存在于学习者群体，更指向于教师。不同的教师有不同的选择与判断，有各自特色性的教学方式与方法，教师以积极的审美态度引导学习者对审美对象、审美资源等各种审美因素进行感悟、归纳、理解与判断，形成属于自己的审美过程与结论。在审美教育过程中，教师不能进行同一化、群体化的教学，而应以学习者审美情感的最终形成、以精神和情感的愉悦为目的，积极运用特色性的教学方式与方法，实现审美教育目的，形成自己的审美教学特点与风格。同样，潘智彪在《审美心理研究》中划分审美心理定式时，综合各家之

---

① 黄雪萍，左璜. 课目与语言整合式学习模式的兴起、课程建构与启示［J］. 外国教育研究，2013（11）：39-50.

言，确定了三个划分角度：

"其一是审美情感因素，指审美主体对审美对象的情绪反应，它表现为一种好或恶的情感体验，即对某一类对象感到愉快或不愉快的体验程度。其二是审美认知因素，指审美主体对审美对象的审美知觉、审美理解、审美信念和审美评价。它不仅包括对某一审美对象之所知，而且包括对某一审美对象的评论，表示赞同或反对。其三是审美意向因素，审美意向因素是指由认知因素、情感因素决定的对于审美对象的反映倾向。它是审美行为的直接准备状态，并指导审美主体对审美对象做出某种反应。"①

这三种因素中的关键词是情感、认知和意向。三者都因师生教与学个性特点的不同而显示出不同的内涵，教师选择有针对性的、适合的、特色的教学形式与方式，形成不同的教学特点与风格，不进行模式化、同质化教学，而是要通过特色化的教学设计与方法引导学习者最大限度地提升对情感、认知和意向的感受与判断能力，教师审美教育的差异性是个性化的必然特征，是在师生共同参与下的审美教育过程中体现出来的。社会心理学家莫里斯·罗森伯格（Morris Rosenberg）解释过心理定式的内在结构（见表4）。

表4　莫里斯·罗森伯格（Morris Rosenberg）解释的心理定式内在结构②

刺激	定势	反应
外界刺激是可以观察到的、可以测量出来的独立变项：个人情况、情境、社会问题、社会群体及其他对象	定势是中介因素，有三个成分：情感、认知和意向	反应是可以观察到的、可以测量的从属变项：神经及内分泌腺的反映情感的言语反应；认知反应及观点的言语反应；外显行为的言语反应

"刺激"视角下的四种变项均因教师本人、学习者、学校、地域及教学资源的变化而变化，存在变量，有较大差异。定势中的三个中介因素更是因人而异，教师在情感、认知与意向存在的巨大差异性直接影响到审美教育中的学习者群体，这不仅包括语言，还有思想、情感和精神层面的感悟与反思，教师需要正

---

① 潘智彪. 审美心理研究 [M]. 广州：中山大学出版社，2007：103-104.
② 潘智彪. 审美心理研究 [M]. 广州：中山大学出版社，2007：104.

视自身在审美教育过程中差异性的存在，保持特色鲜明的教学特点。从这个意义上说，教师的教育行为存在着必然的差异性，又因为美本身是感性和理性的融合且感性又是因人而异的，进而使教师教育行为的差异性更趋明显。

（二）不同的审美教育视角与能力水平

审美情趣养成过程中的差异性具体表现为教师个体审美偏爱、习惯、教育教学方式、方法等存在差异，也表现在审美知觉力、审美想象力、审美领悟力和审美情感等方面。差异性显示了审美教育过程中存在的教师不同的教育视角，显示着不同的能力与水平，需要指出的是，教师可以充分利用差异性，一方面，可以多角度审视整理自己的审美教育理念、方法与策略，对比他人，取长补短，逐渐形成特色性审美教育风格与方法；另一方面，正视审美教育中师生审美能力差异性的存在，并不用自己或者学习者群体的审美判断直接替代学习者个体的审美过程。例如，诗歌《再别康桥》，对"悄悄，是别离的笙箫，夏虫也为我沉默，沉默是今晚的康桥"这段文字，师生不同的经历、不同的爱好、不同的性格、不同的文字审美解读能力、不同的审美感受能力等，会使"悄悄"与"沉默"的理解有不同的境界和意味，不同的审美内涵，可以是诗句字面意义上的，可以是诗人心态与情感的参照理解，也可以是学习者结合自身情感经验的综合理解等。教师不能根据自己和学习者群体的共性判断来断定何种审美理解与鉴赏是唯一正确的，不能忽视学习者个体的存在。

另外，教师自身的审美能力与水平也存在差异，审美鉴赏本身就不是单一和唯一的。《再别康桥》诗句的理解，除了对诗人徐志摩原意的揣摩，更多的是教师根据自身的特点与条件，在可理解的范围内，积极引导学习者开展发自心底的个性化理解与感悟，并将学习者这种个性的审美感触与感悟解放出来，教师要理解自身及学习者审美判断角度和标准的不同，提供不同的审美学习平台与时机。教师和学习者的审美判断存在差异，教师在进行审美教育时，要考虑到这种差异将使自己的教学有针对性和倾向性，了解学习者群体及个体的情感体验和年龄特点，支持他们不从既有判断出发，而是能沉浸在对审美对象本身的情感感受与体验中，判断美及审美的内涵与价值。当然，面对不同的学习者群体与个体，可以积极肯定其审美判断的合理性，因势利导，通过分析、评价或者示范来引导、矫正学习者的审美逻辑与策略等。

其实，单从教育存在的地域性差异性的事实看，审美情趣养成的差异性特点也是不同审美教育文化、不同教育理念之间正常存在的一种差异。

第二节　开放性与自由性

从审美"普遍性"的角度看，审美情趣养成具有开放性与自由性的特征。所谓"普遍性"，伊曼努尔·康德（Immanuel Kant）认为，"无须概念而普遍地让人喜欢的东西，就是美的"①，这种"普遍"不能囿于既有结论或者人为的统一规定，它是在教育过程中自然而然产生的，适合包括教师在内的每一位审美者，能够拓展学习者的审美思维与情感，引导学习者自觉而充分地感受、判断与评价，从而自然地体现出美的事物的普遍性特点。

一、开放性

在审美情趣养成的角度下，教师开展审美教育有开放性的特征。人本主义教育思想强调学习者的自主学习，反对教师是教学权力的拥有者，反对学习者是被动的接受者。同样《标准》直接提出，"要让学生在语言文字运用的学习中受到美的熏陶，培养自觉的审美意识和高尚的审美情趣，培养审美感知和创造表现的能力"。② 可见，审美教育从来不是封闭教育，不是单一授受式教育，教师和学习者都要认清自己的角色与地位，积极开阔审美视野，进行多元化审美感悟与判断，促进师生审美素养与能力的提升。开放性特征主要表现在两个方面：一是教师建构和展示开放的教学平台、思维及视野，二是教师要提供必要的示范与引导。

（一）开放的平台、思维及视野

开放的教育平台，从根本上看就是教师对教育角色实现个性化解读。按人本主义观点，学习者是学习的主体；《标准》也认为审美教育是认识世界、发展思维、获得审美体验的重要途径。可见学习者通过审美教育认识和理解美的存

---

① 康德. 判断力批判 [M]. 李秋零，译. 中国人民大学出版社，2011：48.
② 中华人民共和国教育部. 普通高中语文课程标准 [S]. 人民教育出版社，2020：2-3.

在不受既有审美结论或者学习、思考习惯的束缚，有参与审美教育的兴趣和学习的欲望，实现学习的主体地位。相应地，教师要给学习者提供这样的学习平台，建构符合教师"教"的审美情趣养成平台，使之适应学习者"学"的需要，进而使学习者在学的过程中，不断积累认识世界、发展思维和获得审美体验的方式方法。

教师积极建构开放性平台，拓展审美思维与视野，给学习者更多的选择和学习机会，是基于审美教育过程中学习者实际需要的。蒙罗·比斯莱（Monroe C. Beardsley）指出，在高中阶段，学习者具备对选择出来的艺术杰作的批评性欣赏能力，具备了审美判断的标准，能对某些美学问题进行讨论。他指出学习者在审美教育中具有选择能力、审美标准解读能力和问题探索能力。这三种能力至少说明这一阶段的学习者拥有独立的审美思维，有独立进行审美批评性欣赏的能力与水平，通过自主学习和个性化学习可以在审美境界与思维水平上有所提升。但是这个结果的前提是有开放的审美教育平台。

选择能力、审美标准解读能力和问题探索能力的产生基于三种情况：一是教师鼓励支持学习者的多元审美，积极拓展思维与视野，进行多元审美学习，让学习者有选择适合自身审美能力平台的机会，进而逐渐形成学习个性，激发审美潜能，促进个性发展；二是支持学习者选择适合的学习方式，自主、合作和探究式学习，由学习者根据自己的学习能力与特点自主选择，教师开放审美教育学习方式的选择权，让学习者在选择和学习过程中，最大限度地激发审美学习潜质，激活审美教育兴趣，调动各种积极因素进行感性体验与理性感悟，得出审美判断结论；三是支持学习者关注审美教育过程，注重审美教育的过程性收获，在审美过程中不断积累和感受审美情感，用理性的视角进行印证。开放性的审美教育过程，是学习者审美能力不断积累和提升的过程，是理性和感性不断交融的过程，是体现学习个性的过程。

教师开放教育平台的过程，是用教师个性化的"教"激活学习者个性化的"学"的过程。审美教育过程中，教学内容、教学设计、教学问题、教学方式、教学方法、教学评价等都有开放性特点。教师在审美情趣养成中的"教"体现在三点。首先，虽然教学是有预设的，但是这个预设是基于教师个性特点和能力的，是有特色的，是有针对性的，不是僵化、模式化的设计，同时教师的

"教"要关注学习者个性化的"学"的需求，有针对性地进行教学设计，从这一点看，教学预设结合了师生两个角度的个性化教与学的特点，结合了审美资源的具体情况，这就使学习者有适合的审美学习空间，能够进行自主、个性地学习，从这个意义上看，教师的"教"是开放的。其次，在教学过程中，教师开展审美情趣养成教学，既不控制学习者的审美思维与视野、学习感受与判断，给其感受和判断空间，同时又给予必要示范和引导，给学习者提供学习的助力与支持，这也是对教师审美教育参与者、促进者角色的要求。从这个意义上说，教师适时地"教"，本身也是开放的。最后，教师的"教"是引导学习者建构自主的、个性化的学习模式，这个模式是个性化的，是适合学习者个体审美教育需求的。学习者个体审美学习模式的建构过程，就是不断进行自主学习，选择自主学习方式、方法和不断总结规律的过程，其价值在于学习者感性感受力与理性判断力的共同提升。

"开放"教学平台，包括开放审美教育内容，这本身也是一种"教"，教师自身积极拓展审美教育思维与视野，并不局限于原有认识与教学水平。同时，淡化审美教育的控制作用，淡化审美教育的目的、方法、策略及评价等方面的直接预设，留足审美生成空间，充分实现审美过程中情感的陶冶与升华，引导学习者自主感受普遍性的美的内涵。

（二）方法的开放与示范、引导

教师应放弃审美教育过程中的"控制"，按人本主义的观点是给学习者的"学"留足思考与实践空间，鼓励学习者自主和个性化学习，而且学习者有这种学习的愿望、能力与要求。在伊曼努尔·康德（Immanuel Kant）看来，审美的主要功能是美学学科的自我拓展与自我超越，一般而言，美学只有对人类审美活动自身精神个性有了充分认识后，才有望很好地解决拓展性问题。在审美情趣养成过程中，教师引导学习者充分认识自身精神个性，并鼓励和帮助他们进行个性化的审美感受与判断，才能解决审美教育中学习者个性与审美素质拓展式发展的问题。

教师审美实践方法的开放从目的性审视是意图淡化审美教育的控制作用，通常表现在对审美教育目的的淡化。蒙罗·比斯莱（Monroe C. Beardsley）提出对审美体验的"客体指向性"，强调不以实现审美教育目的为目的，同时提出审美的非功利性，这两点都使审美教育呈现开放性的特点，在感性上自由审美，自由感受美的情感与特点，体验其中美的存在与意义；在理性上，根据审美对象的客观特征审视美的特点与价值。教师对审美教育目的的淡化使审美教育过程中的各个环节都拓展了学习与探索的空间，例如，对审美问题的理解与生成，有更开放的空间与氛围。在学习《面朝大海，春暖花开》时，教师提供引导，熟悉诗歌背景，并与学习者反复诵读，然后鼓励学习者带着自己的情感与观念进入课堂、进入文本、进入学习者心目中的诗歌情感世界。教师的做法是尊重、倾听学习者的审美感受、体验与判断，并在此基础上，创造各种可能的机会与平台，让学习者探索诗歌情感世界的价值，产生更精彩的审美观念与判断，激发学习者审美潜能，让学习者受到美的熏陶，进而培养自觉的审美意识和高尚的审美情趣。另外，教师要坚持营造开放的审美氛围，在审美态度、审美感知力和审美情趣等方面给学习者更大的空间，鼓励学习者重视审美个性，重视个体的感受、体验、评价和思考，使学习者个体意义更鲜明，达到更高的审美境界。

教师将学习的主动权交还学习者，但并非置身于教学之外。在审美教育过程中，教师与学习者共同开展审美学习，教师还要实现引导、参与和促进者的角色与作用，加强示范与引导。作为重要的审美因素成为学习者审美学习的助力，从这个意义上说，开放并不是回避与放弃，而是一种特殊的鼓励与支持。一方面，有利于学习者进行深入的审美学习，形成正确的审美趋向，树立正确的审美意识，教师与学习者合作，共同感受和解析审美困惑，在审美教育过程中提升学习者的审美能力、境界与水平；另一方面，有利于学习者的自主与个性化学习，在教师的帮助下，学习者逐渐提升审美学习能力，这种能力又促使学习者能够研究和探索未知的审美意义与问题。

教师必要的示范与引导本身是个性化的存在，因课、因师、因生、因境、因审美内容而异，最大限度地激发学习者的学习兴趣，选择适合的方式方法开展属于自己的审美学习。从本质上说，示范与引导是一种审美学习方法与趋向的开放，示范是在学习者产生审美困惑或者价值理解出现阻碍时给学习者提供可参照的审美示例，促进深入的思考与探索，提升审美层次与价值；引导是教师在审美学习目的与策略上的指引，帮助学习者拓展审美认识空间，更新学习策略与方法，并不是统一审美结论，也不是统一判定审美价值。在审美情趣养成教学的过程中，教师或者优秀的学习者同伴进行审美引导与示范，不是将开放性等同于学习者个体的随意性，而是通过引导启发学习者的审美开放意识，通过引导和示范来支持、鼓励学习者开放审美思维，多角度、个性化地理解美的普遍意义。

例如，在选修课《骆驼祥子》的片段《高妈》中，审美教育形式是学习者自学，个性化意义明显。从审美教育感性视角分析，课文的内容及情感是比较清晰的，学习者通过自主学习可以领会。主人公祥子的憨厚拙直与高妈利害爽快的性格特点，学习者可以通过小说的情节设计、心理描写及描写分析出来，进而感受、领悟和判断小说内蕴的情感与理性意义，进行审美意义的思考。在基础教育阶段中，这种人物性格描写的笔法是常见的，审美的难度并不高。一般情况下，学习者可以有效开展自主审美活动，但是在类似这种写作年代久远、写作背景复杂的文章，由于学习者的审美感受、情感经历、对写作背景的理解能力不尽相同，审美教育的深入推进存在困难。小说中的祥子与高妈处于社会底层，社会环境比较复杂，分析他们的人物性格特点除了自身学识、经历、情感、阅读力、理性解读能力、综合素养等因素外，还必然与所处时代和社会、写作背景、特点、经历息息相关。这使学习者难以深刻把握小说的人物形象，只能有基本解读但并不深入，自主学习存在阻碍。一方面，学习者并不理解祥子在小说中表现出来的"简单"，他连存钱这样的事情都不理解，是愚笨的，进而就会觉得祥子的结局是其自身知识及理解能力不高使然；另一方面，单从小说中根本看不出内涵的社会因素及影响力，无法深入地对小说进行审美鉴赏，等等类似问题不一而足。学习者可以做的是结合小说对可以掌握的信息进行感受式体验和基于历史背景一般了解进行审美判断，这容易使学习者以单一的感性认识取代审美教育的全部意义，审美存在随意性。

在此情况下，教师充分发挥作用，认真研究审美教育个性与特点，研究学习者的学习特点与习惯，选择个性化教学方法，首先，可以进行示范性审美，通过审美方式和方法的示范向学习者展示复杂性文本的审美过程及方式方法的选择依据。例如，教师本人或者优秀学习者可以进行必要的示范，结合老舍本人撰写的创作心得、专家的研究结论、其他有代表性的感受与分析等，引导学习者在示范中感受创作的技巧与方法、人物形象的特点、矛盾的内涵及小说主题等。又如，在审美情趣养成过程中，教师坚持以学习者为主体，少些限制与模式，也许浅显些，但也要鼓励学习者各抒己见，感性认识与理性判断皆可，以此提高和激发学习者的审美兴趣与潜能；通过背景研析、相关人物介绍、有声有色地朗读、相关影视剧的片段鉴赏等方法形成一定的审美氛围与情境，让学习者认识到本选文虽然是从一个小角度来表现祥子的性格特点，但也同样涉及当时的社会大环境与各种社会矛盾，在多种因素分析的支持下，学习者对祥子的性格特点、小说主题的审美鉴赏就会有深层次的解析，审美情趣养成教育就有一定的价值与意义。

二、自由性

审美情趣养成的自由性具体包括教师的认识自由与实践自由，它并不附庸于审美认识的规律，也并不依存于教学规律，而是有自己的特点与内涵。有学者认为"教育只有为促进人的自由、促进人的理性发展、促进人的主体性提升而努力时，这种教育才称得上'现代教育'，这种追求目标实现的过程才能称得上'教育现代化'。实现人的自由与解放，是教育的最高价值追求"[1]。说的就是这个道理。

（一）认识自由

教育的价值在于张扬自由与主体性，在审美情趣养成的视野与范畴中，其自由性不受制于审美的一般模式，不受制于现实观感和自我经历、体验，它是在教师引导与参与下，对美的事物进行多角度、自由的感受，由形而神，由外而内，不带有功利性，不为了实现教育目的而审美，进而实现审美认识的自由。基于美的复杂性存在，审美情趣养成的自由性能体现对美的自然而不带有预先结论的鉴赏，无论审美鉴赏的深与浅，都从美的事物本身着手，根据学习者自己的审美能力水平指导进行多角度的个体化感知、领悟、判断和评价，使之感受真实的审美情趣，得到美的陶冶。

蒙罗·比斯莱（Monroe C. Beardsley）曾提出审美判断的三个普遍性理由或

---

① 褚宏启. 教育现代化的本质与评价——我们需要什么样的教育现代化 [J]. 教育研究，2013（11）：4-10.

者说审美判断的一般标准。即统一性、复杂性和强烈性三个标准。在审美情趣养成实践中，统一性在于判断审美对象形式与逻辑的美的特点；复杂性在于判断审美内容丰富性的美的特点；强烈性在于判断审美内容感染力的美的特点。统一性、复杂性和强烈性，这三种标准特征都可以在那些优秀的审美作品中找到，如何审视这些特征，如何做进一步的判断，教师首先要有个性化的解读与思考，有自己独立的认识，才能建构多元的学习平台，使不同的学习者有审美阐释和发挥的空间，具体表现为教师有引导和促进学习者进行审美学习的教学设计。可见在审美情趣养成中，教师依据个性和特点开展审美教育，进而引导和实现学习者的自主审美学习，认识自由必然是学习者多元化审美必要的保障。

　　基于自身素养与个性，教师群体有着不同的审美经验、经历、思维、情感、境遇、理性追求，教师都有机会和条件进行有个性化特点的审美教育思考与实践，这是内在、深层的并且渗透在感知、想象、情感诸因素中与之融为一体，它基于生活，高于生活；基于真实，高于真实，由"知性"到达"理性"，进而给学习者提供更广阔与深刻的审美教育平台，正如熊川武提出的"自由也是发挥自主性必要的情境条件。它给学习者自主发挥能力提供时间与空间。与之相反，在压迫的学习情境中，学习者的自由被剥夺或者部分被剥夺；在学习内容、时间和方法等方面学习者丧失或部分丧失了自主权，学习者自主权难免式微"①。学习者实现审美自由性的前提，正是教师审美教育的认识自由，每名教师的审美判断，都积淀着他们对自身、对他人、对社会、对生活的多重认识，它是来自人的各种心理功能（其中既包括知性，也包括想象力）的共同活动的结果。这种审美教育使审美愉悦区别于生理愉快，使审美教育区别于心理教育，使审美情趣养成区别于一般的审美实践。

　　（二）实践自由

　　审美情趣养成表现出实践自由性特征。正如上文提出的，蒙罗·比斯莱（Monroe C. Beardsley）指出审美体验的标准即统一性、复杂性和强烈性，三个标准分别从形式、内容和感染力等角度审视审美对象和内容。其中任何一个标准都表现为多元内涵，教师要从认识自由的高度理解和判断审美价值，这为审

---

① 熊川武，江玲. 论学生自主性 [J]. 教育研究，2013（12）：25-31.

美教育实践提供了前提。教师的实践自由表现在审美教育的各个环节。在教育实践过程中，教师遵循自己的审美认识进行审美教学设计、预设问题；遵循自己的审美判断引导学习者进行个性化审美感受与体验，进行审美判断。这个过程体现为因材施教，只有教师个性化需求与学习者的个性特点相融合，教师教的内容才合乎学习者学习的需求，才实现审美情趣养成实践的意义。实践自由展示了教师"教"的合逻辑性及个性化，教师有实践自由才会实现学习自由，才有适合学习者学习的平台，否则单一的实践方法并不能适合学习者的多元化需求。这是审美教育过程中教师不能回避的问题，并因此确定和调整师生关系，给学习者更多的支持与资源，提供适当的审美空间，激发学习者审美情感，提升审美实效。

　　例如，《林教头风雪山神庙》中的景色描写素来为人称道，从审美的角度堪称经典。学习者在读课文时，易被景色的描写情节感染，进入学习氛围时，甚至可以体会到文中飞雪的严寒、厚重与冷酷，单单是这雪的审美便会让学习者结合自己的感受有感而发，这是一种有普遍性意义的美。作品的统一性、复杂性和强烈性均有表现。从教学来看，教师并不要拘泥固定的学习形式，要选择适合学习者个性化特点的实践方式与方法。例如，可以放开思维，让学习者针对这景色充分联想和想象，充分感受与鉴赏，任选感受和评判角度，任选表达方式，只要进行个性化审美感受与判断即可，并不急于进行其他分析，只要这雪的景色分析透彻，也就熟谙了它和主题、情节、小说矛盾、人物性格间的关系，诸多问题可以迎刃而解。否则，按照教学目的的要求，还要将这景色描写同小说的主题、人物性格的发展、情感的发展等联系起来，这会让学习者还不曾认真看看和思考这雪的魅力便直接被主题、情节、性格等问题的技能性解答消淡了对雪的兴致，就剩下机械的、形式和技能性的分析，失去审美感受和体验的兴趣，感受不到美的存在，这不是有意义的、发展性的审美教育。

　　审美教育不是将学习者培养成审美批评家与美学家，不是为了发现普遍性的美而去求得普遍性，而是教师根据学习者不同的条件与情况，根据教师自身的各种条件限制和审美内容的内涵、价值限制，因材施教，关注和引导学习者对不同层面的美进行感受与鉴赏，提升学习者的审美水平与能力。从表现上看，教师可以鼓励学习者创新思维，充分展开联想和想象，充分感受与鉴赏，进而研究自己的审美感受并形成情趣，只要存在合理性就可以予以肯定和支持。

第三节　交互性与公平性

从审美关系上看，审美情趣养成存在着交互性与公平性的特征。审美关系是人类长期实践过程中形成的一种特殊的主客体对象性关系。所谓对象性关系是指对象如何与人构成一种关系。

在一种对象性关系之间，伊曼努尔·康德（Immanuel Kant）认为"美是一个对象的合目的性的形式，如果这形式无须一个目的的表象而在对象身上被感知到的话"[①]。在认同"无须目的而合目的性"这一点的前提下，审美情趣养成具有交互性与公平性的特征。

一、交互性

交互性是教师开阔审美视野、交流审美心得、丰富审美教育内涵的重要保证。交互性在逻辑上表现为教师引导学习者从感性与理性及二者相融合的角度交流情感与观念，感受"美"的存在，判断其价值。在教学行为上则表现为师生、生生在审美认知、情感、想象、理解、判断和评价等方面的交互。交互性具体表现为审美情感的交互和审美心得的交互。

（一）审美情感的交互

从《标准》的要求看，"留心观察社会生活，丰富人生体验，有意识地积累素材，广泛搜集资料，根据表达需要和体裁要求，尝试多种文本写作，相互交流"。[②]

在审美情趣养成实践过程中，教师因为不同的个性与特点表现出不同的情感特征，这些情感特征在标志着个性化印记的同时，也代表了对自然、社会和人生的感受与思考。但是正因为师生的情感特征是个性意义的、复杂的，需要

[①] 康德. 判断力批判 [M]. 李秋零，译. 中国人民大学出版社，2011：48.

[②] 中华人民共和国教育部. 普通高中语文课程标准 [S]. 北京：人民教育出版社，2020：34.

加强师生角度、生生角度以及其他可以利用的角度加强情感的交互，目的是端正、丰富和提升学习者对自然、社会和人生的感受与思考，有利于拓展和丰富审美感受、体验、感悟、判断等过程的内涵，实现审美价值。

例如，在《故都的秋》的审美教育中，对于不同审美境界、不同年龄与经历的师生、生生而言，除了积极对作者郁达夫以情驭景、以景显情、情景交融抒情手法进行学习与鉴赏，体会作者"悲凉"中流露出的沉静、寡淡的心绪外，还要选择"故都的'故'是不是可有可无""文章写秋，换成写冬，会是什么效果""文章的景含情，这种情对于作者和读者而言有什么异同"等问题，使师生、生生形成一种认识：无论从哪个角度和问题看，都合"寡淡、悲凉"的情，合"沉静、幽然"的景，合乎作者的心态，顺理成章，美得自然。师生对这种"合乎"产生共鸣或者碰撞，进而交流和判断，在赞同或者争议中结合自身的特点再反复体会其中"合目的"的审美意味，结合"沉静""寡淡""悲凉"等关键词进行深入鉴赏，可以选择作者、读者、旁观者等角度形成自己较清晰的审美判断，如果有理有据，则可以进行交互学习。这种交互性不是一般意义的交换意见，而是交换有依据的审美判断，是从不同审美角度鉴赏所收获的审美情感与判断的交互，互相促进、融合，促进审美情感的升华。这要求教师进行个性化意义的教学设计，关注并充分利用审美情趣养成因素，支持学习者形成自己的审美习惯与情趣特点。

在审美教育中，教师引入可感受、体验的审美情趣因素，不能仅是感动自己的因素，而是要触发学习者的审美兴趣与体验。审美教育每个环节的衔接都内隐着审美者情感的愉悦，师生的交流与互动只有基于审美愉悦与审美共通感，才能获得理解审美感性与理性关系的路径。无须提前表明美的存在，而合乎审美共通感的审美对象也必然是美的，审美判断才成立，美的"无目的的合目的性"言即指此。从这个角度说，如果教师没有引导学习者树立正确的审美态度，没有充分激发学习者的审美情感与体验，则不会形成有意义的审美判断，缺失有意义的交流与沟通，审美情趣养成必然缺失效果。

（二）审美心得的交互

审美情趣养成实践过程中，审美心得的交互是师师间、师生间、生生间相互借鉴、共同提升的重要条件。对于审美教育而言，师生的审美心得不单一指向审美判断结论，是指师生从理性和感性两个角度实现前者对后者的超越、融合的学习体验和审美价值的判断。各种角度下的审美心得都是师生个性化学习的收获和判断，这种收获、判断和教师审美教育的个性与特点息息相关，显示了感性和理性双重特点。审美情趣养成特点彰显了教师的个体意义，但是从效果上看，教师对学习者单向的指导性学习不可避免地出现同一化学习结论，审美视野趋同，审美兴趣缺失。交互的目的与作用就是教师引导学习者充分认识美及审美的意义与价值，互为审美学习的助力，相互激发与促进，拓展审美视野，提高审美理性的认识与判断水平。

审美心得的交互展现教师审美教育的个性特点，交互性首先基于教师个体对于审美理性的充分认知，显示个性化的审美判断能力与水平，这是实现交互性的前提与保证。对于师生而言，教师的个性化审美引导和促进学习者由感性到理性，再到理性超越感性三个过程的审美体验与判断。第一，教师个体的充分认知也是一种审美教育资源，会给他人形成助力与引导，拓展审美情趣养成思路与视野，实现审美超越性和创新性。第二，交互性还显示了多维有效的方式。师师之间可以进行审美教育的形式与内容、个性与特色的交流；生生之间交互性的学习方式则是合作和探究，合作与探究方式下的交互体现了两个要求，即要有适合师生、生生的交互角度，这是思想与实践智慧的交互，交互双方要有共同的审美情趣和独立的审美判断，同时要有开放性思维，能够广泛摄取不同的审美心得，引发共鸣、去粗取精，提高审美情感体验和判断水平。第三，交互性需要师生的共同努力。教师依据教学个性，思考美的形式与特点、信息化手段、学习者审美学习习惯与情趣特点，引导学习者个体和群体充分理解和感受审美学习过程中交互的作用与内涵；同时，教师推动教学进程，适时参与学习者的审美感悟，帮助拓展审美视野，引导提炼审美情趣，感受审美愉悦。第四，教师积极创建适合交互的审美平台与时机，引导学习者参与交互，互相借鉴，研究收获，共同提高。

总体而言，交互性不是一般意义的交换意见，而是有一定依据的、清晰的审美判断间的交互，是从不同审美角度进行鉴赏，推进了审美情感的交互和情趣水平的提升。教师要有个性化的"审美情趣养成"角度的教学设计，大胆创新，显示个性与特点，关注和审美教育相关的因素，支持学习者个性化的审美习惯与风格，不求一致，而求有得，同时，积极沟通，形成合力，共同发展，促进审美情趣养成。教师应选择正确的师生角色与关系，还学习者自由、自主的审美空间，给他们更多的审美感受、思考和判断的权利，张扬想象，拓宽视野，而且因人而异，因势利导。审美情趣养成虽然无定法，却也要使学习者获得属于自己的审美愉悦与情趣养成机会。

二、公平性

在审美情趣养成实践过程中，师生有不同的审美个性、角度、感性体验能力和理性判断水平，单一、固化的教学模式不能保证学习者的学习空间与权利。公平性是教师在审美教育过程中实现学习者自由审美权利的保障，使师生的审美意识、情感与能力有实践感受和探索的契机，有益于提升师生审美情趣素养与个性水平，促进审美情趣的发展、创新。公平性体现为"学"的公平性与"教"的公平性。

（一）"学"的公平性

当前的教育主旨之一是育人为本，包括每一名学习者。基础教育课程改革直接提出为每一名学习者的发展奠基，教育机会均等。审美情趣养成面向每一名学习者，每一名学习者在审美过程中享有学习和交流的公平权利。"学"的公平性体现在审美情趣养成的每一个环节，作为审美教育主体，每一名学习者都可以在审美认知、情感、想象、理解、判断和评价等平台及空间自由学习与探索，进行个性化思考与判断；同时，每一名学习者都有交流和沟通的权利，都能根据自己的特点进行自主、合作和探究式学习。

人本主义提出，"学习依靠学生内在驱动，充分开发潜能，达到自我实现的学习。这是一种自觉的、主动的、创造的学习模式。这种内在教育的模式会促使学生自发地学习，打破各种束缚人发展的清规戒律，自由地学他想学的任何课程，充分发挥想象力和创造力"①。学习的内驱动首先要有学习的欲望与兴趣，其前提是有公平的学习机会与机会的选择，形成支持和鼓励学习者学习的内驱力。审美情趣养成主张以教师个性化地"教"推进和引导学习者个性化地

---

① 陈琦，刘儒德. 当代教育心理学［M］. 北京：北京师范大学出版社，2007：204.

"学"，个性化地"教"是充分关注教师教学个性与特点，形成独特的教学思想与行为，以满足教师自身和学习者需求为宗旨。从根本上说，"学"的公平性是鼓励学习者深入、主动参与审美教育全过程，引导学习者审美整体素质与个性的发展，符合学习者学习的内在需求，更大程度地为每名学习者的发展提供机会。对每名学习者而言，这就是学习的公平。

公平性，还指师生公平地享有审美教育的环境与资源。审美情趣养成以实现学习者审美综合素质的提升和个性发展为目的，审美教育环境与资源的创设和开发为实现这个目的做保障。营造公平的审美环境或者氛围，这是审美情趣养成的应有之义，教师个性化地"教"就是为了满足学习者个性化地"学"，师生的审美情趣养成实践过程本身就是不断在营造一种公平性的审美环境与氛围，每名学习者都从中获益。另外，从《标准》的要求看，"资源形式多种多样，可以是纸质文本，也可以是多媒体资源、网络资源。各地区都蕴藏着自然、社会、人文等方面的资源，应积极利用和开发。自然风光、文物古迹、革命传统、风俗民情、国内外的重要事件、学生的家庭生活，以及日常生活话题等，都是资源"①。可见满足学习者多样化的需求与选择，多方面地提高学习者素养，这是对审美资源的总体要求，教师要面向每名学习者，使之根据自己的个性发展和整体素质提升的需要开展审美学习，满足学习者的审美学习需求。从审美资源的共享、需求和选择角度看，具有个性化特点，是一种公平的表现。

（二）"教"的公平性

"教"的公平性首先体现为教师审美教育行为的非替代性，教师不是替代学习者进行审美，不是复制审美。课堂是教师审美个性、审美感性认识与理性判断水平展示的平台。教师有"教"的权利，教师个性化地"教"是学习者个性化地"学"的条件之一。当然，这里的教不是灌输式地"教"，而是一种个性化的教学理念和教学设计，这是一种权利也是一种义务。

其次，"教"也是一种教育理念与能力的展示，教师以"引导""参与"教学的权利促进学习者主体审美意识的觉醒与发展，引导学习者建构属于自己的审美世界，即审美教育是通过美的感受、陶冶与鉴赏来提升学习者对于美的情

---

① 中华人民共和国教育部. 普通高中语文课程标准 [S]. 北京：人民教育出版社，2020：51.

趣水平、感知力和判断力。教师只有引导学习者通过自身的努力，充分利用可以凭借的平台与机会，逐步实现对这个方向的追求。例如，在《诗经》各种选文的学习过程中，一部分优秀学习者会因为自身的综合素养与能力预先对《诗经》的内容有所涉猎，有一定的个性化意义的审美心得，在审美鉴赏中会比其他学习者有比较清晰和特色性的领悟与判断，对于《诗经》选文言、情、意的合目的性有一定意义的了解，但是更多的学习者会因为没有接触过《诗经》，并且没有较好的文字感悟能力，在学习和审美过程中显得步履艰难，停留于文字解读层面。基于此，审美情趣养成实践中，教师并不能因为审美教育形式而只关注那些有审美能力的优秀学习者，还要关注那些有审美阻碍的学习者，推荐适合的审美资源，设置不同的问题，引导学习者体验自己的审美愉悦，得出自己的审美判断，在审美教育过程中各有所得，共同发展与进步。审美情趣养成显示的公平性激励每名学习者积极参与审美教育活动，感受美的陶冶与启示。

当然，审美教育的目的不是让每名学习者成为审美专家，而是让学习者都能不同程度地感受美的存在和美的情感与价值。无论何种能力与水平，学习者都应该有属于自己的审美认知、情感、想象、理解、判断和评价的平台与空间，都有交流和沟通的权利，都可以根据自己的特点进行自主、合作和探究式学习。当前的教育主旨之一是育人为本，教师就要为每名学习者负责。基础教育课程改革直接提出为每一名学习者的发展奠基也正是这个目的。审美情趣养成要求教师公平地"教"，公平地为学习者提供审美的平台与空间。

第四节　超越性与创造性

审美情趣养成凸显和实现学习者的审美学习主体地位，同时明确教师的角色与作用，教师是学习者审美情趣养成的参与者、促进者与评价者，在教学中引导学习者自主与合作学习，积极实现审美价值、审美感受力、审美判断力与创造力的提升，促进审美情趣水平的发展。教师的审美心理结构包括审美观念、审美需要、审美态度、审美能力、审美情感等，这种心理结构使之摆脱审美对象的客观束缚，超越环境和功利，超越情感的感受力，实现审美心灵自省，激发潜能而且洗涤思想，提升审美教育的创造力。在此过程中，这种演进不断促进审美过程中理性与感性的融合，个人与整体的融合。在审美情趣养成实践中，从教育理念、方式与方法等方面不断超越和创造，体现出超越性和创造性的特点。正如教育学所倡导的"个性化的功能突出地表现在它能为培养个体的创造意识，从而焕发个体的创造性服务"①。

一、超越性

在审美情趣养成过程中，教师的教学活动体现着自身的特殊性，基于既有审美资源，但是超越资源；基于审美情感，但是超越感性；基于理性判断，但是超越理性；基于审美目的，但是超越目的性。这些特殊性体现在对既有教育价值的超越上，集中表现在非目的性和保持审美距离两个方面。

（一）非目的性

超越性首先表现在教师开展审美教育的"非目的性"上。目的性是教师引导学习者在审美教育过程中根据审美要求或者已有的体验、经验形成审美判断。从本质上看，仅为完成智育目的而开展的教育活动是一种功利化的教育。在此过程中，审美教育成为追逐功利的工具，缺失审美本质意义的超越与创新，使审美感性与理性两个角度停留于形式，无论如何华丽，终究缺失内涵。在"功利性目的"的审美教育活动中，审美内涵与意蕴不是通过师生审美感受、体验、感悟和判断而来，而是根据固定模式和经验机械分析与总结得来的，有人提出，"审美意象孕于内而发于外，不仅成为创新主体的审美情趣的集中体现，而且成为社会文化的传统意蕴、时代精神的具体表征"。② 这正说明，审美的价值不能局限于技能性训练。审美情趣养成实践讲求非目的性就是使审美教育中的愉悦成为一个可以不受功利性或者直接目的性干扰的、充满意蕴的世界，学习者对这个世界进行审美观照，兴起个性化审美情感，进而感悟和品味其中的美的意义。基于此，审美情趣养成并不是仅仅对美的事物的一般性的感官判断或者感受性描述，而是教师引导和鼓励学习者从情感、思想和价值上对美的事物进行自我鉴赏判断，这也是对学习者自身道德、人生观、价值观的综合检验，这是

---

① 袁振国. 当代教育学 [M]. 北京：教育科学出版社，2004：74.

② 唐艺，何晓佑. 探究设计创新审美意象的生成 [J]. 设计，2016（15）：64-65.

超越性的意义所在。

　　非常典型的是悲剧审美，大多数学习者对于悲剧的表现过程与结局有防备心理，以免产生情感上的失望与迷惘。如果在审美过程中，教师能关注学习者的年龄、性格特点与审美心理，首先对悲剧的情感意义与价值或者语言进行鉴赏，不受既有模式化的审美方式与直接功利性目的的干扰，然后从思想和价值上鉴赏悲剧美的内涵，不断调整和完善审美偏爱与标准，那么结果将是不同的。例如，《孔雀东南飞》，描述人物性格特点的文字准确而丰富、人物形象丰满，可以引导学习者先不从个人好恶出发，而是从诗的背景、诗中的语言赏析开始，对语言的表现力进行鉴赏，对刘兰芝、焦仲卿、焦母等形象进行鉴赏，在感性判断的基础上对诗的主题思想与价值进行分析，得出审美精神层面的结论，体会诗歌的语言魅力与历史价值，同时对学习者自身的情感体验与理论思维水平也是一种升华与陶冶，这个审美过程就是一种超越，是一种选择。如果教师能引导和鼓励学习者结合自己的情感感受能力，享受和深入探析悲剧的魅力，感受与其他爱情诗歌（如《长恨歌》）的审美异同，更易提升审美境界。

　　审美中文本的作用与价值、指导所采用的方式方法、审美意蕴与情感的感受和判断方法等问题，都需要教师进行思考与选择。但是，要注意依据美的情感与价值、审美内容与对象、审美主体进行教学设计，既关注教师自身教学个性、条件与能力水平，也注意尊重学习者自主学习、个性化学习的权利，不用关注审美教育过程和环节的学习目的要求来规范学习者的审美行为，不随意干扰学习者不同角度的审美过程，使之利用开放的审美教育平台实现自由审美。审美过程本身是感性与理性的体验、思维与判断过程，是理性超越感性认识的过程。简而言之，审美情趣养成关注教育过程中学习者真实而有个性的审美情感和思维逻辑，力求提升审美的层次、作用与价值。

　　（二）保持审美距离

　　超越性还表现在审美距离上，即教师作为审美主体首先要同审美对象间保持审美距离进而引导学习者同样与审美对象保持审美距离。要说明的是，这种审美距离并不是要求回避现实、生活与体验，而是避免现实（经验）决定审美判断的情况发生，不由现实去决定一切，否则审美主体只能接受现实和自我体验的审美成效，从而失去审美自由和深层次的审美愉悦。教师引导和鼓励学习者保持非功利性的审美态度,力求对美的事物有超然于自我、超然于现实的、静观、细腻的感情。教师要引导学习者同现实与理想保持合适的距离,使其深入理想的审美境界而不过度,立于现实也不受现实直接左右,在批评中欣赏,在欣赏中批评,执着于情感而又享受于超脱。

蒙罗·比斯莱(Monroe C. Beardsley)在提及审美体验时,也认为审美的过程有超脱感和非功利心。他所谓的超脱感,并不意味着对审美对象失去审美兴趣,相反,审美者必须对自己的功利心保持一定程度的压制,使自己的情感、判断和审美心理与这种功利心保持一定的"距离"。这就是通常说的"非功利的注意"或者"审美注意"。教师通过非功利性的审美注意,使学习者的感性体验更真实纯粹,更能为审美对象具有的美的特征所感染;理性判断更合乎事物本身的逻辑,不受单一情感角度审美结论的控制。这样的审美过程及体验支持和帮助学习者全力关注审美教育本身,从不同的角度多元审美,获得不同的审美发现和理解,这种发现和理解都是来自学习者对审美教育直接的审美注意、感受与判断,不受功利因素干扰,具备一定的人文性与审美意义。从这个意义上说,审美情趣养成具有超越性与创造性的特征。

叶朗曾在《审美教育的基本理论》中引用了关于审美心理学的研究成果,认为13~20岁是个体审美发展的危机阶段,这时期的特点是相对主义与道德发展的相对主义阶段相一致。其实不同的审美心理特点必然有不同的审美表现、感受与判断,教师在审美教育中引导学习者进行审美的时候就要关注学习者的审美心理特点。也就是说,支持和鼓励学习者按照个性化的审美思想与情感视角进行审美,既不为了完成审美任务而进行审美,也不为已有的审美结论寻找审美证据。要与审美对象保持必要的审美距离。否则,美的感受、体验、趣味与判断都成了满足所谓的"功利性"——完成既定目标,学习者不是在真实感受美的存在,不是在判断纯粹的美的意义,而是为了审美而审美,为了目的而审美,将审美愉悦直接演变为解答问题的逻辑思维。教师有必要及时纠正这种认识。在教育阶段,开展审美教育,提高学习者的素养——在知识与技能、过程与方法、情感态度价值观等方面提升综合素养,促进个性发展,对于学习者的全面发展而言有奠基的意义。教师要引导学习者注重审美过程,从出发点看,既要贴近学习者生活和情感,又不能仅用生活体验来替代对美的认识,更不能只为实现教学既定目标，要循序而进、由浅入深，与学习者一起分析教育资源、审美对象美的特点、情感意味，要让学习者从非功利性的审美过程中有所感、所思，逐渐审美价值。

二、创造性

在关于感性、理性和美的关系的认识中，伊曼努尔·康德（Immanuel Kant）认为当理性超越感性并且与之融合时，这个过程就是审美情趣养成意义的升华与实现，从而体现为审美创造性。蒙罗·比斯莱（Monroe C. Beardsley）与其观点一致，认为作品被审美者进行有意义的审美鉴赏并能分析出审美意义与价值时，审美就有新的发现和理解及创造。

审美创造性的价值在于理性对感性的超越和融合，这个过程体现的是审美感性和理性的双重创造价值。审美情趣养成的创造性表现在两个方面：审美精神意蕴的创造性和审美判断的创造性。

（一）审美意蕴的创造性

基于审美情趣养成的角度，关注学习者的情感与理性判断水平的提升。提升层次与价值，就要在体验和感悟过程中一定程度地引入理性意义的审美因素，用理性视角审视情感体验结论，感性愉悦就是感性经验受到内隐的理性的捕捉审视与提升后产生的。感性愉悦与理智判断的融合事实上深化并丰富了理性对审美对象蕴含之美的直觉。审美意蕴，就是通过理性和感性融合后的感性愉悦实现的。

意蕴是所有艺术作品积极追求与表现的，雅克·马利坦（Jacques Maritain）说"这种艺术潜心于在事物中发现并力求从事物中将事物自身被束缚的灵魂和关于动力和谐的原则，即其被想象为一种来自宇宙精神的不可见的幽灵的精神揭示出来，并赋予它们以生命和运动的典型形式"①。正是这样，优秀的学习资源在那些表象的文字、媒介的后面，内蕴着高尚的灵魂、风骨和精神，这就是意蕴，是感性视角审美的精神结果，是经过理性判断、富有精神内涵的感性认识。基于此，审美意蕴源于理性对感性认识的超越而形成的精神世界，从理性

---

① 雅克·马利坦. 艺术与诗中的创造性直觉［M］. 刘有元，罗选民，等译. 北京：生活·读书·新知三联书店，1991：25.

对感性的超越角度看，审美意蕴富有创造性。审美情趣养成要求教师在自身用审美感性与理性融合的角度进行审美体验和判断后，积极引导学习者的审美意蕴获得提升，引导学习者在关注感性认识的基础上，用理性认识来判断感性认识，从判断的过程中体验审美教育的精神意义，基于此，审美情趣养成过程也是审美境界与意蕴不断提升的过程。

教师引导学习者进行审美理性判断使审美教育不再滞留在对于美的表象形式产生的愉悦中，而是引向对审美对象本质的动态性、本质性的观照上，同时也是调整和优化审美理性自身的结构与潜能。审美情趣养成就是要对美的意蕴与境界、动态与本质进行标志。这种标志不是显而易见的，是隐含在审美资源中的，需要教师引导学习者结合自身素质，认真从语言表述到文本内涵，到情感体验、到审美感受、审美评价等诸方面积极观照、体验、感受、分析、研究和鉴赏，实现审美意蕴的创造性，创造性的内涵与意义是无限的，因师而异，因生而异。

（二）审美判断的创造性

基于审美情趣养成的视角，教师引导学习者利用感性与理性融合的审美认识来体验和判断审美资源与要素，感受审美意蕴，这个认识的结论就是审美判断，是实现审美价值的基础。从审美过程看，教师开展审美教育，多角度利用审美资源与要素来感受和体悟审美对象中美的形式、内涵、品位及精神境界。这就是阿洛伊斯·希尔特（Aloys Hirt）所说的"艺术形象中个别细节把所要表现的内容突出地表现出来的那种妥帖性"①。在存在的层次上，基于理性的审美判断是更为深层次的理智活动方式，审美对象内涵的这种妥帖性可以依靠审美情趣养成的过程来实现。

审美情趣养成的过程要求教师在审美的方式方法中加入理性因素和感性因素，激发审美创造的意识，关注学习者群体的创新能力与水平，根据观察结果进行引导与评价。在审美的内容上引导学习者进行选择，选择角度，观照审美因素，摄取美的信息，进行综合性审美判断。在审美判断过程中，教师并不限制学习者的审美视角，而且鼓励创造，教师要在审美教育重点内容的教学中采

---

① 黑格尔. 美学（第1卷）[M]. 朱光潜，译. 北京：商务印书馆，1996：22.

取适合学习者的方法，张扬个性，激发灵感。同时，教师注意张扬教师和学习者的双重个性，以教师个性化意义地"教"带动学习者个性化、自主意义地"学"，这种带动包括引导学习者以理性的视角审视感性的体验，促进感性与理性的融合，进而使学习者体现出较高水平的审美境界和审美理想，超越其生活本身已经划定的狭隘感性认识范围，开拓自己的精神空间，正如宗白华所描述的"我们的胸襟像一朵花似的展开，接受宇宙和人生的全景，了解它的意义，体会它的浑沉的境地"①。审美情趣养成要求教师完成审美理性对感性的超越并融为一体形成审美判断，使审美在形式与内容上都达到完整。在审美价值的最终层级，应该体现为审美情趣养成促使学习者不断实现审美境界与精神朝向绝对完善发展的无限可能性的价值和意义，达成这个审美价值与意义，审美就体现出创造性。

　　总而言之，学习者的审美过程，是对美的情感的感知与体验的感官判断，更是对美的对象的思想鉴赏和价值判断。在审美教育的过程中"受教师伴随着强烈的感情活动，处于美感的激情状态。从性质上看，审美情感不同于日常的情感，日常情感常常带有个人的狭隘的功利性，具有强烈的个人爱憎和需要的特点。审美情感则是日常情感的升华，在审美活动中，它是自由的、非功利的，包含认识、评价等理由因素"②。同样地，审美情趣养成要求教师不能从道德教育的角度进行公式化的教学，而是要启发和提升学习者的审美意识与学习能力，培养高尚的审美情趣，使个体的审美需要上升到审美理想的高度，唤起和形成那些有审美价值的性质与属性。学习者个体审美需要和满足的过程，有助于学习者个体审美价值向个人和社会之间联系更为紧密的方向发展，这是学习者个体社会化的重要桥梁。为了提升审美情趣养成水平，教师要引导和促进学习者全面发展，关注和尊重不同学习者群体的审美情感，感受他们的愉悦，提升审美判断的内涵与品位，支持不同角度的鉴赏判断，支持感悟高层次的审美意蕴，引入更多的有启发和促进作用的审美条件与因素，引导学习者积极进行审美体验与探索，形成较为深刻的审美判断，实现创造性。

---

① 宗白华. 美学散步［M］. 上海：上海人民出版社，2005：369.
② 陈兆金. 再论审美教育的本质和目的［J］. 美与时代，2008（3）：17-19.

第六章

审美情趣养成的课程观视域及实践矛盾

克劳斯·施瓦布（Klaus Schwab）在《实践：一种课程的语言》中说："增进教育的发展，现在需要的是适合于解决问题的新的原则，新的观点和新的方法。"① 基于基础教育阶段学习者审美情趣养成的实践性解析，我们尝试用后现代课程观关照中国基础教育阶段学习者审美情趣的养成问题，厘清学习者审美情趣养成一般性矛盾归因，并建构相应的实践路径。

第一节 后现代课程观与审美情趣养成的应然关系

后现代课程观代表人物小威廉·E. 多尔（William E. Doll）提出了后现代课程观"4R 特点"，即认为课程具有丰富性（Rich）、回归性（Recursive）、关联性（Relational）和严密性（Rigorous）四大特点，这是一种过程导向的课程观，被应用于基础教育阶段学习者发展素养养成的诸多方面。基于对学科课堂教学中预设、生成、反思、转变等角度的基本考量，4R 理论观点的广阔性和适切性为包括审美教育在内的课程研究提供了新支点。

一、后现代课程观关于"学习"特征的诠释

后现代课程观强调课程的丰富性、回归性、关联性、严密性，从学习者审美情趣养成实践的角度进行诠释，其学习特征显示为多元性、自主性、科学性。

---

① 韦冬余. 论施瓦布科学探究教学的基本内涵 [J]. 全球教育展望，2015，44（4）：28-35.

（一）多元性

小威廉·E.多尔（William E. doll）强调："在过去与现在之间，在拒绝旧事物以寻求新事物与在新事物之中利用旧事物之间，存有基本的和富有生产性的张力。"① 从这个角度看，学习者"学习"的确存在着规律性和确定性，但并不都是稳定、可控和先验的，存在着一定的自组织因素②。换言之，挑战和干扰是课堂教学组织与再组织存在的理由，因此无论是形式还是内蕴，审美情趣养成实践都应体现出多元的特点。这种多元是课程本质要求的多元，为不同的学习者提供不同的审美认知和审美发展的可能。

（二）自主性

伊利亚·普利高津（Ilya Prigogine）的"混沌—复杂性理论"引导我们在与世界、自然和自身的关系上达到一个主要的转折点，即强调自主地觉醒和价值，强调自我效能。在教学层次上，混沌-复杂性理论强调"通过回归，个体反思自我并在自我参考的经验中获得自我感和价值感"。③ 这种自我感和价值感是教学的本质追求。回归性体现出了课程的主要实践价值，同样地，小威廉·E.多尔（William E. doll）的回归性也强调了这一点，即强调了自主在课程实践中的作用和价值。小威廉·E.多尔（William E. Doll）《后现代课程观》认为："回归是一个人通过与环境、与他人、与文化的反思性相互作用，形成自我感的方式。"④ 杰罗姆·布鲁纳（Jerome Seymour Bruner）也曾提出类似主张："教育过程很大程度上包括一种能力，即通过反思自己的思想从而以某种方式将自身与自己所知道的区分开来。"⑤

基于此，在审美情趣养成实践中，学习者有必要在一定条件与情境下自主地学习和发展，其自主性、自发性、循序性是课程回归性的实践需求。教师和

---

① 赵紫娴. 基于多尔课程观的"自组织"式阅读教学研究［D］. 华东师范大学，2016.

② 唐红春. 从复杂理论的视角审视教育的非连续性［J］. 郑州大学学报，2007（4）：171-174.

③ 张彩艳. 多尔的后现代主义课程观及其当代价值［J］. 现代教育科学，2018（2）：136-140.

④ 小威廉·E.多尔. 后现代课程观［M］. 王红宇，译. 北京：教育科学出版社，2015：12.

⑤ 小威廉·E.多尔. 后现代课程观［M］. 王红宇，译. 北京：教育科学出版社，2015：183.

学习者在美育实践中应自觉推动学习者审美个性化发展，寻求适合的审美规律与方法，促进语言、审美、思维、文化等诸多教育因素的均衡发展。从根本上说，这是对审美情趣养成实践过程中教师主观替代或干预学习者学习这一做法的直接否定。

（三）科学性

就小威廉·E. 多尔（William E. Doll）的 4R 课程观分析，科学性是指将课程的关联性和严密性结合起来，进行准确的集合式分析。其中，关联性强调教育与文化两方面的相互补充；严密性则强调课程实践的学术逻辑、科学观察和精确判断。换言之，学习者审美情趣养成的严密性要求研究者和教师注重美育过程的科学性，这种科学性并不意味着统一与控制，而是要将所有可能正确的观点组合起来，恰当利用，给学习者学习以信息支撑，促进其内隐与外显，并不以某种固定的观点统治一切。

严密性不只意味着逻辑与严谨，还意味着恰切与发展，意味着在教师指导下，学习者可以寻求和选择不同的方案，形成文本视域、个体视域、学科视域和综合视域的融合。例如，不同的学习者与同一文本之间的对话一定不是确定的，这种不确定是科学的；而不同的学习者与文本各自有其观点，这又是确定的，因而科学性恰恰是不确定性和确定性的组合，是严密合理的。

二、后现代课程观与审美情趣养成的关系

《素养》强调，审美情趣是人文底蕴的重要因素，至少包含了四个基本内涵：艺术知识、技能与方法的积累，发现、感知、欣赏、评价美的意识和基本能力，健康的审美价值取向，艺术表达和创意表达的兴趣和意识。[①]

从理论角度看，后现代课程观为学习者审美情趣养成提供了理论框架和问题解析的视角，促使师生"创造性组织"与"再组织经验"的能力在审美教育环境中发挥作用，激发学习者在审美情趣养成的期望与结果之间保持有意义的张力。基于此，课程不再是简单的实践平台，更是体验、理解、实践、思考等学习过程的平台。

---

① 核心素养研究课题组. 中国学生发展核心素养［J］. 中国教育学刊，2016（10）：1-3.

从实践角度看，后现代课程观提出了新的课堂教学秩序，强调了教和学、文本和生活、知识和情感、师和生的逻辑关系；强调了教学的实践要求，给复杂、多元、不可预测的审美情趣养成提供了实践思路，显示出丰富性、回归性、关联性、严密性四个课程特点，从而将审美情趣养成实践从封闭性、模式化学习转向开放性、个体化的多元选择性学习。在此情境下，各种学习方法论均可，强调过程与感性探究，强调系统与审美创新，这种要求有益于在课堂教学中学习者对审美情趣养成方式的选择，有助于积极效果的形成。

第二节 课程观视角下审美情趣养成的实践矛盾

我国教育体系中，美育与德育、智育、体育、劳动技术共同成为学习者全面发展的重要组成部分。2016 年《素养》将美育显性聚焦于审美情趣的养成；2017 年《标准》将美育显性体现为审美的理解与鉴赏。总之，审美情趣养成已经成为基础教育阶段学习者的审美必备品格和关键能力。

课程观视角下，我国基础教育阶段学习者审美情趣养成实践依然存在着矛盾，基本可以归纳为以下三点：课程观多元性特点和线性实践策略之间的矛盾，课程观自主性特点和单一教学范式之间的矛盾，课程观科学性特点和实践思维固化之间的矛盾。厘定课程观视角下的审美情趣养成的矛盾，有利于审美过程中学习者审美情趣养成质量与层次的提升。

一、课程观多元性和线性实践策略之间的矛盾

线性实践策略是指在学习者审美情趣养成过程中，教学策略显示出线性发展的特点。我们在辽宁两所不同类型高中问卷调查结果显示，审美情趣虽然成为师生关注的热点，但在具体的教学实践策略选择中，依然将其列为补充性的选择范围。例如，在现代诗歌审美学习中，教师经常采用讲授法和问答法，这两种授课方法共占据了73%的高比例（见图4）。

如图 4 所示，讲授法和问答法的实际使用情况。虽然作为常规的教学策略，两种方法有其可取之处，但在审美情趣养成的实践层面，这两种方法并不能激

活学习者对审美情趣养成的情感需求，不利于形成正确的学习态度，更无法实现内隐和外显的双重效果。进一步说，美育课程观多元性特点在实践中囿于单一指向和固定选择，缺乏多元性策略支撑和内容选择，最终无法将审美情趣养成提升到真正的可预期、可实现的层面①。

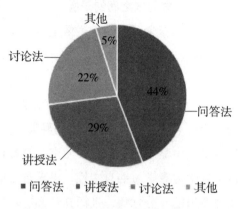

图4　基础教育阶段中诗歌的教学方法

从审美课程观的角度看，审美情趣养成应当是多元性的。这里要指出的是，多元性不仅意味着平台与方式方法的多元，还意味着允许学习者差异性的多元存在，进而在课程设置、师生关系、方法、评价等多方面显示为多视角、多层次，使学习者的审美情趣在不同个体、不同基础、不同视角上得以提升和发展。从这一意义上说，线性实践策略事实上成为一种阻碍，不能有效唤醒学习者的审美情感共鸣，从而主动进行审美情趣的自我调整、生成和发展，这种矛盾具有不可调和性。

熊炳奇也曾指出，由于人们对于美的感受和体验各不相同，往往没有明确的标准来判断美丑，这就决定了审美情趣养成过程中必然存在实施过程隐秘和漫长、没有统一评判标准等问题②。这里所谓的"没有统一评判标准"，实际上融合在教师以考代评，或以抽象模糊评语代替精准个性化评价中。审美情趣养成的评价淹没于一般意义的常规教学评价，直接显示为缺乏统一评判标准。无论怎样，线性对非线性的取代是降低了学习者审美情趣养成的层次和境界，阻

---

① 林桂芬. 在阅读指导中进行审美教育 [J]. 文学教育（上），2017（4）：90.
② 熊丙奇. 美育要加强"评价"须跟上 [N]. 中国教育报，2015-09-30（2）.

碍了综合审美能力的形成和个性化审美意识的发展。

由此可见，美育课程观多元性特点和线性实践策略之间存在矛盾。线性的实践选择并不适宜审美情趣养成的实践需求，不能达到审美教育的课程目的。

二、课程观自主性和单一教学范式之间的矛盾

从实践角度考量，学校在培养学习者的审美情趣时，往往表现出简单的综合性特点。出于课程设置限制、师资力量不足、教学材料缺失等问题，通常简单地将审美情趣养成等同为开设艺术类选修课，走入了唯传统化实践和格式化实践的误区①。这种做法一方面简单地将艺术教育和审美教育合二为一；另一方面错误地将课程学习归纳为艺术品鉴，混淆了二者的界限。

对课程建构的误解或实践中显示出的无奈，使审美教育包括审美情趣养成处于困境。美育课程观强调学习者学习的自主性，讲求自发渐进的审美情趣养成过程，引导学习者主体意识的充分觉醒，进而在认知、环境、行为等方面相互促进、共同发展。自主性具体体现为自发和渐进的过程②，自发是指学习者主动地建构意识和兴趣；渐进是指在认知、环境、行为相互促进的基础上发展的自我效能感。总体来说，审美课程观关注学习者的主体性，推动学习者自觉、主动、个性化地参与到审美活动中，获得独特的审美体验，建构相应的体系。

当然，这里所提倡的自主性，并不意味着学习者的随意性。所有的学习过程都需要教师的参与、指导、示范，在不断生成的情境中，师生共同提升审美情趣养成的层次和水平。

基于此，教学范式要为自主性特点的实现提供助力。当前，教学范式一般分为授受式、探究式、多元指示式、优化式四种。值得注意的是，除却授受式自身的局限之外，探究式、多元指示式易流于形式，虽然支持学习者内隐，但并不给予有效引导。看似多元，实则无序。例如，在诗歌的审美学习中，教师在学习者还未理解文本深层含义的情况下，就要求学习者有感情地大声诵读，这是对审美意蕴内化的简单化处理，是对审美情趣养成的阻碍。根据我们的调查结果，79%的学习者明确表示对诗歌语言美、内容美、情感美的学习范型不

① 王确. 勿以艺术教育绑架审美教育［J］. 当代文坛，2017（5）：80.
② 王艳. 自主学习中的行为与成效研究［J］. 外语与外语教学，2007（11）：34.

太喜欢；但 48.8% 的学习者在对诗歌背景、内容、形式、情感的学习倾向调查中表现出对诗歌情感学习的肯定态度。换言之，学习者一方面有对情感学习的需求；另一方面并不认可单一的教学范式，也不接纳简单的放任式范式学习。（见图 5 和图 6）

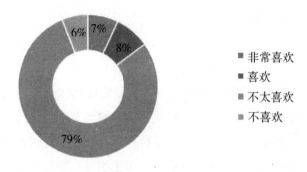

图 5 学习者对诗歌学习的兴趣

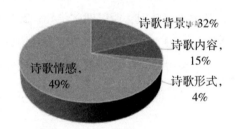

图 6 学习者对诗歌学习内容的倾向性

基于此，我们可以判定，美育课程观自主性要求和单一教学范式之间存在矛盾。

三、课程观的发展性和实践思维固化之间的矛盾

美育课程观的发展性，表现为允许"不确定性"和"确定性"的同时存在。不确定性通常表现为教师、学习者、审美课程、校园文化、社会环境等因素的不确定性，审美因素有不同的特点和理解，承认不确定性的存在是为了诠释并分析上述因素的基本特点，进而采用多元的、有针对性的实践方法；确定

性则指具体文本内容、文本背景、文本内涵等教学资源是确定的，包括其内蕴的审美知识、审美技能也都在一定程度上具有确定性，这种确定性也是学习者在审美情趣养成过程中不可缺少的助力，能够帮助学习者形成基础性的审美技能，进而形成正确健康的审美情趣、审美境界。在教学过程中，确定性和不确定性是同时存在的，正确认识确定性的审美因素和内涵，有助于学习者学习不确定性的个性化审美情趣，增强张力；而学习者个性化的、不确定性的理解和认识，也能更深入地理解确定性的文本审美原意，只有二者相辅相成，才能促进审美情趣养成的实质性发展。

然而在具体审美过程中，师生的审美实践思维却固化于确定性的文本知识范畴，拒绝不确定性；或固化于个性化理解，脱离文本、脱离语境。这导致学习者个体审美情趣被学科知识特点、学科知识框架、学科知识内容垄断，同时也导致学习者被所谓的"不确定性教学"虚无引导，缺失基础，无法建构语言体系框架，这是对学习者自主性学习特点的误读，违反审美情趣养成的科学性。例如，我们调查了在诗歌教学过程中，教师是否进行诗歌的朗读指导，其中37%的教师认为学习者基本可以掌握，所以偶尔指导；21%的教师认为，学习者完全可以掌握，从不指导。而事实上，教师有必要对学习者的朗读水平和理解能力进行甄别，采取必要的指导策略。教师不对学习者进行指导，是将实践思维固化的道路越走越深，学习者审美情趣养成容易则成为虚无。（见图7）

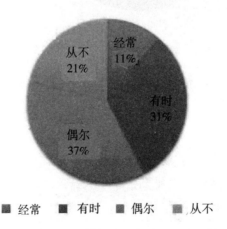

图7　教师进行朗读指导情况

需要指出的是，在学校教育之外，还存在着媒体教育、社区教育和家庭教育等教育形式。驳杂和多元的教育种类如果缺乏整合、疏导和诠释，就容易使审美活动驳杂纷乱，使学习者审美情趣养成处于停滞状态，这是需要警惕和甄别的①。

综上所述，在基础教育阶段学习者审美情趣养成过程中，存在着美育课程观多元性特点和线性实践策略之间的矛盾、课程观自主性特点和单一教学范式之间的矛盾、课程观科学性特点和实践思维固化之间的矛盾。这些矛盾显示于不同的教育类型、课程设置、教学内容、方式方法等各个方面，对学习者审美情趣养成的过程和效果形成了阻碍与制约。

第三节　基于课程观视域的审美情趣养成矛盾溯因及阐释

基于上述审美情趣养成的复杂性矛盾的解析，我们依据审美课程的多元性、自主性、科学性特征，试图厘清矛盾形成与存在的原因。

一、审美课程体系缺失多元建构

新版《标准》明确提出了对审美鉴赏与创造的要求："通过审美体验、评价等活动形成正确的审美意识、健康向上的审美情趣与鉴赏品位，并在此过程中逐步掌握表现美、创造美的方法。"同时，在《素养》中，审美情趣等十八项基本内容被列为学习者的必备品格和关键能力。这就需要了解美育课程的一般规律与特点，遵循学习者审美情趣发展的心理特征，从课程建设、教育教学等诸方面系统开展审美情趣养成工作。但是事实依然严峻，美育工作仍存在着重应试轻素养、资源配置不达标、师资队伍缺额大、缺乏推进机制等问题②。可以看出，当前我国学校美育，尤其是审美情趣养成缺乏体系的建构。

第一，学校美育中的审美情趣养成课程简单碎片化于其他课程中。这些碎片化的教育内容没有构成任何体系特征，失去了本应追求的美育目的。例如，

---

① 周伟业. 网络时代的美育变革 [J]. 美育学刊, 2016, 7 (3): 14-21.
② 国务院办公厅关于全面加强和改进学校美育工作的意见 [J]. 中国德育, 2015 (23): 6-11.

以艺术活动取代美育课程，以价值观培养取代情趣养成，以竞赛成果烘托美育成就，甚至以校本课程取代美育课程，使美育尤其是审美情趣养成既没有得到常规性推广，也没有形成探索性拓展，美育课程本身的多元化特征并没有真正实现。学校有必要思考并进行系统化的美育课程建设与教育教学实践。

第二，学校美育师资的培养不能满足教育教学需求。2016年中国经济社会数据中心发布《全国义务教育阶段美育师资状况分析报告》指出，近十年美育师资数量增长较快，但义务教育阶段美育师资依然存在较大缺口，区域发展不平衡且存在较大的城乡差距，而这只是专指美育师资数量的分析。在基础教育美育课程的设置中，其他各学科教师都应承担起美育任务。从这个意义上说，美育师资的质量也继续加强，各学科教师应通过各自学科的教育教学，推动和促进学习者审美情趣养成进程，将以"审美情趣养成"为重要内容的美育融合进各学科的教育教学体系。(见图8和图9)

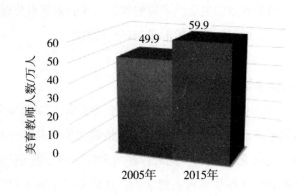

图8　2005—2015年美育师资人数对比

第三，从评价角度看，后现代课程观继承了现代课程观重视评价的观点，事实上，学校美育的考核和评价机制仍不健全，甚至没有教师教育教学理念认知、技能水平等评价要素。即使在艺术类课程中，评价机制也存在着评价指标单一的问题①，不确切的模糊评价，只能延缓甚至阻碍学习者审美情趣养成的

---

① 张旭. 基于核心素养培育的学校公共文化重构［J］. 教育理论与实践，2017，37（23）：6-8.

进程。

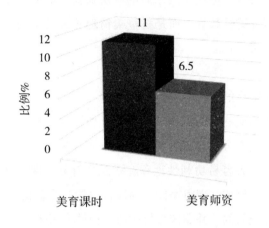

图9 2016年美育课时和美育师资比例

二、学科知识素养实际取代发展素养

学科知识素养通常体现在各学科课程标准中。例如，新版《标准》列出十八项学习任务群，聚焦于专业知识、专业能力、专业精神的系统化养成。从目的上看，各学科课程标准是基于教师视角、学科视角来引导教师实践的标准。仅就目前而言，学习者审美情趣的养成仍旧暂时性地依托于学科教学知识积累、相关能力培养、相关价值取向、艺术表达和创作能力等相关要求中，距离"全面发展的人"要求的审美情趣养成还有距离。

不能否认学科知识素养是中国学生发展核心素养的重要内容，但是它不能取代"人文基础"中审美情趣的养成。审美情趣应该是基于各学科综合基础知识之上，学习者自主开展的以学习者为主体的，符合学习者学习规律的渐进、自发的审美学习。从这个角度看，有必要厘清中国学生发展核心素养与各学科专业素养的关系，促进中国学生发展核心素养与专业素养共同发展。

教育的过程不可避免地存在各种高利害的考试，知识与技能的学习、训练仍然是学习者关注的主要内容，甚至是唯一内容。贝奈戴托·克罗齐（Benedetto Croce）不断说智性教育与直觉一样是审美的内容之一，但现实中，智性教育往往取代了直觉，审美的意味淡然至无痕，这是遗憾的。智育与美育并不绝缘，且相互融入，但现实的矛盾的解决还需要时间，需要各方不断协调和平衡，并不是摒弃智性教育，而是将审美情趣养成真实列为与认知一样的重要的课程目标和学习目标。

三、功利性实践目的取代了应然目的

审美情趣养成的应然目的，从广义上看可理解为《核心素养》中对审美情趣的一般要求，这是符合当代教育特点和发展规律的。但实际上，以审美情趣养成为代表的美育成果容易功利性地存在于工作计划、课程计划中，美育成果显示出功利性特征。例如，带审美标志的课程设置、活动竞赛、研究性学习等。最终体现这些显性成果的，并非应然目的所指向的学习者的体验、感受、感知、融会等内隐式发展变化，而是各类显性的奖章、刊物、证书，功利性实践事实上成了审美情趣养成效果的标签。

审美情趣养成的科学性特点要求我们必须辩证看待确定性因素和不确定性因素。然而在现阶段美育实施过程中，常常把相关的确定性因素都用显性成果予以证明；而所有不确定性因素，例如，学习者的学习特征、个体感受与体验的不同、个体判断的不同，都经常被归纳至"研讨"这一教学环节设置中。这种不确定性并没有和确定性相融合，并没有得到质的提升，不能实现美育目的，不能有效提升学习者的审美情趣水平。长此以往，学习者不易形成正确的审美价值观，也会产生审美情趣庸俗化、审美价值观模糊①等问题。

朝闻先生提及过一个例子，20 世纪 40 年代，他在延安看秧歌剧《兄妹开荒》，演员的表演与歌唱技巧未必高超，但是感动了先生。60 年代，他又看了这出剧，但是感受淡然。先生总结了两点，一是年代变迁，情境不同，缺失共鸣；二是后来的演员没有深入体会人物的情绪与情感。无论是哪项，作品神韵在实践中被淡化也是非常遗憾的事。

在教育中，我们也常遇到类似的现象，例如，《登高》是唐代诗人杜甫的诗作。围绕作者自己的身世遭遇，抒发了穷困潦倒、年老多病、流寓他乡的悲哀

---

① 薛猛，高丰. 基础教育阶段"美"的内涵与实践原则探析 [J]. 辽宁师范大学学报（社会科学版），2013, 36（1）：73-77.

之情。即使如此，他的内心依旧保存着对底层人民的悲悯，和对生命始终滚烫的善心与仁爱。浓郁顿挫中的忧国忧民，显示了杜甫旷远厚重的儒家情怀。获誉"古今七律第一""拔山扛鼎"之作，并不为过。

第四节　现阶段审美情趣养成的实践理路

现阶段学习者审美情趣养成相关矛盾的成因，追根溯源就是碎片化的审美课程体系、量化的学科审美知识素养、功利性的美育实践与审美情趣养成应然目的之间的矛盾。为此，我们借助后现代课程观中多元性、自主性、科学性的学习者学习特征，建构现阶段学习者审美情趣养成的实践路径。

一、加强对审美情趣养成特征的诠释与多元化建构

由于审美课程体系缺失系统性多元建构，导致美育课程观的多元性特点和线性实践策略之间存在矛盾。因而在现阶段，学校开展美育工作的前提就是要加强对审美情趣养成特征的诠释与多元化建构。

第一，学校应加强美育体系建构，提升美育地位。界定学习者学习的多元性、自主性、科学性特征，有助于学校把握学习者审美情趣养成工作的方向和目标，进而达到审美情趣养成的应然目的。这就要求学校加强美育体系建构，提升美育在教学体系中的地位。为了达到这个目标，学校需要制定多元化的美育教学目标和教学体系，既要有专门的美育课程，也要在学科学习等方面开展融入审美情趣养成教育。教师也要改变认知教学的单一教学范式，引领学习者主动感受美、体验美，尊重学习者对美的个性化解读。此外，各地学校还可以因地、因时、因人制宜开展特色美育，充分利用学校特色、学科特点、学习者特征开展个性化美育工作。

第二，学校应注重美育资源的多元建构。审美情趣的养成强调感受、体验、参与、判断、共享、交流，因而美育资源的建构与丰富直接影响着学习者审美情趣的发展。学校在建构美育学习资源时，要注意遵循多元化原则，给予学习者更广泛的选择范围。这就要求学校既注重对艺术类课程的种类、形式、资源

的多元化建构，又要注重在各基础学科中潜移默化地给予学习者美的熏陶。例如，在学科中，要注重让学习者领略和感受文字美、文化美、韵律美等具有学科特色的美的形式，进而帮助学习者理解、内化、升华美育资源蕴含的意蕴、情感和价值。

第三，学校应注意遵循学习者审美情趣养成的客观规律。除了课堂教学的一般性规律以外，审美情趣养成要注重美育的基本规律，注意激活学习者的直觉感兴力，通过联想和想象提升学习者的理解与感受水平，通过审美判断和内化，满足学习者的审美期待，进而不断提升审美情趣养成的自我效能感水平。因此，学校及教师在教学方式上要更为灵活，充分尊重学习者作为审美主体的地位，提供平台、恰当引导、实时共享、鼓励个性、共同发展，使审美情趣养成成为学习者综合素养的重要内容。

二、强调自主且重视情绪与态度的养成

在审美情趣养成过程中，学习者的学科知识素养一定程度上取代中国学生发展核心素养，导致美育课程观的主体性特点和授受型单一教学范式之间存在矛盾。为了解决这一矛盾，需要在课程设置上给予学习者充分的自主权利。

第一，教师要引导学习者合理规划自己的学习安排。联合国教科文组织在《学会生存》中明确提出"四个学会"——"学会求知""学会做事""学会做人""学会共处"。其中，学会求知要求学习者具备自主学习和发展的能力，这种能力不仅意味着学会知识点，更意味着善于学习、思考和创造。例如，学习者能够在必修、选择性必修、选修三类课程设置上合理规划自己的课程体系，为未来奠定基础。因此，学会学习的重要内容之一，是充分享有学习的自主性权利。由于审美情趣养成具有较大的主观能动性，需要学习者自觉、主动地接受美的感染和熏陶，因此学校和教师在课程设置上应充分尊重学习者审美选择的自主性，激发学习者的审美兴趣与审美期待，使学习者理解自我审美认识是走进美的关键条件。当然，在学习者自主开展审美学习的过程中，教师要适时就学习过程中产生的问题进行引导和启发。

第二，教师要帮助学习者提升审美情趣养成的自我效能感水平。阿尔伯特·班杜拉（Albert Bandura）的"自我效能"理念是指学习者个体对自己在特定学习背景中行为水平的期待，也就是"自我效能感"。这里的自我效能感是阶段性的，在不同的学习阶段，自我效能感影响着学习者完成审美体验活动的信念和效果。基于此，教师可以帮助学习者循序提升自我效能水平，让学习者清晰认识到自我效能水平是学习发展的动力。例如，教师在讲授一般性审美原则与审美方法时，要随时注意不同阶段、不同学习者的接受情况，不断调整授课层次、内容与难度；教师在引导学习者进行具体审美体验时，要及时给予学习者积极、正面的引导和示范，鼓励学习者形成高水平的自我效能感，不断激活和发展健康的审美情趣。

自主学习观是当今教育最为深入人心的理念。从杰罗姆·布鲁纳（Jerome Seymour Bruner）的"发现学习"到乔治·波利亚（George Polya）的"学习的最佳途径是自己去发现"；从让·皮亚杰（Jean Piaget）的"自我建构"到卡尔·兰塞姆·罗杰斯（Carl Ransom Rogers）"以学习者为中心"的教育思想；从约翰·弗拉维尔（John H. Flavell）的元认知学习理论到我国著名教育家陶行知先生的"教是为了不需要教"的思想，无不为今天的教育界所普遍认同。这一建构主义的教育思想已成为代表当今教育发展方向的主流思想之一，对我国教育尤其是基础教育的改革产生着重要的影响。

我国《基础教育课程改革纲要（试行）》在论及基础教育课程改革的具体目标时指出："改变课程实施过于强调接受学习、死记硬背、机械的现状，倡导学习者主动参与、乐于探究、勤于动手，培养学习者搜集和处理信息的能力、获取新知识的能力、分析和解决问题的能力以及交流与合作的能力。"这里告诉我们，自主学习强调培育学习者强烈的学习动机和浓厚的学习兴趣，从而进行能动的学习、主动的学习、自觉的学习，而不是被动的或不情愿的学习。

教育家冷冉先生曾从正反两方面做了深刻分析。一种情况，不给学习者观察、思考、提问题、做结论和自己动手的机会，一味翻来覆去地讲，一遍又一遍依样画葫芦地做习题。学习者摸不清学习的具体目标，不知道学习的意义，没有学习兴趣……冷冉先生称，这种学习越来越被动，越感到负担沉重，逐渐地便被装进木桶里了。另一种情况，学习者学得有兴趣，有求知的欲望。他们清楚地知道自己正在追求的目标是什么。因此，他们总是在踏踏实实地学、问、想、做，不断地研究改进学习方法，缩小学习差距……这样的学习为"骑在了学习的马背上"。

对于自主学习，应当着眼于教会学习者以最好的情绪和态度，运用最好的方法去掌握知识和发展能力。即"教会学生学习"。而作为"情·知教学"理论的核心思想，这一理念与"建构主义"教育思想一脉相承，代表并引领着当今教育教学的发展方向。建构主义认为，学习者的知识是在一定的情境下，借助他人的帮助，例如，人与人之间的协作、交流、利用必要的信息等，通过意义的建构而获得的。教师是意义建构的帮助者、促进者，而不是知识的提供者和灌输者。学习者是学习信息加工的主体，是意义建构的主动者，而不是知识的被动接受者和被灌输的对象，作为教育者从不把学习者简单看作只会模仿的人，或者只会按照范文进行学习的人……我们一直认为，任何学习者都会学习中受益，只是质与量的区别，如果引导得法，每一位学习者都会或者说至少想在学习过程中像科学家、文学家、思想家那样观察、思考、想象和创造。

对于学习者审美的情绪与态度的养成，基于上述分析，至少在以下七个方面建构实践的出发点：第一，关注真实内心，培养审美兴趣与期待感，从自我感知入手；第二，培养符合时代与社会发展的审美态度和观念，逐渐形成健康的审美信念；第三，形成良好基于美及审美的思维习惯；第四，掌握必要的情绪导引方法；第五，立足于实践探索与尝试，并不空想；第六，运用各种可以获得的审美资源，并不排斥，积极借鉴；第七，不断开展自我评价与积极修正。这七个方面，来源于审美教育实际，贴近学习者的审美发展心理，值得继续思考与实践，并付诸审美情趣养成的教学实践中，不断探索。

三、选择富有时代性意义的方式

学习者审美情趣养成的应然目的和功利性实践目的之间的矛盾，导致美育课程观易囿于固化的实践思维当中，使得学习者审美情趣的发展实质上受到阻碍，停滞于认知阶段。要解决这一矛盾，教师需要选择有助于学习者审美情趣科学发展的方式。这里所说的科学发展，既指学习者的审美情趣得到发展，又指将审美情趣养成与学科知识相融合，将不确定性与确定性融为一体，相互促进共同提高。

第一，教师应从审美情趣养成的应然目的出发，提升学习者的必备品格和关键能力。《素养》中，审美情趣是中国学生发展核心素养的基本内容之一，因此教师要重视学习者审美情趣的养成，提升学习者的综合素质，这也是培养"全面发展的人"的基本要求。为此，一方面，教师要积极帮助和引导学习者树立正确的价值观和高尚的审美情趣；另一方面，教师自身更要以身作则，给学习者以正确的审美价值观示范。

第二，当前我国基础教育阶段的美育依附于艺术教育或者各类艺术竞赛，教师必须辩证地看待这一现状，既不能天马行空地空谈美育，也不能只重学科认知而忽视对学习者审美情趣的培养。因此，教师要重视审美教育与学科教学之间的融合性，将审美情趣养成落到实处。例如，在语文学科中，教师应充分利用确定性的文本和不确定性的文本解读，在文本与学习者之间实现桥梁作用，使学习者在学习学科知识的同时，个性化地品味文本中内隐的审美意蕴，使学习者感受到优秀审美作品的情感魅力与价值，从而自觉、主动地提升审美情趣科学发展水平。

审美情趣既是《素养》中十八项基本内容之一，又是培养"全面发展的人"不可或缺的一个方面。因此，学校和教师必须注重学习者审美情趣的养成，立足于"中国学生发展核心素养"的发展，选择恰切的美育方式。

四、关注审美问题情景的创设

创设有意义的审美问题情景，使学习者有所联想与想象，有所触动与认知，这对审美情境养成是有积极意义的，也有助于弥补相应的审美教育方法的缺失。

（一）质疑式问题

质疑式问题情景的设置，从表述看，语言要简捷明了，意图不能含糊。从问题设置的方法看，一方面，要考虑学习者群体的特点；另一方面，要结合学习内容，或者关键语句，或者学习主旨，不要游离。另外，要考虑到审美的角度，让不同特点与个性的学习者都有发挥与表达的空间。

"发现"这个说法。涉及质疑的情景是由学习者创设还是指导者创设。"发现理论"声称，对那些学习者自己发现的，且没经过指导者指导的问题才有兴趣，才真实。事实上，这是双方的事情。

正如斯坦纳提出的，每个人都愿意别人分享审美意义的新奇性和丰富性，而鼓励每位学习者对审美对象形成新奇的独特的个体体验，寻找这种感受的过程就是一种质疑，既不是既定的结论，也不是逻辑上的归纳，而是有着相当的宽阔的审美空间，供这些学习者做出积极和自我的"审美发现"。

（二）矛盾式问题

基于学习者群体性格特点、知识能力、经历经验、思维方式的不同，在审美问题的情景创设中，可以根据学习者的差异，指导其结合个人体验与学科认知关注所学文本的主旨、重难点以及情感，形成感受与心得，同时，为学习者提供有充分的学习脚手架去体验、分析与鉴赏，并根据学习者的结论，设计矛盾性问题，通过矛盾性的问题拓展审美情感的张力，为塑造和导引学习者的审美倾向、审美标准提供可能。当然，矛盾式问题并不在矛盾本身，而是审美维度的对立的启发，审美满足就在这种二元对立性矛盾中生成。

或者说，矛盾式问题的设置与实践，就是将审美对象各要素之间的分离和聚合、模糊与清晰，内涵与外延等呈示出来。当然，注意矛盾双方的均衡性，不能呈出一方远胜一方的情况，否则意义不大。

（三）开放式问题

基于学科特点，审美情趣养成本身存在着可探索性，学科不同，探索的内容与方式也不同，并从不同维度促进审美情趣的养成。教师在进问题预设时，学习者也许不能依靠所积累的知识与经验，不能依靠简单的模仿就能解决，也促使学习者多角度，多侧面地思考解决问题的途径，使学习者的思维活跃起来，审美理解更具个性化意义，使学习者穿越简单的理解或感知，思考文章更深层次、更广阔意义的内涵，将审美推向深入。

关于开放式问题，可以强调开放式对话，不追求最终结论，不求得审美判断的统一，其间，可以指导和示范那些试图主动寻求审美对象的审美性质的学习者，在逐渐深入中，实现深层感悟。

正如乔治·波利亚（George Polya）所说"使学生通过解决这个问题，就如同通过一道大门而进入一个崭新的天地"。①

---

① 徐宾. 有效问题情景的基本特征与创设策略［J］. 现代中小学教育，2007（5）：37-39.

五、生成和谐性审美氛围

审美氛围的生成，是审美的重要保障。"语言学家们常发现自己很像掘地道的工人们，到了某个地点，他们必能听到他们的伙伴美学家们从地道的另一头在挖掘的声音。在科学进展的某一阶段，语言学就其为哲学而言，必须全部没入美学里去，不留一点剩余。"① 贝奈戴托·克罗齐（Benedetto Croce）关于语言与美学的关系论其实也是学科教学之于审美教育的思考点，致力于审美教育的探讨与实践，形成学科教学的独特审视角度，进而形成持久的、良好的审美氛围，使教学环境和谐，使学习者增强审美感受与审美情趣，这本身有利于从情感的角度深入理解课文，有利于主动而积极地学习与反思，有利于审美习惯的养成。

从学习的过程分析，在没有形成正确审美习惯的前提下，学习者对自己的审美理解与评价在否定与肯定中摇摆，甚至于在仓促中无所适从，从心理上惧怕回答、思考和交流问题，不思考不交流是无法进行作品解读的，更无法涉及深层次个性化的审美解读。如果仅沿着常规思路和方式进行思考，省略了自身个性化的参与过程，那最终也只是教师模式化思考的翻版，这种作品审美解读的意义恐怕要小得多了。没有启发性，则无法思考；没有创新性，则没有进步。

另外，在学科教学中，审美情趣与习惯的养成，还需要从教学设计上重视学习的过程意义，而不只是将学习等于知识和精神意义的一般性获取，否则，审美也就只有语言和精神意义的框架，缺少愉悦与反思。例如，诗歌审美，常常出现诗歌文本与审美平行发展却不交并的现象。一方面，文本只是文本，停留在文字意义上；另一方面，审美只是感性式审美，若有若无。而将文本与审美结合在一起的方法之一，就是有良好的学习氛围，良好的审美氛围，使审美意义的教与学的过程充满审美的情趣。不是氛围提升了境界，而是氛围提供了环境，一种基于文本、基于审美的复式平台，使师生有更多的触发与感悟。这就是审美教育的重要起点与目的。

扬弃装饰性的审美问题，避免单一的文本平台，还学科教学一个真正的审美环境，一切皆有可能。

---

① 克罗齐. 美学原理 [M]. 朱光潜，等译. 北京：人民文学出版社，2008：133.

六、建立一般性审美示范

审美能力，尤其是深层次审美学习能力，是引导学习者努力的方向。通常，在学习之初，学习者所具有的只是一般意义上的作品文本的感知与理解，并伴有初步的生活情感体验，并不能结合更深刻的精神感受与思想内涵进行剖析，知其然，而不知然的内涵。从这个意义上说，一般的知解力是不能对美的鉴赏起到直接作用的，正如格奥尔格·威廉·弗里德里希·黑格尔（Georg Wilhelm Friedrich Hegel）所说的："知解力总是困在有限的、片面的、不真实的事物里。美的本身却是无限的、自由的。美的内容固然可以是特殊的，因而是有局限的，但是这种内容在它的客观存在中却必须显现为无限的整体，为自由。"① 在知解力关照下的一般学习基础上，尤其在审美学习初期，教师有必要进行感性意义上的引导与示范，让学习者有目标去揣摩、去思考、去衍生、去尝试，进而形成学习者自己的审美经验与能力，这有利于学习者审美能力的提升。

这里要说明的是，常规性的审美示范是审美学习的应然内容，但并不是以此限制或者使学习者的审美学习单一化、模式化，而是一种方向的引导、方法的推荐和精神的沟通。一方面，学习者可以对审美示范进行充分借鉴与思考，体味审美对象的内涵；另一方面，在审美示范意义与感性的启发下，鼓励学习者进行深入的审美，激发审美情趣，"体味阅读对象本身显示出的主体的统一和生动性，这样，审美活动就由不自由和有限变为自由和无限了"。②

---

① 黑格尔. 美学（第1卷）[M]. 朱光潜，译. 北京：商务印书馆，1996：146.
② 黑格尔. 美学（第1卷）[M]. 朱光潜，译. 北京：商务印书馆，1996：146.

第七章

审美情趣养成的复杂性理论视域及实践矛盾

第一节　复杂性理论视域

复杂性理论（complexity theory），是有别于传统科学研究方法的理论，它强调复杂系统非线性、自组织性和不确定性特征，目的在于解释复杂系统内各部分如何影响整体系统。法国学者埃德加·莫兰（Edgar Morin）认为，复杂性理论不能用简单的概念来加以定义，"我们将试图前进，不是从简单性走向复杂性，而是从复杂性走向不断增长的复杂性"①。当下，复杂性理论被应用于哲学、社会学、政治经济学、管理学以及教育学等人文学科的诸多方面。运用复杂性理论，可以解释教育系统中存在的问题。

这个理论可以解析审美及审美情趣养成过程中的发展视域及内隐性矛盾问题，显示出与美、审美及审美情趣养成目标设定的一致性。

一、对复杂性理论的诠释

（一）界定

复杂性理论有特殊的问题审视视角，具有非线性、自组织性、不确定性特征。复杂性理论的倡导者埃德加·莫兰（Edgar Morin）认为："复杂的东西不能用'复杂性'一词来概括，归结为一条复杂性的规律，被划归为复杂性的观

---

① 莫兰. 复杂性思想导论 ［M］. 陈一仕，译. 上海：华东师范大学出版社，2008：33.

念。"① "复杂性理论是一种强调有序与无序的交融、多样性的统一、整体论与还原论的结合、系统的整体性和局部的具体性相联系的理论框架体系。"②

复杂性理论论述了非线性、自组织性、不确定性三大特征。

1. 非线性特征

非线性是指事物在发展过程中具有极其复杂的特点，表现为非规律性和不可预测性。世界本身就是复杂多变的，事物之间的联系也是错综复杂的，我们看待事物的视角也应该是非线性的。

"复杂性理论的非线性特征决定了事物的多样性、差异性和不可预测性。"③非线性特征是指，事物在本质上是非线性的，在分析事物时，要正确理解事物本身的复杂性以及不同事物之间联系的复杂性。将复杂性理论的非线性特征运用于教育领域，可以说明教育的过程是多维的、非均衡的，教育的环境是开放的、有差异的、多元的。正因为教育系统自身十分庞大，因此针对不同情境、不同对象的教育方法不能一概而论，要客观分析教育过程中出现的不同问题。

2. 自组织性特征

自组织是指通过事物自发、自主地走向组织的过程，自组织使系统不断地结构化、层次化。系统内部各个部分具有自我调节、发展的能力。

复杂性理论的自组织性特征决定了事物内在系统的有序性。从自组织性特征可以看出，系统可以在一定条件下自发地发展和演化，这种演化无须人为干预，是自发的、渐进的。将复杂性理论的自组织性特征运用于教育领域，可以认为教育系统自身是一个自组织的庞大系统，教育者、受教育者在一定的情境中能够自觉地推动教育过程的发展，进而寻求更加合适的教学方法，取得教学成果。教育系统的自组织性从根本上否定了主观人为因素对教育过程的干预，教育过程必须循序渐进。

3. 不确定性特征

我们习惯于将某一事物的发展趋势置于既定的逻辑范畴，而事实上，基于

① 莫兰. 复杂性思想导论 [M]. 陈一壮，译. 上海：华东师范大学出版社，2008：2.

② 尹超，和学新. 复杂性理论视阈下的教育研究及其变革 [J]. 教育理论与实践，2017，37 (25)：12-16.

③ 王毅，冀小婷. 复杂理论对教师教育的启示 [J]. 天津外国语大学学报，2016，23 (5)：33-36，81.

系统的更新与发展使事物的自身和外部因素一直处于不断变化之中，具有不确定性。

"复杂性部分地与不确定性相吻合，这个不确定性或者是源于我们知性的极限，或者是源于客观现象本身的性质。"① 传统科学过于注重研究事物的"确定性"，而忽视了普遍存在的不确定性，我们应当承认研究对象本身固有的客观不确定性，以及研究过程中的主观不确定性。将复杂性理论的不确定性特征运用于美育领域，可以解释在教育过程中始终存在着一种不确定性，体现为教育实践的理想目的与现实困境之间的差异，具体表现为教师、学习者、教学资源、校园文化等因素使教育系统具有了随机性并具有丰富的组织样式的系统内部的不确定性。模式化教育忽视了教育过程中不确定的随机现象，不承认教学情境中的不确定性，不利于教育活动的有效开展。

二、复杂性理论与审美情趣养成的关系

审美情趣养成需要理论支持和保障，而复杂性理论为审美情趣的养成与实践提供了理论视角。

从理论角度看，复杂性理论为审美情趣的养成提供了理论框架和问题解析的视角。对于美育而言，复杂性理论立足于发展性教育哲学，否认静态的程序化教学，承认美育过程是复杂的、开放的，它的非线性、自组织性和不确定性三大特征有利于构建符合学习者学习规律的审美情趣培养框架。同时，复杂性理论对于构建良好师生关系同样有指导作用，复杂性理论的出现解释了审美活动，尤其是审美情趣养成过程中可能出现的矛盾和突发事件的实质，为师生提供了深入开展审美情趣养成活动的新角度，促进审美教育活动的有序开展。

从实践角度看，复杂性理论为审美情趣的养成指明了实践方向。审美活动是复杂的，人的主观情感和心理因素往往会影响审美的过程与结果。选择适合开展审美的活动策略必然会提升审美情趣养成的效果。复杂性理论基于审美复杂性特点，从非线性、自组织性、不确定性出发，聚焦审美情趣养成复杂的审美情境、学习者复杂的审美特点、多元化的实践模式特点，从而使审美情趣的养成可能拥有有效的实践策略。从这个意义上说，复杂性理论起到了指明方向

---

① 莫兰. 复杂性思想导论［M］. 陈一壮，译. 上海：华东师范大学出版社，2008：32.

和甄别的作用。

总体来说，复杂性理论为审美情趣的养成提供了理论和实践的启发。

第二节　审美情趣养成现状的复杂性矛盾

早在古希腊的"七艺"教育中，就有了审美教育的萌芽。而在我国的教育体系中，美育与德育、智育、体育并列，是培养"全面发展的人"① 的不可缺少的组成部分，前文提及的《辞海》则认为美育要使人树立正确的审美观念，培养健康的审美情趣，提高对于美的欣赏力与创造力。从培养全面发展的人的角度看，培养学习者的审美情趣是美育无可争议的重要内容。

我国学生审美情趣养成实践存在着各类矛盾，具体可以归纳为以下三种：复杂性实践现状和线性实践策略之间的矛盾、多元解读视角和单一教学范式之间的矛盾、发展性要求和固化思维之间的矛盾。厘清学习者审美情趣养成的复杂性矛盾，有利于分析原因对症下药，进一步完善我国基础教育阶段审美教育课程体制。

一、复杂性实践现状和线性实践策略存在矛盾

复杂性实践现状是指，学习者审美情趣养成的过程是复杂的。根据复杂性理论的非线性特征，学习者审美情趣的养成是具有多样性、差异性和不可预测性的，因此对学习者审美情趣的培养应该是多元的，在方法选择、师生关系、资源配备、实践模式等诸方面，选择最恰当的方式方法进行教学。由于审美本身具有体验性、娱乐性、自发性和主动性的特征，培养审美情趣不能采用说教和灌输的方式，必须循循善诱地唤起受教育者的情感共鸣，使其自觉自愿地投入审美教育过程中去。而且"人们对于美的感受和体验不尽相同，往往没有一个明确的标准来判断何为美丑，这就决定了审美情趣的养成必然存在实施过程较为隐秘和漫长、没有统一评判标准等问题"。②

---

① 杜书瀛. 开掘儿童美育基础理论 [N]. 中国社会科学报，2017-09-07 (7).
② 熊丙奇. 美育要加强"评价"须跟上 [N]. 中国教育报，2015-09-30 (2).

然而在培养学习者审美情趣时，"出于课程设置限制、师资力量不足、教学材料缺失等诸多问题，简单地将审美情趣养成等同为开设艺术类选修课，走入了格式化实践和唯传统化实践的误区"。① 而事实上，并不能简单地将二者视为一体，审美情趣的养成在不同学科中，有着不同的内涵，比如，在语文学科中，"培养审美情趣就表现为培养学习者对语言文字的热爱"。②

学习者审美情趣养成的过程是复杂的，复杂性理论的"非线性"特征是指审美情趣的养成实践不能以简单的公式、模式来进行实践探索、体验和感受。审美情趣的养成是非线性的，因美的内涵理解的不同、审美者审美能力和境界的不同、审美环境的不同，而有不同的审美行为。线性实践策略漠视了审美情趣养成的非线性特征，将其实践和体验模式化、公式化、简单化，智育也不应如此，更不用说情感教育，这降低了审美情趣的层次与境界。

由此可见，审美情趣养成的复杂性实践现状和线性实践策略之间存在矛盾，线性实践策略严重地缩小了审美情趣的内涵，不符合复杂性实践现状。

二、多元解读视角和单一教学范式存在矛盾

多元解读视角是指，审美情趣养成发源于学习者的个性化解读，根据复杂性理论的自组织性特征，学习者审美情趣的养成是一个"自发的、渐进的过程"，这种自发、渐进的过程本身就是实现学习者个性化审美情趣养成的过程。"自发"是指学习者主体意识的充分觉醒，从认知及心理认识方面，有了主动进行学习建构的意识；"渐进"是指基于主体性觉醒基础上，学习者在认知、环境、行为等诸方面逐渐建构属于自己的学习态度、信念、方法、策略和自我效能。因此，审美情趣的养成不能漠视学习者审美的主体性地位。多元解读要求注重学习者自觉主动地参与到审美活动中，从而获得独特审美体验。自主性是与接受性和被动性相对应的一种思维方式。"从审美情趣的养成而言，需要自主性的实践，即有相应的知识体系建构。"③ 学会学习并能够主动地将知识应用于实践。

---

① 王确. 勿以艺术教育绑架审美教育［J］. 当代文坛，2017（5）：80-83.
② 林桂芬. 在阅读指导中进行审美教育［J］. 文学教育（上），2017（4）：90-92.
③ 王艳. 自主学习中的行为与成效研究［J］. 外语与外语教学，2007（11）：34-37.

　　然而，审美情趣养成的发展性特征在实践过程中被固化为知识学习特征，并且出现了模式化的特点。这种固化思维使审美情趣的养成停滞于知识范畴，使学习者的必备品格和关键能力囿于狭窄的学科知识特点。功利化的培养模式使学习者过于注重提升知识技能，忽视综合素质的培养，将审美情趣视为取得成绩的手段而非实现自我价值的基础和保障。极易背离全面发展的初衷，固化学习者的发展可能。而且，在审美教育及审美情趣养成的过程中，经常将感性与理性隔离开来，认为二者是不同层次，情感成了一种事实存在的"导语"性质的存在，甚至成了"开胃菜"，这是固化、僵化思维的影响。简而言之，在审美教育及审美情趣养成过程中，感性与理性常常是一先一后再融合、促进。有时情绪活动在先，引起认知理性思考活动的活跃；当认知活动缜密开展时，情绪过程必然会得到相应的加强，储蓄着新的感受力量，形成新的体验方式，触摸美的"精神力量"，进而不断促进审美者形成新的审美直觉感兴力，并稳定下来，形成内化。反过来，敏感而积极的情感反应和丰富、细腻的情感触觉，在一定的、适宜的条件下，又会把这种情感的能量反馈给理性认知活动，会在理性认知发生困难或停滞的时候，激发出灵感。"心有灵犀""豁然开朗""触类旁通""文思泉涌"之类的现象就是这样发生的。

　　此外，随着网络与自媒体的发展，学习者审美情趣的养成也易遭遇平台瓶颈。一方面，多数自媒体技术支持的与审美情趣养成相关的内容都充斥了作者鲜明的个性特点，这种个性特点反映出的审美的境界和情趣水平不一，甚至可能出现无序发展的状态，学习者在审美情趣养成方面往往难以从自媒体技术中获得真正的营养，这种驳杂和多元因为缺乏疏导和诠释使学习者无从选择，表面上的多元和实质上的固化使学习者审美情趣养成处于停滞与盲然状态。另一方面，"网络上充斥着的低俗和负面信息往往通过网络流行语的方式在学习者群体中传播，造成学习者审美价值观的偏离，使学习者审美行为趋同化，审美爱好庸俗化"①，而养成良好的审美情趣需要灵活、生动和创新，有利于完善人格，完善价值追求。

　　综上所述，我国学习者审美情趣养成过程中存在复杂性实践现状和线性实践策略、多元解读视角和单一教学范式、发展性要求和固化思维之间的复杂性

---

　　①　周伟业. 网络时代的美育变革［J］. 美育学刊，2016，7（3）：14-21.

矛盾，这些矛盾表现在教学方法、学习态度等各方面，对学习者审美情趣养成形成阻碍和制约，因而进一步分析复杂性矛盾产生的原因，有助于真实培养学习者积极健康的审美情趣。

第三节　审美情趣养成复杂性矛盾溯因及阐释

我们根据复杂性理论非线性、自组织性和不确定性特征，试图厘清复杂性矛盾形成的不同原因，明确归因。

一、实践体系缺乏系统性建构

审美情趣养成合乎复杂性理论的非线性特征，具有多样性和差异性，这就要求遵循审美教育的客观规律，尊重学习者审美情趣发展的心理特征。因此，必须从制度与现实两方面同时着手开展审美教育，培养学习者的审美情趣。在《素养》中，审美情趣等 18 项被视为学习者的必备品格和关键能力，这意味着应对审美素养的培养工作给予更多关注，不能用知识教学取代对学习者中国学生发展核心素养的培养。

第一，当前的审美教育体系存在简单化、碎片化特征。当前能够在理论上重视学习者审美情趣的养成，但没有建构起相应的审美情趣养成教育框架和思路，存在着碎片化的特征，用活动取代审美，用艺术鉴赏取代审美，或者简单开设特色课程，缺失系统性的教育思想。因而，审美情趣养成的各方面教育活动都出现了随机化、简单化、片面化的特点。例如，不少学校把审美教育的落实工作简单理解为开设艺术类选修课，缺乏系统性的课程设置，使学校审美教育停留在艺术欣赏层面，审美教育不能与学习者的身心发展相契合，不利于审美情趣培养。

第二，学校的美育师资不能满足需求。2016 年，中国艺术教育促进会、清华大学中国经济社会数据中心发布《全国义务教育阶段美育师资状况分析报告》（以下简称《报告》），《报告》指出，近十年来，美育师资队伍增长较快，但全国义务教育阶段美育师资依然存在较大缺口、区域发展不平衡且存在较大的城乡差距,"若要使各个省份都能满足最低标准开课目标的需求,全国尚缺美育教师 45566 名"①。

美育师资的缺乏不仅体现在师资数量不足,还体现在师资选择标准的不规范。学校通常用艺术类教师代替专业的美育教师,用教师本人的艺术素养代替审美教育活动的技术标准。但从《素养》看,选择美育师资不仅要考察教师本人的艺术素养,还要考察教师是否具备引导和启发学习者审美情趣发展的能力。根据《报告》结果,半数以上地区的美育师资达不到规定标准。

第三,从应用的角度上看,学校美育的考核与评价机制不健全。这里的不健全主要是指考核与评价在内容指向上碎片化,在考核中表现为考核机制不健全;在评价中表现为教师评价缺乏针对性。即使在艺术类课程中,评价机制也存在着评价指标单一的问题②,忽视学习者审美的个性化体验,只重结果不重过程。

二、学科专业表征取代了中国学生发展核心素养

学科专业表征是指,学习者在学习过程中体现出来的符合学科特点的专业知识、专业能力、专业精神。例如,语文学科中,语言、审美、思想、文化等方面的专业知识、能力和精神对于学习者发展是不可缺少的。而中国学生发展核心素养则要求学习者具备一定的审美情趣,《素养》以培养"全面发展的人"为核心,具体细化为 18 个基本要点。在《素养》中,审美情趣被列为"全面发展的人"必须具备的基本要点之一,从"感悟鉴赏"和"创意表达"两方面培养学习者的审美情趣,并要求学习者具备艺术知识积累、基本的审美能力、健康的审美价值取向、艺术表达和创作能力,以及在生活中运用美的能力等。由此可见,《素养》对审美情趣的养成提出了较为全面的要求,良好的审美情趣有利于培养学习者的人文底蕴,从而奠定文化基础。(见图 10)

---

① 柴葳. 全国美育教师至少缺四万 [N]. 中国教育报, 2016-08-30 (1).
② 张旭. 基于中国学生发展核心素养培育的学校公共文化重构 [J]. 教育理论与实践, 2017, 37 (23): 6-8.

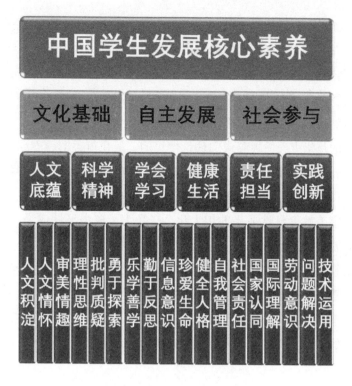

图10　中国学生发展核心素养

　　从二者的关系看，学科专业表征是中国学生发展核心素养的重要内容，但它不能取代中国学生发展核心素养中的审美情趣养成。审美情趣的养成过程是基于综合性的人文底蕴的养成，学科中的审美情趣的特点更倾向于探索、创新的特征，但是不足以代表审美情趣的全部。审美情趣是基于各学科综合的基础上的，是渐进的、自发的，符合复杂性理论的自组织原则。因此，必须协调好"中国学生发展核心素养"的综合要求与专业人才培养对关键能力的专业要求之间的矛盾，学校和教师应帮助学习者养成审美情趣，提升人文素养水平，并引导学习者协调处理中国学生发展核心素养与专业知识之间的矛盾。

　　在实践中，常常用专业表征取代学习者的发展核心素养的现象，具体表现为用艺术课成绩取代学习者审美情趣培养，导致目标单一化、策略线性化。长此以往，审美教育流于形式，教师只关注学习者在艺术类课程中取得的分数，更加注重单纯的知识技能灌输，极易忽视审美教育对学习者身心发展的塑造作用。这往往导致审美情趣培养产生功利化倾向，与审美教育所提倡的个性化审美发展产生矛盾。

因此，要帮助学习者平衡专业能力与综合素养的关系，不能以学科专业表征取代发展核心素养。

三、应然目的和实然目的存在的矛盾

应然目的是指审美情趣养成的理论性目的，是在审美情趣养成的过程中和结果上都符合教育学和心理学的特征。例如，《素养》强调审美教育的应然目的，但这种目的往往与功利性实践产生矛盾。这种实践的功利性主要体现在三方面：一是审美教育显性成果的扩大化；二是为了取得显性成果，教育教学、课程设置及管理措施简单化；三是评价指标成果化。

审美情趣的养成往往充满着不确定因素，符合复杂性理论的不确定性特征，这就要求注重美育过程中的各个环节，完善美育系统，以培养学习者的审美情趣。当前，学习者审美情趣养成的最大阻碍就在于审美教育的应然目的与功利性实践之间的矛盾。要达到这一目标，需要社会、学校、教师和学习者的共同努力。

而现阶段学校实施审美教育的过程中，存在着功利性。从学校的角度看，美育课程设置形式较为单一，体系不健全，把艺术类选修课程简单等同于审美教育；从教师的角度看，教师往往不够注重自身审美能力的提升及对学习者的言传身教。美育课程中，教学计划不够完整、教学内容过于宽泛、教学方式创新不足、考评形式单一的问题，较为缺失对学习者审美情趣循序渐进的引导过程。"学校和教师的功利性审美教育使得学习者无法接受系统、科学的审美指导，长此以往，学习者审美价值观缺失，会产生审美情趣庸俗化、审美价值观模糊"[①] 等问题。

随着时代与教育的发展，学习者个性化的情感体验范围愈加宽广，学习、反思及探究能力大为提高。美及审美并不是乌托邦式存在，而是越来越融入学习生活，真实、个性、创新、创造，这些要求使审美教育必须直面学习者群体的"真实和个性"的特点，这才是审美教育的真正前提，从这个意义上说，对

---

① 薛猛，高丰. 基础教育阶段"美"的内涵与实践原则探析 [J]. 辽宁师范大学学报（社会科学版），2013，36（1）：73-77.

学习者群体的"活"的特点，对学习者与审美的关系进行研究是十分必要的，这才可能实现审美教育的目的，促进感性和精神的完善。正如约翰·克里斯托弗·弗里德里希·冯·席勒（Johann Christoph Friedrich von Schiller）所说的"人应该同美仅仅进行游戏，人也应该仅仅同美进行游戏。只有当人是完整意义的人时，他才游戏"。①

第四节　现阶段审美情趣养成的实践理路

现阶段学习者审美情趣养成的复杂性矛盾存在的原因，究其根本就是审美教育应然目的与学校落后的课程制度、教学理念、稀缺的审美教学资源之间的矛盾。要解决理想与现实状态之间的矛盾，就要运用复杂性理论指导实践，建构现阶段学习者审美情趣养成的实践路径。

一、加强要素性诠释与建构

由于审美教育实践体系缺乏系统性建构，导致学习者审美情趣养成的复杂性实践现状和线性实践策略存在矛盾。因而在现阶段，培养学习者审美情趣的前提就是要加强对审美情趣养成的要素性诠释与建构，具体表现为提升美育地位、加强美育体系建构、增加美育教学资源、遵循美育客观规律、关注师资培育五方面。

第一，提升审美教育在教学体系中的地位，重视对审美情趣的培养。当前，美育在学校教学体系中地位较为模糊，往往附庸于艺术类课程，丧失了美育的独立性。因此，可以制订合理的美育教学计划，建立较为系统的美育教学体系，提升美育地位。教师也应该摒弃过于单一的教学方式，要在课堂上敢于给予学习者美的体验和感受，利用学习者喜欢、熟悉的活动方式循循善诱地提升学习者的审美积极性，抓住细节，建构情境，激发学习者的审美创造力，培养其审美情趣。此外，由于美育的特殊性质，不能简单照搬智育的考核标准"一刀切"，应允许和鼓励学习者对美有不同见解，尊重学习者的个性化审美需要。

---

① 席勒. 审美教育书简 [M]. 张玉能，译. 南京：译林出版社，2009：48.

　　第二，学校应加强审美教育的体系建构。加强美育体系建构需求有计划、有目的地培养学习者的审美情趣。审美教育应当以促进个体的审美发展为目标，符合学习者个体的审美发展规律。个体审美发展主要包括"审美态度""审美直觉感兴力""审美情趣"① 三方面。审美态度是学习者个体审美发展成熟的重要标志，在此基础上，学校审美教育应充分利用艺术类课程提高学习者对美的直觉感兴力，进而使学习者形成个性化的审美情趣。此外，《意见》要求构建科学的美育课程体系，学校应依照本校的学科优势，结合学习者的专业特点进行美育，例如，学习者选修文学鉴赏类课程，既是对学习者学科知识的扩充，也有助于学习者的审美情趣。

　　第三，学校应增加学习者审美学习的资源建构。学习资源是交流、研讨的桥梁，叶澜认为，"一堂好课"要具备五方面的因素，其中最基本的一点就是要让课堂教学"有意义"②，如果没有丰富的学习资源，课堂教学就无法生动、丰满，也就谈不上"有意义"。换言之，课程内容和学习资源的选择直接影响着审美教育的成果。学校在选择审美学习内容时，应该给予学习者更广阔的选择空间。首先，要扩展艺术类课程的种类与授课形式，对于艺术类课程的教学目标也不应仅仅局限于培养学习者的艺术鉴赏能力，而要使学习者通过学习艺术类课程，获得审美情趣的提升。其次，要拓展审美学习的相关课程种类，除了拓展艺术类课程之外，学校应当在各个基础学科的教学中给予学习者审美体验，让学习者感受文学美、历史美、自然美、科技美等专业领域中蕴含的审美情趣。

　　第四，学校在进行审美教育的过程中，遵循审美学习的客观规律。这里所说的学习规律，既包括德、智、体、美通用的一般性学习规律，又包括美育所独有的学习规律。因此，学校教师要尝试在课堂教学中的诸方面把握和运用教学规律，有效开展审美教育。审美教育与智育、德育同样都要求讲求教学方法、策略和原则，也都注重学习者学习的兴趣、期待和自我效能，教师在运用一般性教学策略的同时，要注意这种教学策略并非意味着模式化的教学过程，审美情趣的培养尤其强调学习者的个体化审美体验，所以教师应充分尊重学习者审

---

① 叶朗. 审美教育的基本理论［J］. 中国高等教育（社会科学理论版），1988（3）：25-35.

② 叶澜. 一堂好课的标准［J］. 考试（理论实践），2014（12）：15.

美主体的地位，引导学习者从喜好、想象、灵感的激活出发，建构自己的审美世界，发展个性化的审美情趣。

第五，学校充分关注师资能力结构与水平的培育和提升。为促进学习者的终身发展和社会发展，2016年9月《素养》正式发布，以科学性、时代性和民族性为基本原则，以培养"全面发展的人"为核心，分为文化基础、自主发展、社会参与三方面。综合表现为人文底蕴、科学精神、学会学习、健康生活、责任担当、实践创新六大素养，具体细化为国家认同等十八个基本要点。根据这总体框架，可针对学习者年龄特点进一步提出各学段学习者的具体表现要求。

这项历时三年权威出炉的研究成果，对学习者发展核心素养的内涵、表现、落实途径等做了具体的阐释。核心素养可以使新时期素质教育目标更加明确，内涵更加丰富，也更加具有指导性。核心素养的养成不仅直接指向基础教育阶段的学习者，更指向教师这一群体，教师也可以根据《素养》的要求完善既有的专业结构，形成适应终身发展和社会发展的教育教学必备品格和关键能力。布卢姆的教育分类学视角，强调"情感领域"时，以阶梯为喻，说明情感与认知两个教学重点的关系，互相独立又相互依存。情感感受与体验是审美教学的重要起点，至少有三方面的基本要求，即强调情感的个性与自主性；强调情感共享；强调联想和想象。学习认知是学习的理性保障与发展依托，体现为五项内容，即知识积累、体系构建、策略与方法、反思与研究、自我效能。相互独立又相互依存的两个教学实践点要求教师综合考量教学内容，积极建构和训练自己的教学技能，提升层次和内蕴价值。

二、基于人本，坚持立德树人

在包括审美在内的教育过程中，以人为本是当今时代的主题，突出学习者的主体地位，发展学习者的主体性。《国家中长期教育改革和发展规划纲要》提出要"把育人为本作为教育工作的根本要求"。指出："关心每个学生，促进每个学生主动地、生动活泼地发展；尊重教育规律和学生身心发展规律，为每个学生提供适合的教育。"教育核心价值是以关心、关怀、关爱每一个学习者的健康成长为目的的，所以，在教育教学中，不仅仅是知识的讲解传授过程，更多的是文化传承、思想引领、情感培育的过程，就是要强调"立德树人"。

　　德育的目的是使外在的社会道德规范逐渐为个体所掌握，并且在此过程中，逐渐树立起个体自觉的道德感和道德标准，强化人的理性本质，强化形式冲动，也就是约翰·克里斯托弗·弗里德里希·冯·席勒（Johann Christoph Friedrich von Schiller）指出的"当它涉及认识时，就是各种判断的法则，当它涉及行动时，就是各种意志的法则"。① 因而，德育具有一定的外在规范性和强制性，它需要美育指导者和受教育者的高度关注，形成主动性，并不断将其内化为一种"自我实现"的自由境界，进而使美育成为一种生动的、愉悦的充满激情的教育活动，不少教育家都在尝试把美育的原则引入德育领域，强调立德树人。贝奈戴托·克罗齐（Benedetto Croce）在论文学与艺术的历史时说："一个进步的概念，一个观点，一个原则或标准既然是不可少的，最好的办法就是不要避免它而尽量地去找一个最好的。每人在郑重辛苦地形成自己的见解时，都朝着这个目标走。"② 审美教育过程中强调必要的"德"的导引，强调必要的理性融合，强调要有学习者可以理解的、必要的理论支持与介入，要有"最好的"理论，而不是可有可无。从这个意义上说，要在整体教学理念上将审美教育中的"德"的形成与引导纳入其中，形成宏大的教育视野。

　　从目的上看，审美教育始终把发展学习者对德的认知、对美的感知与理解、鉴赏与创造作为主要任务，"培养德、智、体、美、劳全面发展的人，肉体与精神、感性和理性和谐发展的人"③。

　　当然，具体过程中更应体现以学习者为本，强调立德树人，深入研究学习者的认知规律，研究学习者的心理特征和学习特征，从而把握学习者的成长规律，进行"适合的教育"。有必要在审美教育中树立"情知和谐共进"的观念，深刻分析学习者学习的两个心理过程的相互关系，阐释了人的内在学习规律和发展规律，体现大视角的人本观。社会道德认知、人的情感、性格对人的发展具有十分重要的意义，它不仅是学习的重要基础，也是一个人健康成长和发展，形成正确世界观、价值观的重要心理保障。人的学习过程是情绪（情感、感受、

---

① 席勒. 审美教育书简 [M]. 张玉能，译. 南京：译林出版社，2009：37.
② 克罗齐. 美学原理美学纲要 [M]. 朱光潜，等，译. 北京：人民文学出版社，2008：119.
③ 童庆炳. 语文教学与审美教育 [J]. 北京师范大学学报，1993（5）：96-101.

意志、性格等）过程与认知（感觉、思维等）过程相互作用的结果，两者在学习过程中并行发展，时而交叉，互为条件，相互促进，和谐共进，缺失任何一方，"任何新的学习便无法进行"。只有把情与知两个客观过程有意识地融于审美中，才会收到效果，这是真正地按规律进行学习，体现以学习者为本。

在审美教育中切实落实以生为本、立德树人，至少要体现出以下特点：不断展现社会主义核心价值观的意义和价值、多元的审美关系和视角、适宜的审美教育和情趣养成情境、理性和感性的渐近性融合、最大限度地确立学习者的主体地位、充分发挥教师的参与和指导作用等。

三、给予充分指导

在审美情趣养成过程中，学习者的学科专业表征容易取代发展核心素养，导致多元解读视角和单一教学范式存在矛盾。应当引导学习者清楚地认识自主学习的理念特征与指向，并对其进行示范引导，开展合作学习。体现在美育教学中，要做到引导学习者学会学习、启发学习者提升自我效能两方面。

第一，引导学习者树立学会学习的思想理念。联合国教科文组织在《学会生存——教育世界的今天和明天》中明确提出了"四个学会"：学会求知、学会做事、学会做人、学会共处。其中，学会求知就是要培养学习者善于学习的能力，这种学习能力不仅限于学会已有的知识点，更在于学会学习、思考和创造，学习者只有掌握了主动学习的方法，才能真正做到自主学习、自主建构。正是由于审美教育的自发性和主动性，学习者自主学习的难度较大，应该注重对学习者在自主学习过程中的产生问题进行引导和启发。学习者对美的感悟是一个螺旋式上升的过程，教师应该引导学习者体验美、感悟美、创造美，并在引导过程中充分尊重学习者的自主性和审美个性。

第二，启发学习者提升自我效能感水平。1977 年，阿尔伯特·班杜拉（Albert Bandura）提出"自我效能"这一概念，指个人对自己在特定背景中是否有能力去操作行为的期望。换言之，也就是学习者在面对较为陌生的学习材料时，是否有足够的自信心进行学习。个体的自我效能感取决于直接经验、间接经验、情绪和生理状况等多方面因素。在审美教育的过程中，这种自我效能感具体体现为学习者对自己能否顺利完成审美体验活动的信心。因此，应及时给予学习者正面的引导和鼓励，在学习者获取直接经验时，随时根据学习者的理解接受能力调整学习的难度；在学习者获取间接经验时，给予学习者正面的、积极的示范作用；同时还要注意学习者的学习情绪，使学习者在充满信心的良好状态下接受审美熏陶。

自主学习是审美教育必不可缺的一个环节，教师应给予学习者充分的学习指导，时刻注重对学习者的引导和示范作用，通过调整学习者在审美学习过程中的自我效能感，使学习者积极主动地感受美，达到提高自主学习效果的目的。

第三，注重理念性审美意识的养成。理念性的审美意识是审美教育的发端，也是学习者充分理解与进一步审美感知的基础，进而充分激活学习者的联想与想象能力、体验与感悟能力、比较与鉴赏能力，结合情感体验、生活经历、生命理解、文化修养、审美趣味、综合素质，重新对作品进行深层次的感悟和诠释，加深个性化理解、体验作品的内涵与主旨，从而使艺术形象更丰满更鲜明，最终提高学习者的审美层次。

树立理念性审美意识还可以使学习者从根本上领悟到其他教学资源所蕴含的美学意义与精神力量。正确的审美理念，还会拓宽学习者的审美视野，促使其主动审美，形成个性化的审美意识、习惯与能力，由简单接受到批判性的理解，从被动接受到主动接受，从已被承认的审美标准到超越这个标准。

从审美意识之于学科教学的重要性而言，贝奈戴托·克罗齐（Benedetto Croce）的一段话是颇有见地的："在科学进展的某一阶段，语言学就其为哲学而言，必须全部没入美学里去，不留一点剩余。"①

四、在实践中强化学习共同体的意义和价值

建构学习共同体，使学校、教师、学习者协同参与，会较高程度促进学习者审美情趣的养成与发展。

1990 年，美国教育研究者们将"学习共同体"定义为"一个由学习者及其助学者共同构成的团体，他们彼此之间经常在学习过程中进行沟通、交流，分享各种学习资源，共同完成一定的学习任务，因而在成员之间形成了相互影响、

---

① 克罗齐. 美学原理美学纲要［M］. 朱光潜，等，译. 北京：人民文学出版社，1983：133.

相互促进的人际联系"①。

佐藤学（Manabu Sato）把"学习共同体"理念引入学校教育教学改革的具体实践当中，这体现了他建设学习共同体学校从而进行教育教学改革的愿景。

我们参考佐藤学（Manabu Sato）的观点，重点探讨在学校这一学习场所中审美情趣养成学习共同体的建构问题，将学校视为学习者共同学习成长、教师互相学习、家长共同参与的社会场所，充分肯定在审美情趣养成教学实践中，学习共同体的公共性、民主性与卓越性特征，并以此为依据在实践中强化审美情趣养成学习共同体的意义和价值。

（一）学习共同体的理论与实践范型

20 世纪 90 年代，国外开始兴起对学习共同体的研究。1993 年，塞吉欧维尼（Thomas J. Sergiovanni）在美国教育研究协会举办的一次会议上讲话，倡议将学校的定义从"组织"转换成"共同体"，他认为这种定义转向会给学校的运作带来重要的变化，将激发教师、学习者、学校领导的动机。此后，"共同体"概念得到学者们的关注，并逐渐形成不同理论与实践流派。

早在 1916 年，约翰·杜威（John Dewey）在《民主主义与教育》中对共同体进行了描述，他认为，"共同体中共同的了解（包括目的、知识、信仰、期望等），以及达到这些共同性的沟通过程，本身就具有教育性"②。他强调教育过程中的"经验"，强调学习者在真实的社会情境中的经历、体验和发展。就学习者个体而言，如何在这种情境中有所收获，就要看学习的方式。约翰·杜威（John Dewey）建议应该形成探究者共同体，通过学校这个仿真的社会雏形，将共同的目的、知识、信仰、期望等与他人分享和沟通，进而实现提升。当然，约翰·杜威（John Dewey）将学校看作形成"探究者共同体"的基础，学校的本质是以"共生"为原理的社会实践活动的场所。

教育学家欧内斯特·博耶尔（Ernest L. Boyer）在 1995 年发表了题为《基础学校：学习的共同体》的报告，初次提出"学习共同体"的概念，并进行了具体的阐释。他认为，学习共同体是"所有人因共同的使命，朝共同的愿景一

---

① M. B. TINZMANN, L. FRIEDMAN, S. JEWELL-KELLY, et al. Why Should Schools Be Learning communities? [J]. Oak Brook, 1990：32.

② 约翰·杜威. 民主主义与教育 [M]. 王承绪，译. 北京：人民教育出版社，2001：164.

起学习的组织，共同体中的人共同分享学习的兴趣，共同寻找通向知识的旅程和理解世界运作方式，朝着教育这一目标相互作用和共同参与"①。这里的共同体既强调了共同使命、共同愿景、共同学习，又强调了分享和相互作用。其中的分享和相互作用是对共同体中学习者个体的认可；学习共同体既强调团队，又强调由不同学习者构成的团队。其实学习从来不是一个简单的个体行为，如果不交流和共享，那就意味着学习者自己的优势无法自觉凸显，自身的缺陷无法自觉弥补，当然，如果只是借助教师的"引导"，那么学习者中心就无法实现，教学三要素中的"学生要素"就停留在接受层次，没有生命力和自觉性的学习，包括审美教育，是毫无意义的。欧内斯特·博耶尔（Ernest L. Boyer）提出的是一个不争的事实，即学习不能没有共同体。

21 世纪初，佐藤学（Manabu Sato）把"学习共同体"这一理念引入具体的学校教学改革实践中。他认为"学习共同体"是学校教育教学改革的愿景与哲学，他将其与"学校"关联起来，形成"学习共同体学校"这一概念。佐藤学（Manabu Sato）强调学习共同体学校改革哲学由三个原理组成，即"公共性""民主性""卓越性"。这三个原理指出了"共同"的哲学取向，公共是强调每一个学习者的参与，而且均可受益；民主性凸显学习者个体的学习空间，不忽略学习者学习个性和学习地位；卓越强调高质量，是对学习收获的愿景建构。

佐藤学（Manabu Sato）还提出了学习共同体的组织形式——教学策略。教学策略直接作用于组织学习者的活动性、合作性、反思性学习。在教学策略中，学习者在民主性的环境中互相学习和借鉴，并在此基础上尝试具有挑战性的学习内容，目的在于获得卓越成就。事实上，"学习共同体"是佐藤学（Manabu Sato）学习理念的显现，仅从社会建构主义的视角看，这更是一种实践和发展，尤其是对学习者中心的凸显，不仅可预期，而且可实践。也为我国第八次基础教育课程改革提供了参考。

2010 年，美国学者格雷特·亚克门（Georgette Yakman）提出了 STEAM 学科整合的教育框架，以金字塔的形状，将多个学科连接起来，从而满足以跨学科的方式指导教学的要求。STEAM 教育框架即包含了科学（Science）、技术

---

① 屠锦红．"学习共同体"：理论价值与实践困境［J］．当代教育科学，2013（16）：7-9，34.

（Technology）、工程（Engineering）、艺术（Arts）、数学（Mathematics）五大学科领域的核心教育体系，强调了知识与现实世界的相互联系，并鼓励学习者主动探索知识。STEAM 教育框架具有"以项目为中心培养学生解决实际问题的能力、以教育信息化手段促进学生的深度学习、在从'我'到'我们'的角色转变中实现团队合作"① 的三大主要特点，是学习共同体理论在实践层面的重要体现。

我国对学习共同体的理论与实践研究是从 20 世纪初开始的，尤其在实践方面获得了显著成效。20 世纪初，约翰·杜威（John Dewey）主张活动课程，主张做中学，强调教师与学生间是合作关系，强调自由的、个别化的教学，这对中国当时的教学实践有重要影响。陶行知先生结合我国国情提出了"小先生制"，即教师将知识先教会一些学生，再让这些学生担任教师的角色，将知识传授给其他学生。事实上，这与社会建构主义的"学徒制""最近发展区"有直接关系，是一种符合学习心理学要求的教学实践，既强调团队，又凸显个体，而且凸显二者间的互生关系。这种互教互学的教学模式从实践上为我国以后开展合作教学研究奠定了基础。

1999 年 6 月 13 日，《中共中央国务院关于深化教育改革全面推进素质教育的决定》颁行，2001 年 5 月，《国务院关于基础教育改革与发展的决定》颁行，稍后，教育部《基础教育课程教育改革纲要（试行）》颁行。作为国家意志的体现，我国第八次基础教育课程改革强调"为了中华民族的复兴，为了每位学生的发展"，从具体的学习方式上看，都直接提及了要鼓励团队之间的合作交流，要求老师与学习者之间和谐友爱，互相鼓励监督，共同进步。

在学习共同体的具体教学实践方面，国内的各级各类学校和相关组织都进行了积极的尝试。基础教育阶段的各级各类学校都在对"学习共同体"进行理论和实验研究，而且形成了可观的发展趋势。

（二）审美情趣的浸润、养成与学习共同体

佐藤学（Manabu Sato）是学习共同体理论的提倡者与实践者。在日本教育面临着"公立学校危机""学生学力低下""教师指导力低下"等诸多现实问题

---

① 魏晓东，于冰，于海波. 美国 STEAM 教育的框架、特点及启示［J］. 华东师范大学学报，2017，35（4）：40-46，134-135.

的背景下，佐藤学（Manabu Sato）率先运用并发展了学习共同体理论，指导学校改革，并取得了显著成果。佐藤学（Manabu Sato）的学习共同体理论受三个教育哲学原理的引导，分别是"公共性"原理、"民主性"原理和"卓越性"原理。

1. 公共性

公共性（public philosophy），聚焦"公共"，一方面强调学校是基于公共使命与公共责任组织起来的场所，教师是承担公共使命与责任的教育专家；另一方面强调学校是公共空间，是开放性的。基于此，学校和教师在组织教学活动时应将学校视为一个内外开放的、有助于学习者交流与思考的公共场所，并将一切可以利用的资源汇集到学校当中，而不必拘泥于单一的师生对话教学形式。

从理论角度看，学校的公共性原理对学生审美情趣养成实践是有积极意义的。既然学校承担公共使命与责任，那么基于发展的人才培养目的，基于发展目的的审美情趣养成也就自然成为使命与责任的一部分。从实践角度看，在审美情趣养成实践过程中，学校承担着重要的"空间作用与资源整合功能"，学校作为审美教育公共空间，为师生的审美体验、审美鉴赏活动提供保障，尤其是各种适合资源与助力，无疑将有益于审美情趣养成的发展。对于学习者的审美情趣养成而言，学校与教师的共同体角色是重要的，这是广义的共同体，恰当而务实的共同体建设使学习情境真实起来，学习资源丰富和多样起来，所谓的浸润和养成也就有了根脉，成为有源之水、源头活水。

2. 民主性

民主性（democracy）强调民主，现代学校本质上是民主性质的社会组织，学习过程中的参与者都有自己教和学的权利，也承担着各自的责任。只是对学习者而言，民主性会是最直接的保障。

从理论角度看，学习者审美情趣养成需要彰显个性，需要有学习、反思和展示的空间，又因为审美情趣的养成有隐性特点，就更需要支持和鼓励学习者"首先自己去进行审美"，重视审美的意义和价值。学习共同体的民主性原理要求学校、教师和相关人员不能用威严去控制，不能用既有结论去替代，恰恰是要放弃自己的"真理化身"，走进学习者的审美空间，俯就他们的审美情趣，这种民主性会成为审美情趣养成的发动机，这种共同体建设刻不容缓。从实践角度且只从教师角度看,教师必须在充分了解学习者的审美学习期待、审美学习经验、审美学习兴趣的基础上,恰当选择有助于学习者审美情趣养成的美育策略,从而帮助学习者进入真实、自己做主的审美空间。

3. 卓越性

卓越性(excellence)强调无论是教的活动还是学的活动,都必须追求"卓越",既指高质量的学习过程与收获,又指学习者对自我的挑战,其实是自我学习意识的觉醒,是对进步与发展的积极追索。

从理论角度看,审美情趣养成学习共同体建立的意义在于使学习者通过美育活动逐步获得更高水平的审美感受力、审美鉴赏力、审美创造力,并在此过程中不断激发审美兴趣,追求卓越,进而获得审美情趣的长足发展。从实践角度看,学习者作为审美活动的主动接受者,在审美情趣养成学习共同体中承担着主动接受优秀审美作品熏陶、积极参与审美鉴赏活动的职责,积极挑战自我,体验审美过程,主动追寻审美意义,这也正是学习共同体理论中卓越性原理的体现。

学习共同体的卓越性提醒着我们,共同体建设是追求发展和进步,不是简单的浅尝辄止,每个参加的成员都应全力以赴,包括审美情趣养成在内的学习从来是不进则退,如此看,卓越性就是响鼓和重槌,就是学习不竭的动力。

在现阶段审美情趣养成的实践过程中,充分借鉴和运用了以佐藤学(Manabu Sato)为代表的学习共同体理论,遵循学习共同体的公共性、民主性、卓越性原理,使基础教育阶段学习者审美情趣养成的实践有理论支撑、有实践支持。

五、选择基于全面发展的学习愿景

审美教育应然目的和功利性美育实践的矛盾,导致审美情趣养成和固化思维存在矛盾。因而,重视学习者审美情趣的养成,有利于拓宽学习者自身价值的实现途径,可以从帮助学习者提升审美情趣养成的思维品质、正视审美情趣养成的途径价值两方面入手,从而实现审美教育的愿景。

第一,学校和教师应帮助学习者提升审美情趣养成的思维品质。《素养》中指出,人文底蕴和科学精神共同构成文化基础。因此,学校和教师要重视学习者的文化基础，提升学习者的综合素质。一方面，审美情趣的养成有利于培养学习者高尚的审美情操，使之成为全面发展的人；另一方面，审美情趣的养成可以帮助学习者建立健康的价值观，使他们能够自觉抵御低俗文化的侵袭。为此，一方面，要鼓励和引导学习者积极主动地参与审美活动，培养健康的审美情趣，从而培养学习者的人文底蕴，实现全面发展；另一方面，教师也应该以身作则，不传播低俗信息，给学习者以正确审美价值观的示范。学校注重学习者审美情趣的养成，也就是注重对学习者人文底蕴的培养，使学习者能够成为全面发展的人，从而实现自身的人生价值。

第二，学校和教师应帮助学习者正视审美情趣养成的途径价值。审美情趣不仅是构成学习者人文底蕴的基础，也是中国学生发展核心素养的重要方面，《素养》要求学习者具备审美欣赏的能力、健康的审美价值取向和审美创造的能力[①]。当前，功利性的美育实践使学习者审美情趣养成的途径价值被忽视，明确美育对学习者发展的价值和意义，重建美育价值途径十分必要。为此，学校和教师应重视审美教育的育人价值，教师在教学过程中要注意将审美情趣的培养与学习者的审美鉴赏能力、审美创造能力的培养相结合，使学习者切实感受到优秀审美作品对自身素养的熏陶作用，提升学习者的人文底蕴，提高学习者的学习自信心、自控力和自我效能，从而正视审美情趣养成的重要意义。

审美情趣是中国学生发展核心素养的 18 项基本点之一，学习者审美情趣的养成一定程度上决定了学习者人文底蕴和文化基础的发展。因此，学校和教师在培养学习者的审美情趣时，要始终把"培养全面发展的人"作为美育的原则和宗旨，基于促进学习者全面发展的理念选择恰当的教学方式。

六、提升审美教育指导者的能力养成水平

结合《素养》和审美教育、审美情趣养成的一般要求，包括教师在内的审美教育指导者的能力养成水平，可以从以下四方面进行思考与逐步完善。

（一）拓宽指导领域，更新文化基础知识

《素养》中，明确提出要培养学习者在文化基础方面具有人文底蕴和科学精

---

① 中国学生发展核心素养研究课题组. 中国学生发展核心素养 [J]. 中国教育学刊, 2016（10）：1-3.

神。教师作为学习者审美学习与体验的"指导者和示范者"，同样需要具备文化基础方面的核心素养。同时，在审美教育过程中，在审美文本的理解与鉴赏过程中，鼓励情感感受中有认知理性，认知理性中有情感渗入；二者各自独立，又相融而合，将本质实现为工具性与人文性的直接统一。因此，审美教育指导者应在文化积淀方面进一步地丰富、拓展和更新，显示为审美领域的拓宽与发展。

首先，加强文化积淀，继续学习。文化知识的建构要体现基础性、通识性，更要体现发展性。不仅要包括一般文化知识、学科知识、学科教学知识、教育学、心理学知识、管理和研究知识等，还要注重古今中外的人文领域知识和审美教育成果的积累，通过课程学习和自主学习，拓展人文情怀，升华生命体验，清晰认识人的尊严和价值，并尝试将其和教育教学关联起来；具备一定的审美情趣，掌握基本知识、方法、策略，有较高的审美境界、创意表达。

其次，加大思维能力以及思维品质的养成力度。思维能力直接指向科学精神的养成和发展，具体指向形象思维、逻辑思维、批判性精神和探究能力的养成，使之成为提升文化知识的重要动力。对于教师而言，既要使其在文化基础、思维能力方面有系统性的认识和知识性的掌握，同时又要为教育教学的展开、教育技能的进一步提升提供扎实基础。

（二）聚焦"个性化学习"，提升自主发展能力

从内涵看，自主发展并不单一指向自觉和主动，并不仅指向为一般意义的自学，更要在认识角度和内容上进行主动的、个性化的、系统性的建构。学习就是行为的改变，行为是可观察的，并可受外界条件的作用而强化或改变，指导者要有这样的自觉意识和发展意识。传统的素养养成并没有在自主发展这一维度提出明确而清晰的目标，审美教育因为直接指向工具性和人文性融合问题，至少对指导者的发展提出了感性和理性两个维度。感性是基于感受和体验，基于积淀和积极的感知，并不能量化。相对于此，理性层面则更显示出逻辑性和可操作性。总体而言，可以从理性角度，从以下三方面，关注自身发展。

首先，具有学会学习的能力。从建构主义理论角度看，学会学习首先支持以生为本，指向个体的发展和独立。从结构建设上来说，包括自主发展的态度和兴趣、意识和能力、策略和方法以及自我效能的设计。具体而言，即乐学善

学，把育人和专业学习结合起来，有正确的学习态度和探究学习的意识，并且能够把学到的知识和技能主动体系化、结构化，进而为终身学习的意识养成、能力提高提供保障。

其次，勤于反思和调整。教师通过教育教学和课程实践要不断调整自己的教学方式与策略手段，反思理性学习和实践课程过程中的得失，调整方法结构，保持发展性特点。例如，朗读教学中的美读，这是不容易掌握和实践的朗读意识，如果坚持实践和反思，则会越来越明朗起来，不再含糊。正如叶圣陶所言："所谓美读，就是把作者的情感在读的时候传达出来。这无非如孟子所说的'以意逆志'、设身处地，激昂处还他个激昂，委婉处还他个委婉，诸如此类。"①其实就是这么简单。

最后，学会运用信息技术。在信息技术使用方面，不仅具备信息技术方法和能力，同时要建构信息化知识技能的框架并将其和基本知识学习结合起来，相互促进，拓宽专业化发展事业，提升数字化生存能力。自主发展不仅指向知识和技能的发展，也包含情感、心理品质的发展，要有健康的生活意识，理解生命和人生的价值和意义，具有稳定的、积极的心理品质，进而主动调节和管理自己的情绪，以健康积极的心态对待美育工作。

（三）强化合作意识，开展多元社会沟通

关于审美的教学能力养成的进程并不仅指向校内学习和交流，还包括与社会各方资源的联系和沟通，与家长的沟通，其他学习团队的沟通等。教师的合作的意义在于提升其教育学能力水平，同时，基于多层面的合作和交流，其社会责任意识和实践创新能力都会有得到提升的机会。具体而言，要将教学的视野拓展到更宽泛的范畴，体现社会性的特点，既要与学习者建立良好的关系，同时又要与同事、学校、家长、社区之间确立好关系，这种确认是以主动参与为前提，有清晰的目的意识，从而建立良好的合作关系。

另外，要将教师能力的养成和社会生活实践、国家和社会的发展紧密联系，提高其社会参与的动机水平、效果能力，拓展参与的范畴和层次。这里要说明的是，参与的意识要强调主动、积极、实践、创新的特点，同时要强调经验情

---

① 叶圣陶. 叶圣陶语文教育论集［M］. 北京：教育科学出版社，2015：92.

境的直接作用，"我们主张必须有一个实际的经验情境，作为思维的开始阶段"就是这个意思。

基于此，提高参与的主观能动性，能够根据自己学科特点、思维水平、教育教学能力、教学目的的设置等基础，主动和学校家长等社会因素联合，以达到拓宽教育教学事业的目的。积极则是指教师面对参与的各类现象和问题有积极的心态与意识，主动设计和建构条件、平台，积极参与，认真反思；实践，是指有具体的参与、平台、内容、方式，避免形式和过场，避免模式化，从实践中获取营养、方法创新，要求教师在社会参与过程中，不断创新参与的方式方法，根据学科教学和自身特点创新参与具体环节与目的。

（四）开展多角度学科研究

教师教学技能的养成要特别强调研究，具体能力的养成，可通过以下几方面进行。首先，培养教师树立教学研究的意识，对教学反思的内容、时间及过程有清晰而明确的认识。从内容而言，不仅要对教学实践中的各个环节进行反思，还要对自身的教育教学理念进行反思；从时间而言，不能局限于常规教学，要在阶段性的教学合作完成后，及时反思和确定研究题目，研究与实践相互促进，共同发展。总体而言，是有利于教学能力的科学提升的。

其次，发挥教研员和骨干教师的引导作用。限于指导的单极的视域影响，教师个人研究能力的领域和水平是有限的，需要进一步提升。其一，教研员和骨干教师要创造良好的反思环境，在自然交流和平等对话的合作关系中，对某一教学问题展开有效的沟通和交流，在交流中碰撞思想的火花，让教师乐于反思，逐渐养成反思和研究的习惯；其二，教研员和骨干教师在教师的研究过程中给予指导，即在发现问题或解决问题等较难完成的环节中，要引导教师使用有效的研究工具和方法，选择合理的研究方式等来解决问题；其三，教研员和骨干教师要指导教师掌握和更新必备的教学研究技能，包括新的研究方法、规范的研究性写作格式等；其四，在教学实践中开展多种形式的活动培养教师的研究能力。比如，开展专题研讨活动、座谈交流活动、视频课例观摩等活动，在实践活动中与他人交流获得思考，最后通过撰写反思日记、教育叙事、研究性论文等方式，将实践经验上升为理性高度，丰富自己的教育教学理论体系。

七、基于阅读的审美情趣养成理路

审美情趣养成一直依托于有时代与发展意义、更符合美学和教育学的教育理论支持，其中，4R 理论就是典型代表之一。同时，阅读也是重要实践方式，二者合一，是有启发意义的。

4R 理论是小威廉·E. 多尔（William E. Doll）后现代课程观的核心内容，他认为后现代课程是关注过程的课程，提出课程具有丰富性（Richness）、回归性（Recursion）、关联性（Relation）和严密性（Rigor）四大特点。其中，"丰富性"是指"课程的深度、意义的层次、多种可能性或多重解释"。小威廉·E. 多尔（William E. Doll）认为，课程应该有适量的不确定性、模糊性、挑战性。"回归性"是指"一个人通过与环境、与他人、与文化的反思性作用形成自我感的方式"，回归意味着学习者与所有和其相关的学习因素相互碰撞、融合，进而形成新的自我感，有的学者也提出要回归到学习者学习的本源状态，学习者是学习的中心。"关联性"主要体现在教育方面和文化两个角度，"前者可自然地称之为教育联系，指课程中的联系——赋予课程以丰富的模体或网络。后者也可自然地称之为文化联系，指课程之外的文化或宇宙观联系，这些联系形成了课程赖以生存的大的基础。两种关系都是重要的，二者相互补充"。"严密性"则是指解释性和不确定性，小威廉·E. 多尔（William E. Doll）强调"不要过早地以一种观点的正确而告终，而要将各种观点放入不同的组合之中"。

（一）4R 理论视域下阅读与审美的基本价值

阅读，有利于提升阅读鉴赏能力，养成良好阅读习惯，深入学习和思考文化，形成正确的三观。

1. 积累阅读的审美经验，提升基本素养

（1）有利于语言的丰富和发展

阅读在语言的丰富与发展方面卓有成效，意味着学习者和教师可以在有效的学习时间内有计划、有设计地开展完整的经典文本阅读，使得语言的学习有了更完整的视角，更有利于情感的激活、语言的习得与重构，从这个意义上说，阅读有利于语言的丰富。同时，阅读又因为完整的文本解读视域时语言的学习突破了习得，而更多地指向了发展，即指向了语言学习的动态性、过程性，并不以语言掌握为目标，而是探求语言发展的规律，形成个性化的语言学习方法与策略，这是发展的意义所在。

（2）有利于锻炼和完善思维能力

阅读无疑是有利于思维能力的形成与提升的，关涉感性思维、逻辑思维、形象思维和思维品质的形成和发展，阅读因为其完整性、对语言艺术显示的全面性，使其相关的思维能力并不局限于个例和片面，阅读判断的角度和结论更科学。例如，《林教头风雪山神庙》中人物描写的语言非常精彩，但缺失了相对清晰的社会环境以及情节呼应，断层式的阅读不能窥见语言魅力的全貌，但如果置于《水浒传》全书，则会使学习者对作品语言的魅力和价值有更高层次的认识，有利于思维的完善。

（3）有利于提高审美鉴赏能力

阅读的过程也是学习者提高审美鉴赏能力的过程，"这个过程主要是在感受和品味语言时，分析蕴含其中的情与思，感悟语言风格的魅力，并欣赏语言所表现的形象美和情感美"。基于学习心理的变化，学习者个性化的感受、体验，清晰的态度、信念，都促使学习者主动承担阅读和学习发展的任务。阅读，不仅给了学习者主动学的学习主体地位和平台，又使学习者的审美、结论并不显得线性、平淡、模式化，而是更立体、更有利于培养学习者对美的直觉感兴力、想象力、创造力和提高学习者的审美判断。简而言之，审美鉴赏能力的提升一定是学习者个体主动学习、感受和探讨的结果，基于此，阅读恰逢其时。

（4）有利于文化的体验和传承

随着阅读量的增加，学习者通过学习、了解我国的优秀传统文化，不仅丰富了文化体验，感受了古人的大智慧，同时也在了解中认同，在认同中热爱，在热爱中继承并且发展中华优秀传统文化。学习者在对若干节选式文本学习之后，初步形成了优秀文化传统体验、理解和传承的意识、方法、技巧，但随之而来的是，容易出现文化传承的碎片化和断层现象，而学习者通过阅读对相关时代、历史与文化有更全面的认识，又因为阅读显示出了复杂多元的文化视角，也会使学习者对文化的意义、价值有不同的理解。因此，阅读提供的多元空间和平台使理解更深刻，使传承更趋理性。处理好阅读和节选式文本的关系会使学习者文化理解和传承更有历史意义，为其终身的学习和发展打下坚实的基础。

如果说文化传承是阅读的要义与精华之一，那么可以进一步说，文化及文化的传承也恰恰是审美情趣可以显示其深刻性的意义来源之一。

2. 有利于激活学习者学习潜力，引导学习者学会学习

（1）关注"最近发展区"，有利于促进学习者发展

维果茨基（Lev Vygotsky）认为："教学要取得效果，必须考虑儿童已有的水平，并要走在儿童发展的前面。""最近发展区为学习者提供了发展的可能性。"基于此，阅读关注了最近发展区，促进了学习者在两方面的发展：一是合作学习、分享意识和交流能力的形成和发展，因为最近发展区的实现使这些能力得以真实实现；二是因为学习者的团队意识、分享意识和交流意识的形成，进一步使学习者的学习个性更饱满更真实，相关的知识体系、能力水平也都得以建构和延伸。阅读在最近发展区和促进学习者发展方面的价值及意义是与文本所呼应的，并且显示出难以替代的作用和意义。

（2）帮助学习者成为审美学习的主人

4R 理论认为，应该注重启发学习者的经验和创造潜能，引导其结合认知与经验，肯定自我，进而自我实现。放开对个性的束缚，自由地进行的美的感受与领悟，使审美的过程不是被动地实现的过程，使审美的过程不是附属于智性教育，其完整性与丰富性给予学习者审美学习的磅礴动力和丰富的资源，更重要的是使学习者的学习态度和信念更加明确。约翰·杜威（John Dewey）一直强调艺术包括选择，如果没有选择将导致无序和混乱，而选择的前提是兴趣，兴趣的前提是个性的觉醒，不被他人取代。就学习而言，学习者是学习的主人；就审美而言，更如是。当然，我们强调的学习者的自我效能感正是学习者主动学习的必然成果，对于审美学习，自不待言了。

3. 有利于促进学习者有深度的综合学习

（1）渗透多学科知识，有利于学习者多方位思考

阅读内容不仅包括语文学科，同时也会涉及多学科的知识，具有广泛的容纳性，其他学科的名词术语可以丰富学习者的词汇，具有逻辑性的语言也能让学习者学会更准确、精练地表达。作为学习资源，比单篇文章的学习视野更广阔、角度更多维，阅读，可以读出语言的魅力，也可以读出政治和地理，更可以读出历史与文化，学习者可以了解更多的历史知识和背景，可以领略更多的

自然风光和风俗民情，也可以提高艺术鉴赏能力和音乐修养……提供给学习者的则是多方位的内容、更完整的知识，学习者开阔了视野，站得更高，更通透，更自如，这也是文化自信的源头之一。

（2）有利于学习者知识重组，激发学习主动性

4R 理论强调学习的主动建构性，阅读为学习者的学习提供了一个非常好的学习平台，为学习者提供不同的词汇、文本、文学等材料，学习者可以在阅读中不断学习、感受和体验。此外，学习者在不断地感受和体验中可能会获得不一样的知识判断、情感体验和价值观，然后利用他们的学习"前见"不断重组为一个新的学习逻辑，更有利于下一步的学习。在不断重组的过程中，阅读因为其丰厚的内容和多元的价值观会使学习者知识重组的真实性得到良好的体现，从这一意义上说，阅读不仅有利于学习者的感受和体验，更有利于知识学习的重组，阅读一本书，并不一定要学习者获得多么高深的知识和多么精深的见解，而是要使他们的感受、体验、思维及审美能力得到质的提升。

4. 有利于学习者进行有意义的学习，增强创新意识和能力水平

（1）有利于学习者发现问题，解决问题

质疑是学习的重要动力，阅读对于学习者来说是一个非常庞大且多元的存在，会给学习者带来困难，但是这也恰恰为学习者提供了学习的机遇和平台，有利于锻炼学习者的质疑能力、发现问题并提出问题的能力。提出问题是第一步，解决问题对学习者也非常重要。例如，整本书的情节发展相对于选文更加细致，因此，学习者更容易从前后文的逻辑关系中去判断和寻找解决问题的答案。具体说，学习者从《林教头风雪山神庙》中很难知道林冲为什么这么冲动，但是读《水浒传》的全文就会了解得非常清楚，也就明白了林冲的一举一动并非没有根源和意义，更深刻地了解"风雪"环境的意义，学习者会更加清晰了解林冲这个人物形象，从这个意义上说，阅读更有利于培养学习者的质疑能力，进而发现问题、提出问题、解决问题。

（2）有利于学习者学以致用，增强创新意识和能力水平

学习理论中的有意义学习是指新知识能够与学习者认知结构中已有的观念建立实质性的联系，简单来说，就是学了新知识要不断重组，并且能够使用它，做到学以致用。阅读中死记硬背的学习方式是行不通的，更多的是要学习者

"建构阅读的经验，形成自己的读书方法"并将学到的知识运用于其他地方。例如，读了《水浒传》这本书，学习者对书中的林冲这个人物形象有了一定的深入了解，学以致用，还可以找出文中有一些同类人物，把分析判断人物形象的方法运用到对其他人物的分析上，检验学习和实践方法的正确与否，如果有不足再加以改正。

（二）阅读文本选择的审美原则

文本选择要凸显其审美价值，基于小威廉·E. 多尔（William E. Doll）的4R 理论、课程标准以及学习者的学习心理，阅读文本选择的审美原则表现在以下四方面：确定性和模糊性并存，要符合高中生认知发展特点，系统化和多角度化，不确定性和解释性同在。

1. 文本选择要确定性和模糊性并存

确定性和模糊性来源于 4R 理论中的"丰富性"，小威廉·E. 多尔（William E. Doll）认为，"丰富性"是指课程应该要有适量的不确定性、模糊性、挑战性，但是模糊性是通过课程的确定性所体现出来的，也就是说，首先要了解课程的确定性这一方面的内容。其次才是课程的无限可能性，强调课程的多元解读价值，它应该是模糊性、不确定性的发展，而最终的目标是每一位学习者的发展，要求学习者能够自己思考、探索，进而从中获得进步，用发展的眼光看待课程。

（1）确定性是文本选择的基础性要求

基础教育阶段，从学业评价角度看一定要对学习者的学习内容有确定性要求，这也是所谓关键能力和必备品格形成的直接保障，是教育目的实现的保障，对于显性学习而言更是不可或缺。审美情趣养成并非显性学习，但是在基础教育阶段，审美教育仍有基础性要求，有一定的知识性需求。审美教育并不等同于常规意义的审美活动，教育是一种引导和示范，是要有既定目的和明确要求的。基于此，在文本选择上需要有确定性，当然这个确定性是基础性要求，而在发展性要求的角度上，仍然需要模糊性，二者相得益彰、相辅相成。

确定性的表现不一，就国家意志的表现而言，最新出版的《标准》有确定性的文本选择材料，在附录二里面，在关于课内外读物的建议中具体推荐了一些阅读文本，有文化经典著作、诗歌、小说、散文、剧本等。

确定性的审美意义还在于显示文本的经典性和示范性，给学习者提供更广阔的审美想象、体验和鉴赏空间，有利于学习者因之自然观照自己的生活，为审美超越埋下种子，只等盛开。

（2）模糊性是文本选择的个性化要求

4R 理论强调每一学科都应该发挥丰富性的特点，阅读文本选择的模糊性也就是丰富性，决定一个文本是否具有丰富性，主要看文本是否具有多元解读的价值。也就是说，在相似的学习目的、相似的学习过程、相似的学习体验、相似的学习情境基础上，即使是同样的文本也会使学习者因为学习个性、学习经历及元认知水平的不同而品读出不一样的内容，领悟不一样的内涵。从这一意义上说，我们强调选择文本的不确定性是对学习者学习个性的支持。学习首先是学习者自己的事，如果他主动、个性地进行学习，其思想和行为就不会有持久性的改变。同样地，审美情趣的养成可以依托不同文本，可以激活学习者学习兴趣和个性的文本必然适合学习者的兴趣、期待、标准与理想，审美情趣就可能是自觉，而非服从。模糊性的特点，使这种个性化成为可实现的存在，是真实和可预期的。当然，在前文提及的确定性的基础上，在教师进行示范性介绍的前提下，不确定性显得更有价值和意义。

基于此，模糊性使学习者能够对所选择文本的意义层次、工具层次有较清晰的了解，也能与之进行有深度的对话，在审美意识、兴趣、信念等方面有强烈的认知。

2. 文本选择要符合学习者认知发展特点

4R 理论的回归性是指一种思考的环形运动，人将思想重新回归自身，简而言之就是非替代性，即教师不能代替学习者的自我学习。基础教育阶段的学习者心理和生理发展都接近成熟，其认知发展也接近成人水平，能够用发展的眼光看问题，并且具有一定的独立性，有自己的想法，富有个性。因此，在选择阅读的文本时就需要考虑这些因素，文本选择既要有一定的理念也要回归学习者认知特点。

（1）文本选择要体现出感性认知和理性判断的多元存在

基础教育学习期间，学习者认知发展的特点可以使其对复杂的作品情感得以进行深度的感受和体验，在过程中体会其魅力和价值，也可以从理性上进行判断和认知，不断丰富自己的知识逻辑体系和提高自身的思维品质。尤其要说明的是，文本选择还要有利于促进学习者的审美情趣养成、文化的理解和传承。无论是关于审美还是文化，都是基于感性认知、理性判断的多元交织，从这个意义上来说，文本选择是有逻辑的，这个逻辑首先就是学习者的认知逻辑。

（2）文本选择要回归学习者认知发展特点

教师不能代替学习者学习，同样不能完全代替学习者选择，阅读的文本要回归学习者认知发展特点，首先要关注学习者每一个个体，要留给他们更多的学习空间，让他们做学习的主人。每一个高中生都是有智慧的个体存在，在这个学习阶段，他们多次学习一个东西的起点是不一样的，另外，不同的学习者个体有着不同的学习能力和水平、不同的学习心理、不同的学习经历及不同的收获，所以课程要多关注学习者，回归于学习者主体。因此，文本选择在有规律、有理念、有逻辑的这个基本的大框架下，最终还是强调要回归学习者主体，这就意味着在不违背初衷的情况下，更多地去关注学习者的心理，给予他们选择文本的机会和权利，多倾听他们心里的声音。

3. 文本选择要系统化与多角度化

系统化与多角度化是衍生于小威廉·E. 多尔（William E. Doll）所提出的"关联性"，"关联性"为课程的发展构建了较为宏大的联系，这种广阔的联系"将更有助于学习者更好地掌握知识与知识之间的关联，从而形成一个有效的知识网络，由此习得的将不再是零散的学科知识，而是系统化的、条理更为清晰的学科知识体系"。因此，文本在符合学科的课程体系的基础上还应该从多个角度进行选择。

（1）文本选择要符合学科的课程体系

文本选择要符合课程的一般要求，要注重知识的积累与应用，要从学科的角度进行工具性、人文性以及二者融合的学习，提高语言表达能力、思维能力、审美鉴赏能力，充分积极积淀文化底蕴。因此，文本选择首先要符合学科的基本性质；其次要符合课程标准对任务群的一般要求，即在学习目标与内容中提出的五个要求，在教学提示中提出的四项要求。当然，还要考量教育教学的课程安排，不同的单元，不同的学习主题，应该配合其安排来进行选择。

（2）对文本要进行多角度选择

文本的多角度选择表现在两方面：一方面是基于不同的阅读目的、阅读方法、思想内容、艺术特点及个人经验来进行选择的，从这些角度选择，其内涵和精髓是各不相同的，体验到的人物形象、主旨精神和艺术价值也是丰富多彩的；另一方面是从文本关联的角度进行选择，学习是一个长时段的学习，也是一个系统性的学习，只有在与其他学习内容的关联与整合中，阅读才能有效地参与学习者素养的建构。阅读不是孤立存在而是互相关联的，因此，在选择的时候可以以人物形象、主题、思想内容、故事情节、艺术特点等为关联线索选择与其他文本相关联的文本。

4. 文本选择要有不确定性和解释性

不确定性和解释性是源自小威廉·E. 多尔（William E. Doll）所提出的"严密性"，小威廉·E. 多尔（William E. Doll）所说的严密性其实是不确定性和解释性的组合。因此，阅读的文本选择并不仅仅是简单列一个书单来让学习者选择，基于不同的需要、不同的空间、不同的时间、不同的学习者团队以及不同的学习内容，就一定会有不确定性的存在，所以在文本选择时并不需要全国都一模一样，可以从一个学校或者班级来考虑，根据实际情况具体安排。

（1）文本选择的不确定性

必修课程有必须学习的内容，这是国家、学校、教材等对学习者的学习内容所做的一系列的安排和规定，阅读的文本在这方面是可确定的，教材或者教师所规定的某些相关必读书不可能让学习者自己来选择。但是，阅读的文本选择在很多方面表现出来的是更多的不确定性，因为"阅读文本"的特殊性：特殊的年代、文本不够集中、文本不够经典、学习者阅读能力暂时达不到、阅读对象过于简单等，因为种种原因的束缚，教师不能提供明确的文本选择资源库供学习者进行选择，这个时候就可以让学习者本人、小组、家长、网络等发挥选择的作用，选择能够使学习者获得审美和精神愉悦的文本，充分体现了阅读文本选择不确定性的必要性。

（2）文本选择要留白

前述内容明确了阅读文本选择不确定性的必要性，但是不确定性存在的合理性需要用解释性来证明，而解释性主要表现在文本的内涵要丰富，具有多层面的内容，简而言之，选择的文本要留白，能够让学习者发挥主动性去探索和挖掘深层次的内容。因此，阅读的文本选择留白表现在三方面：一是多层次、可解读（比如，经典《红楼梦》的解读，迄今为止没有完全统一的解读观点，读者各抒己见）；二是可读性，也就是要看得懂的，或是大家所公认的经典，或是符合时代发展的作品；三是感兴趣，学习者喜欢充满时代发展气息、昂扬向上的作品。

上述四个原则是文本选择基于审美角度的原则。其实，单就阅读而言，上述原则依然成立，但我们强调的是审美，换言之审美情趣的养成是阅读的应有之义，二者彼此纠缠，并不各自独立。可以说，审美也是阅读的内涵之一，审美情趣的养成也是阅读的目的之一。

（三）阅读文本选择策略

文本选择的策略在严格意义上说是从审美情趣养成的行为，以及行为、认知、环境三者交互的视角进行考量的。下述策略是强调有利于审美情趣养成的阅读文本选择策略，当然，我们强调文本选择之于审美情趣养成的必要性，却并不割裂阅读及阅读与审美的自然关系，强调阅读文本的选择也正是强调阅读和审美情趣养成的关系。

1. 从体裁和内容两个角度多元化选择

（1）选择体裁多样、主题多元的书籍

要使阅读的文本具有丰富性，在选择书籍时就必须考虑文本内容的广度，看所选择的书籍的体裁是否多样、题材是否多元。所以，文本体裁范围应该尽量拓宽，不只是小说类的作品，还应该有散文、诗歌、戏剧、学术著作等不同体裁的作品，层次分明、特色各异，这样才可以最大限度地拓展学习者的阅读范围。当然，只是不同的体裁还不够，文本的主题也应该有多个角度，至少从有益于语言、思维、审美和文化传承等角度关注多元主题。这种的选择不能保证皆为学习者所期待、有兴趣，但为避免视角单一以及培养审美核心素养、立德树人的目的考虑，也应坚持、鼓励学习者去接触和理解。另外，这种多元选择恰恰是鼓励学习者坚实基础，获得更多的审美自由。

（2）选择内容深刻、意义丰富的书籍

文本的丰富性不仅表现在文本的广度，更体现在文本的深度，所选择的文本不能是浮浅、媚俗或者"快餐类"作品。文本的内涵要深刻、意义丰富，能够带给学习者更多的思考，或关于自然、关于生命、关于人性……无论是哪一类作品，只要文本能够引导学习者更进一步地认识自己、认识生活、认识生命，认识这个世界，那就是鼓励选择的文本。比如，鲁迅的《呐喊》《彷徨》等很多这样的作品，都具有丰厚的时代意蕴和思想价值，通过阅读这样的文本，学习者可以更进一步了解时代与社会发展的意义，了解生活以及生命的意义，以及强烈的责任感和批判精神。

2. 从学习者学习心理和个性化的角度选择

（1）选择有利于学习者身心健康的书籍

处于基础教育学习阶段的学习者，已经能够很容易接受新事物，做事也比较谨慎、沉稳，但是他们思维的独立性和批判性还不是很完善，所以，容易孤立偏激地看问题，容易出现走极端的现象。对此，阅读文本的选择就要从他们的身心健康出发，不能选择容易误导他们价值观的文本，比如，言情小说、黄暴小说等，应该选择的是能让他们积极向上、热爱生活的作品，例如，路遥的《平凡的世界》和海明威的《老人与海》等这样一些作品。

（2）选择有利于促进学习者发展的书籍

说到底，阅读最终还是为了学习者的发展，而且这个发展包含多方面的内容，例如，语言表达、逻辑思维、优秀传统文化等，因此在选择文本时都要考虑进去。其中，《论语》《老子》《庄子》等作品可以促进学习者对国学文化的了解，《史记》《资治通鉴》等作品可以促进学习者对历史知识的熟悉，《雷雨》《茶馆》《莎士比亚》等作品不仅让学习者了解剧本这种创作，更了解作品内容的时代意义和丰富的内涵，还有像朱自清的散文、戴望舒的诗歌等很多不同类型的优秀作品，都在某一方面不断促进学习者的发展。

3. 从指定与自选两种方式选择

（1）"1+x"选择模式

小威廉·E. 多尔（William E. Doll）4R 理论中的严密性告诉我们，关于阅读的文本选择，除了规定的书目外，可以给予学习者选择的权利。1+x 选择模式中的"1"是指教师在课程中给学习者指定的阅读文本，这个文本也是根据上述选择原则和策略决定的，"x"是指教师听取学习者的文本选择意见后帮助、指导挑选对学习者有意义的文本，让学习者决定最终阅读的文本，"实现指定与自选的融合，指定的书目为学习者提供均衡的营养，自选的书目满足学习者个体发育的需要"。这样的文本选择有了学习者的参与，他们拥有选择的权利，对自己选择的文本有兴趣阅读与期待，审美偏爱和标准鲜明，学习的主动性就会大大增强。

（2）紧跟时代需求

时代在进步，并不是所有的作品都能够经受住时间的考验，而且新时期总会有新的优秀作品出现，因此，文本选择要紧跟时代发展的脚步，让学习者接触到最新的审美风尚、社会文化和知识。例如，像刘慈欣的《三体》《乡村教师》等一类时代意味新鲜的科幻小说，对学习者来说很有吸引力，阅读心理可以得到满足，生命观再一次真实呈现，而且对未来有着积极的憧憬，审美情趣得以积极养成。

第八章

审美情趣养成与审美体验的关键矛盾及行动

基础教育越来越重视学习者的审美体验，明确强调要关注学习者的审美感受和体验。2022年颁行的《义务教育语文课程标准》提出："阅读表现人与社会、人与他人的古今优秀诗歌、散文、小说、戏剧等文学作品，学习欣赏、品作品的语言、形象等，交流审美感受，体会作品的情感和思想内涵。"[①] 2020年新修订的《标准》也反复强调要重视学习者的审美体验，使他们学会鉴赏小说等文学作品，"感受和体验文学作品的语言、形象和情感之美，能欣赏、鉴别和评价不同时代、不同风格的作品，具有正确的价值观、高尚的审美情趣和审美品位"[②]。然而，基础教育阶段学习者的审美情趣养成与审美体验存在关键矛盾，有必要对其进行梳理、解析并采取行动。

第一节　审美体验的内涵与基本特征

一、审美体验的内涵

审美体验原指审美者在审美过程中精神层次的发展和超越、生命层次的感悟与洗涤。简而言之，审美体验是情感、精神和心灵的积极体验。威廉·狄尔

---

① 中华人民共和国教育部. 义务教育语文课程标准［S］. 北京：北京师范大学出版社，2022：27.
② 中华人民共和国教育部. 普通高中语文课程标准［S］. 北京：人民教育出版社，2020：6.

泰（Wilhelm Dilthey）首次使用"体验"这个说法；汉斯-格奥尔格·伽达默尔（Hans-Georg Gadamer）丰富且理性地阐释了"体验"的概念，使审美体验的内涵越来越丰富。同时，审美体验又是独特的，这不仅是因为审美体验强调情感和精神自由，让人越来越个性和独立起来；还因为审美体验用"美"使"体验"的意义和价值更加深刻，这是一种关注个人、关注情感、关注生命的体验，完全区别于理性判断。

关于审美体验的本质与应然之义，我国学者有不同的看法。曹明海认为："审美体验的本质是一种对象化的生命享受，作为一种审美享受，所欣赏并为之感到愉快的不应该是客观的对象，而应该是自我内心的感情。"① 这种说法强调审美体验过程中审美主体的审美享受，强调关注人自我与内心的情感、态度，关注对审美对象进行体验和感悟的过程中产生的不同感觉，从而获得审美体验。李吟咏认为："审美体验即从体验入手，揭示审美的内在运动过程，通过体验内容的展开，呈现精神世界的复杂性、神秘性、诗意性，凸显实践理性、纯粹理性和历史理性，从而确认生命的价值和意义，即获得生命的智慧和勇气，通过体悟、领会、理解，获得生命的本质直观。"② 这是从生命论的角度出发看待审美体验的，审美体验的过程也就是生命体验的过程，审美体验的意义在于对真正自我的发现，同时也是对生命真谛的感悟。除此以外，王一川在《审美体验论》一书中还提道："审美体验，是人在社会实践基础上所获得的对人类活动中的有限中的无限、刹那中的永恒的体验，或者说是对人类活动的永恒动荡中的暂时安宁、无限失落中的有限超越的体验。"③

综上所述，审美体验是复杂的、非线性的，不同的审美主体在不断地对审美对象进行审视、体会与理解的过程中融入自身的情感，情融其境并与审美对象的精神意蕴达到和谐统一，从而获得美的享受与提升。在基础教育阶段，学习者的审美体验除了通过课堂学习获得以外，绝大部分是通过阅读来获得的。阅读过程中，作为阅读的载体——文本并不是文字的堆砌，而是有着无限内涵的意义结合体，因学习者情感与心理特征的不同而显示出不同的情感和意义。

---

① 曹明海. 语文陶冶性教学论 [M]. 济南：山东人民出版社，2007：339.
② 李咏吟. 审美价值体验综论 [M]. 北京：中国社会科学出版社，2009：6.
③ 王一川. 审美体验论 [M]. 天津：百花文艺出版社，1992：122.

这就要求学习者一方面要主动走进文本，与文本共鸣，产生理解和感悟；另一方面还要有独立的情感世界，不能被文本吞噬，也不能被教师取代，要有个体体验的空间，要在审美体验中成长，而不是简单地应和。

二、审美体验的基本特征

基础教育阶段学习者的审美体验具有以下四个基本特征：一是直觉性，即学习者凭借直觉感兴力对作品进行自主性和个性化的解读；二是情感性，即学习者在阅读过程中逐渐渗入、融合自己的真实情感；三是层次性，即学习者的审美体验是动态性的，是逐渐深化的过程；四是创造性，即学习者个性化的创作使其审美体验达到新的层次和境界。（见图 11）

图 11　基础教育审美体验行动基本特征

（一）直觉性——个性化的感兴力

直觉性是一种特殊的心理现象。在基础教育阶段，以各种媒介方式所呈现的作品凝结了作者丰富的情感和想象。在审美活动中，在学习者还没有进入作品的内在世界之前，他们对作品中的语言、人物形象和情感等首先产生了一种审美的直觉性感受，是不受任何外来干扰而对作品进行的最直接的欣赏，这种直接性的审美欣赏是初期审美体验的必然要求。在学习过程中，学习者审美体验的发生点是触碰，是他们以自身感性的直觉去体会和触碰而得。从感性视角而言，"一千个读者就有一千个哈姆雷特"，这"一千个哈姆雷特"的形成是学习者情感内化的活动过程，是个性化体验生活和生命的过程，浸润了学习者个体的真实情感和直觉感悟。自我的无意识的经验，往往表现为审美知觉、审美联想、审美想象、审美领悟，这种审美的直觉性，被叶朗称为"审美直觉感兴力"。这种感兴力是学习者作为审美个体所独有的，不能被替代。当然，有人认为，直觉要让位于逻辑，认为直觉也有其缺陷，认为"直觉是盲目的，理智借眼睛给她，她才能看"。① 贝奈戴托·克罗齐（Benedetto Croce）做了直觉的反驳，他认为"（直觉）无须旁人借眼睛，她自己就有很好的眼睛…… 混化在直觉品里的概念，就其已混化而言，就已不复是概念，因为它们已失去一切独立与自主，它们本是概念，现在已成为直觉品的单纯元素了"②。

（二）情感性——多元的体验力

审美体验另一个重要的表征是学习者个体意义的情感性。审美艺术学将审美客体理解为静观的对象，使其形式与形式的意向性结构组合成"象"的世界，进而实现移情，也就是对象化。对象化直接强调感的投射。学习者只有将自己的情感融入审美对象中，才能形成"意象"，审美活动才有意义，才能产生真实、积极的审美态度，从而获得心灵的愉悦。情感之于审美的意义是不言而喻的。例如，在古代散文阅读中，我们不仅要引导学习者辨识其中的形式价值与意义，还要引导学习者进行情感的体验和积极融入。正是因为学习者真实情感的投射，才使古代散文变得有血有肉、真实生动，有历史韵味和时代价值。为国挺身而出的烛之武，虽力挽狂澜，却必然成为悲剧英雄；为义拔剑而起的荆轲，虽然失败，却也显示了道义侠客的无畏精神。这些字里行间显示出的滋味和灵性，都强调了审美的重要因素——情感的真实投射。或者说，因为情感的存在，学习者才是审美的，审美只应关注审美的价值（美与丑）的感觉，又或者说，审美始终应关心一件事，即是否是美的。无疑，情感性才是促进审美的动力，它是发现美的眼睛之一。

---

① 克罗齐. 美学原理［M］. 朱光潜，等译. 北京：人民文学出版社，2008：7.

② 克罗齐. 美学原理［M］. 朱光潜，等译. 北京：人民文学出版社，2008：7-8.

（三）层次性——动态性的深入体验

关于审美体验的层次性，我国学者各有见解。杨恩寰认为审美体验重在过程，并将其分为观照、领悟和彻悟三个层次；宗白华同样认为审美体验是有层次性的，不过他强调生命的活跃，强调体验的动机，认为只有这样才会使审美体验达到较高层次；李泽厚则指出审美体验作用在耳目、心意、神志，这三种境界把体验提升到了较高的价值层次；王苏君认为"审美体验的过程是一个循序渐进的动态过程，审美体验大致可分为三个层次——直接体验、认同体验、反思体验"。众说纷纭中，我们可以发现审美体验无论是何种层次，总是有层次性的，是具有发展性的，是螺旋式上升的，是可以和基础教育阶段的审美教学相契合的。首先，学习者审美内隐于感知和体验，只有心里有所触动，才会感受到文章中"心有灵犀"的地方；其次，学习者审美感受外显于"判断和鉴赏"两方面，这是审美思维的理性显现，也清晰地体现出学习者对审美对象形态、风格、题材等是否有偏爱的心理倾向，或者继续外显为审美标准，或者转变成内隐学习的重要资源，成为缄默性知识的一种，只可意会不可言传；最后，学习者审美心理最终表现在审美超越上。在审美学习过程中，尤其是审美体验，不单是精神、情感与个体生活的融合，还指向于对自由的关照、对精神空间的开拓，只有这样，才可能像宗白华在《美学散步》中提道："把我们的胸襟像以一朵花似的展开，接受宇宙和人生的全景，了解它的意义，体会它的浑沉的境地。"①

（四）创造性——感性与超越的紧密融合

在审美体验的实际发生过程中，学习者的体验一直处于循序渐进、螺旋上升的动态过程，在感性和精神层面显示出了对美的追求和期待。一方面，从认知角度看，学习者基于审美体验对生活、世界、生命有着独特的、崭新的感悟与思考，即便是"此中有真意，欲辨已忘言"，也是一种鲜活的情感存在，体现着创造性；另一方面，从实践角度来看，在被审美对象激活的情感的不断引导及碰撞下，学习者有审美创作的冲动与热情，审美创作并不是指概念化的写作，而是强调学习者个体情感、兴趣、能力的整体表现，强调精神层面的超越和发

---

① 宗白华. 美学散步［M］. 上海：上海人民出版社，2005：369.

展。审美教育并不一定能把每人都培养成艺术家，但应该帮助他们感受和体验美的存在，逐渐形成美和审美的表现意识、兴趣、冲动和实践。究其根本，这也是精神自由，是审美的创造。正因如此，审美教育才能突破知识教育而进入学习者的人生领域，把感性和超越、理解和创造系于一身。

第二节　审美体验在基础教育阶段的实践困境及思考

学习者的审美体验越来越受到重视。但由于种种原因，学习者个体的审美体验层次和水平没有被真实地提升起来，精神层面仍然无法实现超越。

一、学习者审美体验被隐性替代，审美直觉感兴力"乏力"

学习从本质上说是一种沟通与合作的活动，教师在实际的教学过程中应该恰当地调整"教师、学习者与教学影响"之间的关系（这是对教育学原理最简单的认知），这样才能让学习者从中获益，进而成长和活泼起来。毕竟学习从根本上说是学习者自己的事情，要给予他们学习的机会，使其形成正确的学习动机，不让"被动学"进入审美过程。学习者在审美过程中真实和主动起来，教师要发挥应有的作用，师生要保持良好的关系，这种关系的融洽既是一种教学机制，也是教学相长的真谛。然而在实际课堂教学中，学习者的个性化学习体验（包括审美体验）经常被隐形替代。从形式上看，教师给予学习者以自主学习、合作学习、审美学习的权利，有学习团队、有相应的评价，但是，教师的评价及总结往往突出了教师个性化的阅读体验和学习体验。事实上，教师预先设计了教育教学中审美的内容和张力，甚至直接确定了审美生成的方向和内涵，以自己的审美结论取代学习者的体验，用工具理性取代情感感悟，这是对学习者审美体验的巨大阻碍。虽然审美直觉感兴力有时候需要教师的引导和示范，但就其场域而言，不能将教师的场域作为唯一场域。例如，在《雷雨》的学习中，如果教师预设从命运观的角度来探索文本中人物情感发展的必然性，那么学习者就只会围绕命运观来阅读文本，学习者的审美方向已经被直接指定，这是不合适的。我们必须清楚，从命运观的角度学习文本，可以是其中的一个选择，却不是唯一的选择。每位学习者都有自己的审美态度和情感感受，这是个性的、独特的。学习者应该有自己个性化的场域，否则审美之于感性力就会乏力、苍白，审美个性点燃的"直觉感兴力"就会错失，更不用说直指精神层面的体验与超越了。

二、教学最优化方法缺失，忽视不同文本的审美因素

最优化理论强调以最小的代价（资源、时间等的投入）得到最令人满意的效益（产量、质量等的产出）。审美教学的最优化要做到理解、把握教学内容的本质和主题，提升学习者的知识水平、元认知能力、自我效能感水平和审美情趣层次。然而为了节省时间和精力，教师往往选择单一模态、个性化的方法而不是最优的教学方式进行教学。这会使学习者趋于"习得"而忽视教学内容内蕴的不同审美情感和意义，进而忽视不同的审美学习因素，也就忽视了自身的个性化的审美体验。例如，古诗词蕴含了语言美、情感美和文学艺术美等众多审美因素，但是一些教师往往忽视这些以美为特征的情感因素，仍然按照朗读、翻译、内涵讲解、知识训练、精神意义提炼、学习能力迁移、布置背诵等模式化的流程来进行教学，学习者获得的是这首诗词的"工具理性"而不是这首诗词的情感美、精神美。又如，优秀小说人物形象立体生动、情节复杂多维，读起来如临其境，美感自然而生。在教学时，教师可以依托小说的基本特征和人物情感的发展线索，引导学习者自主学习理解其中的人物特点、主题、精神意蕴以及在当代生活中的价值和意义，并通过情感共享和审美心得交流，形成自己在理性和感性方面的综合认知，进而辨析和形成审美断识，少有偏见，不受蛊惑，从而培养其健康的审美情趣。

三、过于关注显性成绩，忽视审美体验的价值

基于功利化的考量，基础教育阶段考试和分数一直被认为是衡量学习者学习素养的主要指标。在教学中，教师常将注意力放在理性认知的目标上，突出评价的工具意义和理性价值。虽然一定程度上学习者的外显分数也体现了他们的综合素质和能力，但是标准化的评价方式容易忽视对学习者审美体验的"关键能力和必备品格"养成的引导和点评，使得学习者对审美体验的理解常常止

于"感受"和"个性化"。其实，学习者的外显成绩是在一种计划性、可控性评价中训练出来的，而学习者审美体验的获得很多时候是一种内隐性的存在，不易在外显成绩中表现出来，需要引导、展示、交流，需要共鸣和个性化，需要"非智力性评价"的助力。例如，古诗词可以背诵下来，小说中环境描写作用、人物形象的描写方法、精神价值和意义的辨析等常见的阅读问题可以按照教师的方法套用固定的模板，但是在学习富有生活情感和历史意义的小说时，学习者体验和感悟水平的提升则需要学习者个体、团队、教师以及其他教学影响的共同参与。学习者对作品中的情感有感悟、有共鸣、有反思，相关成果可以"建档留存"，那么学习者的审美体验就会不断地得到认可和激励，其层次和水平就会得到提升，而不是低水平徘徊。

四、缺失审美范畴的介入，学习者缺乏审美感悟

学习者审美体验水平较低主要表现在两方面：一是很多学习者对于什么是美感并不清楚，这样就导致学习者无法在审美思维和情趣上有深刻的感悟，从而用功利性审美或者理性分析取代对美的真实体验和感悟。从这个角度上说，"美永远是作者和生活的，和学习者无关"，这个现象就无奈地产生了，但这和学习者学习的心理特征是相悖的。从学习心理特征上看，其实任何一个学习者都是活泼的情感体验个体，只是这种"活泼"没有在学习过程中被激发。二是学习者在审美活动中非常被动，很多时候缺乏独立思考的能力或是不喜欢独立思考，也并不在意自己独特的审美体验，反而是过多地依赖既有答案和教师的讲解。如此，无论内涵多么丰富和深广的作品都成了公式与工具，学习的工具性被放大、人文性被忽视，审美教育（包括审美体验）并没有成为实然的教育内容，这是审美教育的无奈。没有了基于美和审美的学习动机，学习止于"习得"，即知识皆可掌握，却与情感和精神内蕴的真实感受、感悟失之交臂了。当然，审美教育不能随意开展或者将其混同于道德教育、艺术教育。从实践角度看，可以从"优美和崇高""丑和荒诞""悲剧和喜剧"等审美范畴中，选择合适的范畴和审美角度进行具体的审美介入，学习者审美体验就有了方向、机会和可能，为审美感悟提供必要的前提和基础。其实，审美体验是一个内化的过程，在旨向清晰的审美范畴中选择合适的角度，学习者主动参与其中，自然而

然地进行审美感悟和个性解读，而不是习惯于教师模式化的"精神主题解读"，不是懒惰地等待趋同的、不变的审美结论，否则，作品中所蕴含的美就难以被发现和感悟，甚至直觉性感悟美的能力也会逐渐丧失。

五、学习者审美创造能力薄弱，缺乏创作兴趣

在审美感知的基础上，审美创造力在不断形成和发展。"自主、积极和个性"是对学习者审美创造力的应然态度和要求。但是，在基础教育阶段，学习者仍然缺乏对美的期待、表达与创造，原因有三：一是学习者缺乏对美的"表达兴趣"，创造力止步或者让步于"常规化的逻辑分析"和"模式化的意义总结"，所谓的"美的存在"难以触动学习者"追求高分值"的内心，学习者表达的兴趣也就不高，加之各种学习压力，没有时间玩味、思考和探求"内隐的美"，没有想要创作的愿望；二是学习者的审美感受力和鉴赏力较弱，表现为审美学习习惯上的"简单感受"，即简单感受人、事、物、情，并不进行"感悟"，并没有自身情感的真实、充分的参与，而是习惯于"教师的指导和作者的原意"，这种"他人体验"的习得使学习者的审美感受力和鉴赏力无法形成，久而久之，他们必然无视美的存在，更无美的创新和发展；三是对学习者美的内隐学习方法缺乏必要的指导，对审美创造力缺乏目标性引导，同学间、师生间缺乏关于审美创造力的有效的交流和足够的展示。相对于外显性学习来说，审美体验更多的是一种内隐性学习，而学习者的内隐性学习还处于低水平阶段，不能与外显性学习有效地交融，从而无法实现应然目标。学习者的创造能力薄弱，也就失去了创作兴趣。

第三节 基础教育阶段学习者审美体验的行动

针对基础教育阶段学习者审美体验的实践困境，笔者提出以下实践路径：一是为学习者创造自由的理解空间，二是选择和设计文本的审美范畴，三是关注多元评价方式，四是通过分享交流促进审美思考，五是通过读写结合促进审美创作。（见图 12）

图12　基础教育审美体验行动策略

一、为学习者创造自由的理解空间

审美体验首先是学习者个体的情感介入，是基于观照的情感感悟。在审美学习中，教师要给学习者以自由的理解空间，根据不同的文本和学习者学习心理，鼓励学习者以审美的"态度"和"胸怀"期待审美的感受和共鸣。各种教学内容其实都有学习者情感感悟和张扬的空间，学习者既可以娓娓道来，也可以磅礴慨然，因情而生景仰，因景仰而生感悟。美并不是理性存在，为什么不给学习者更多的体验机会和"灵犀一点通"的审美共鸣机会呢？例如，学习者还没有进入文本的内在世界之前，他们对文本中的语言、人物形象和情感等首先产生了一种审美性、直觉性感受，这是学习者最初的一种审美体验，尽管可能没有教师的审美初体验完整、深刻，但是很真实、独特，不可替代。朗读过程同样如此，教师朗读《再别康桥》可能会读出它的绘画美、音乐美和建筑美，学习者读出来的可能是这三者之一或三者之二，但是学习者或者可以体验到《再别康桥》文字没有描述到的康桥的景色、特点、情感，甚至可以"真实"感受到康桥阳光的温暖、风的清冷和鸟儿的清音。联想和想象是没有边界的，不可将学习者置于唯一的审美场域。进入更深入的学习时，学习者的审美体验是一种情感内化的活动，来自他们的思想和内心的情感主要表现为审美知觉、审美联想、审美想象、审美领悟等。作为教师该放手时就放手、该引导时就引导，让学习者明白学习终究是个体行为，甚至允许学习者在审美体验时出错，而这恰恰是学习者审美体验层次和水平提升的必要历程，是教学以学习者为中心的具体体现。

二、选择和设计文本的审美范畴

为了使学习者更好地获得审美体验，教学要做到最优化，就要分析不同教学内容的特点，挖掘不同的审美因素。首先，选择合适的审美范畴是极其必要的。在明确的审美范畴中，教师可以考虑引导学习者整合、丰富教学内容的背景知识和相关信息，鼓励学习者挖掘不同的审美因素，进行审美体验和表达。例如，诗歌《立在地球边上放号》，学习者通常对文本中"力"的描写感到突兀，这恰恰是"崇高美"的审美范畴所能明确回应的，以崇高美为视角能够充分还原诗中摧毁旧世界、创造新生活的胸怀之力，体现五四运动自由宏阔、雄奇奔放的气魄，进而实现情感和精神层次的超越。又如，学习安东·巴甫洛维奇·契诃夫（Антон Павлович Чехов）的《变色龙》，如果不了解"审丑"的范畴及特点，就不能从"审丑"的视角审视小说的主题和其中人物的思想。将丑和美对应，才能深味其中的审丑价值、情感的意义。其次，对不同的内容运用不同的方式来进行教学也能很好地挖掘和欣赏审美因素。比如，可采用比较阅读、专题阅读等方式进行审美教学。在学习《林教头风雪山神庙》的时候可以与之前所学的《林黛玉进贾府》进行对比，这两篇文章中都有对环境、人物、情节的描写，那么它们又有什么区别呢？它们的侧重点分别在哪部分？通过一系列的对比阅读学习，学习者对文章的理解会更深入，并领悟到不同作品的情感美、精神美和文学美。如果单篇讲授《林教头风雪山神庙》，开展审美教育，则可以从"悲剧美"的角度来审视林冲"个人力量"与"时代与命运"的关系，这样对本小说悲剧美的价值和意义会理解得更深入、更透彻。当然，在教学中设定审美范畴并不是设定场域，而是因需而定、因势而导。另外，选择审美范畴不能仅仅理解为美的感受视角，体验审美范畴的内蕴是一个过程，这个过程可以提升学习者对美的体验水平，有利于审美情趣的养成，有利于实现精神的超越。

三、关注多元评价方式

学习不仅是对外显知识的掌握，还是对内隐知识的生成和发展，审美体验也是如此。因此，教师不应该只关注外显评价、看重学习者的外显成绩，也要关注学习者的内隐学习和审美体验获得，使用过程性评价与终结性评价相结合的方式与方法，实现诊断、激励和发展的目的。

基于此，可以采用过程性评价引导学习者保持对审美体验的期待和向往；可以采用非指导性评价激活学习者审美体验；可以通过对比性展示来拓展学习者的审美视域；可以通过个性化写作展示学习者对生活和学习的情感。以上这些是过程性评价的应有之义。例如，学习《将进酒》可以引导学习者在对其进行审视、体会与理解的过程中融入自身的情感，与该诗的精神意蕴有触碰和共鸣，从而获得个体意义美的享受与感悟；可以通过"档案袋评价"肯定学习者的审美成果；可以通过"交流和共享"促进学习者的反思和情感升华；可以通过朗读释放学习者的审美情感和个性化体验；可以通过"专家讲座"引导学习者的审美方向；等等。应该基于需求和学习者个性化学习特点，关注多元评价方式，充分肯定学习者在审美体验过程中的表现。刚提到的《将进酒》这首乐府诗，审美者在对其进行审视、体会与理解的过程中融入自身的情感，在身临其境中与该诗的精神意蕴完美契合，从而获得了美的享受与提升，然而在考评中却不能完整默写该诗，这时候就不能用外显成绩终结式反馈，更应该关注多元评价方式，多关注学习者在学习过程中的情感、情趣的变化，是否有自我的提升与发展，人格意义是否更加完整和完美，是否因此更加自爱和自强等。

因此，评价强调由固守走向开放。基于学习者的年龄特点，教学通常将结论固定化。然而随着社会发展，低段学习者的理解能力不断提升，固定结论越来越受到挑战。其实，对文本的多元理解是必然存在的，它为多元审视和归纳教育资源的精神内核提供了可能性，使阅读与师生生活联结起来，使审美教育及其评价具有越来越多的期待性视野。开放的意识才能给学习者的思维带来解放，使学习者的心智模式有所突破。接受美学学者汉斯·罗伯特·姚斯（Hans Robert Jauss）也提出："一部文学作品不是一尊纪念碑，行而上学地展示其超时代的本质。它更多地像一部管弦乐谱，在其演奏中不断获得读者新的反响，使本文从词的物质形态中解放出来，成为一种当代的存在。"① 从这一意义上说，实现学习者审美性的阅读及阅读评价由固守转化为开放尤为重要。

---

① 姚斯，霍拉勃. 接受美学与接受理论［M］. 周宁，金元浦，译. 沈阳：辽宁人民出版社，1987：26.

审美教育的评价是必要的。通常，评价的随意性或者针对性是存在的，审美评价的目的还是要能够"探察出作品的各种要素、关系和性质之间怎样互动和怎样相互生成，从而造成作品的独特意义和意味"①。

四、多维度推进审美体验

在实践中，推进审美者审美体验的维度是多元的，多维度的目的不是以多为利，而是显示在审美体验中学习者对审美对象的高度沉浸与自省，至少在态度、层级、目的和读写结合方面将体验真实、切身推进。

（一）鼓励沉浸

审美者在审美体验中的情感沉浸是直接而充分的，在体验过程中，审美者完全沉浸在情感所及的现象领域中的审美客体中，从而可以看到审美客体是蕴含的复杂性情感意味，鼓励沉浸，就是收获这种意味。

1. 尊重付出

即使在阅读以外的审美行为中，在试图体现教育性的同时，同样要尊重学习者的努力与付出，这是民主性，也是学习者情感充分知觉的必然要求。这里提及的尊重努力，恰恰是不抑制和禁止、不干扰和替代，是不脱离审美对象，不做无谓的联想，同时也获得一种心理能力——洞察力。

当然，这里提供的审美自由，并不是自我的无限放大，而是对"向善""求真"的追求，是强调在此过程中的沉浸与探索。如此，我们应尊重和支持审美者的审美努力与体验，甚至把"尊重"放大，鼓励审美者在感受中获得对应的共鸣，从审美客体中回味复杂性情感，求取对审美体验的多元理解，深化美的本质性内涵。

2. 鼓励尝试

在审美性阅读中，基于阅读资源审美特性的多样性和审美空间的广博性，更多时候，学习者群体审美的角度与结论是多元的，他们更习惯于在有一般意义的共识性的审美结论后，形成自己个性化的体验与结论。这种发现是作为审美主体的自我扩展，这是一种精神状态，是一种审美满足。仅就审美教育而言，

---

① 拉尔夫·史密斯. 艺术感觉与美育 [M]. 滕守尧，译. 成都：四川人民出版社，1998：102.

这种对审美特性深入理解和阐释的过程是弥足珍贵的。

我们并非强调审美至上主义，而是鼓励学习者作为审美主体关怀所指向的审美对象，肯定他们逐渐增加的敏感感受，认可他们的逐渐充分的注意力，如果他们对已经发生的、可能发生的事情都关心就是审美的努力。在审美教育中，不建议设置更多的所谓的"答案"，要对学习者的审美过程予以积极而充分肯定。从根本上说，审美是情感的收获与境界的提升，不能用固定语言结论形成评价范式。例如，《逍遥游》，较难于文字的意义中发现精神内涵，这时候审美性阅读走入困境。此类文章其实不一定要研究出结论，即便研究出来，也不一定符合不同年龄与思维特点。从这个意义上说，能引导审美者关注审美特性，积极进行审美探索，这个过程本身就是重要的收获。深层次的个性审美认知需要这种思维的过程性，毕竟审美结论本身就是过程的结论，审美过程中审美主体个性投入、感情投入，关注投入应是重点，失去付出，就是失去了审美的意义。

（二）渐次推进

审美是个体性事件，基于客体指向性，能够感知对象的美，自由地参与或者展开到对象的结构和意味中，其中，也存在两面性的可能，既是自由的，又是控制的；既是认知意义的，又是情感性的。体现在审美情趣养成的角度，便形成审美阅读的三个层次：独立（理解）阅读——鉴赏阅读——探究（研究）阅读。三者渐次推进，循序渐进。

独立（理解）阅读，支持立足于理解能力的培养，从整体上把握内容，厘清思路，概括要点，理解文本所表达的思想、观点和感情。强调自主理解，独立思维，结合文本、个体情感体验，形成审美意义的审美体验。注意将情感体验与认知区分开来，努力张扬情感与精神场面的感悟，审美天地，敢于挺立。

鉴赏阅读，在这一阶段，审美者的注意力与审美对象的内在联系在一起，审美对象的表现性被关注，而且，审美者已经脱离自我中心的状态，开始集中在独创性和情感表现的深度上。另外，逐渐强化对客观性的怀疑，学习者审美体验和情趣的张力更强，仅就阅读而言，对不同文体作品的阅读鉴赏能力也在提升。

探究（研究）阅读，审美者已经较少关注审美对象表现性的层面，审美情趣已经比较丰富和复杂，对美的理解已经大大扩展，这种探究并不仅仅是个体的探究，已经开始考虑他人的见解。更要说明的是，审美者会自觉、情愿地开展对审美对象的解释和批评，审美情趣已经朝向自我理解和自我澄明的层次发展。具体内容，可以包括"通过学习探究性阅读、开展'文化论著研读'，鉴赏研读'诗歌与散文'等，立足于培养学生的探究（研究）能力，发展批判能力"。①

（三）侧重发展

通常，我们看到艺术只围绕着实际艺术作品的外表进行活动，把它们造成目录，摆在艺术史里，或是对现存作品提出一些见解或理论。

在审美性阅读的实践中，我们对美的"目录"和美的"哲学"都有需要，这其实是审美过程的必然逻辑。"目录"，正是审美体验、感受和研究的结果，是审美情趣养成的途径之一，也是审美教育的一般目的。而"哲学"则是开展探究式审美推进审美情趣养成审美的目的与方向，从深刻意义上说，离开哪一方面，都会使审美教育显得牵强和生硬，而且形成目的性缺失。

这里要说明的是，将"目录"和"哲学"两方面合二为一是学校及学科审美教育的努力方向，积极引导审美者多角度感受美的存在，感受美的熏陶和力量，实现境界的提升。对于审美者而言，随着逐渐深刻的审美性阅读思考，审美批判总会显示鲜明的个性特点，而且这种个性化审美结论往往因为审美者的不同经历、方式、方法与习惯而大相径庭。因此，一方面，审美者应避免显而易见的偏见与臆断；另一方面，审美者经常反思审美过程的体验，体会情感与境界升华的着力点，鼓励审美者形成独立而有体系的个性化的审美结论。结论必然不一，虽侧重不同，但重在发展。发展的意义在于三点：一是认真从每一次审美活动中积淀审美经验和知识，前文提及是循序渐进；二是有独立审美的期待和兴趣，且有个性化的审美观点；三是交流共享，"美"本身就是复杂并有多重意义的，仅就审美特性就有不同层次，各有所重，各有其理是正常的，共享与交流并不是辩驳，而是借为己用，启发、延伸。至于是侧重"目录"还是"哲学"，只要审美主体在审美过程中有个性化的审美解读与理解，就建议支持

---

① 倪文锦. 高中语文新课程教学法 [M]. 北京：高等教育出版社，2004：112-115.

和鼓励存在，鼓励搁置结论。审美情趣的养成自然蕴于其中，自然而然。例如，有的优秀传统文学作品写作年代较久远，传统的结论虽然有生命力，但是当代的学习者都会有自己的审美理解，这些"自我存在的判断"实属正常。只要能够对审美情趣的养成有检验和澄明，且有针对性地进行探索，于理明确，于情透彻，自成其理，自有其情，则建议支持多元化理解，不求统一，而是基于不同的自我理解和自我澄明，引导审美主体放开审美情趣空间，以真性情感受真善美。

五、分享和交流

在审美情趣养成的过程中，有一项重要内容是表达与创造，其中表达是"自我判断和自我澄明"的过程、结果的传递与共享；交流是学习者审美包容的实现。我们强调随着学习者个体对艺术品或者审美对象的愈加精细性和确定性的把握，随着学习者对"审美判断"和"自我理解"的可变性的增加，会出现对审美体验和情趣的"矛盾同体性"，即会出现对审美的意见和情趣养成的正反意见相持不下的情况。想要获得普遍的赞同和支持是一种抽象的假设，也许会使学习者对自己经验和情趣的性质做出提防性注意，或者，这可以使学习者愈加澄明；或者会使学习者陷于"自疑"的怪圈而不自拔。基于此，分享与交流永远是有效的审美情趣养成的催化剂，就类似塔尔科特·帕森斯（Talcott Parsons）所描述的"对话式会见"。

学习者在与他人交流和分享时，大约经历学习、共享、交流和生成四个阶段。

学习并不仅指审美学习之初对审美对象的"恰当解释"，还有充分注重和重视审美对象的传统意味、现实意味，并由此继续追求走近审美对象，一层层揭开审美对象的"美"的面纱，严格说来，教育的加入会使审美对象的内涵与启示更复杂，毕竟加入了教育的导引，但同样的，也会对审美对象、教育的目的要求和审美教育之间的关系有更清楚的透视，不是谁被谁击败，而是把与审美教育相关的要素、要素关系理解得更清晰。从这个角度来说，审美情趣养成就更需要关注，毕竟对审美特质最敏感的人而言，他会要求一种更有吸引力的审美环境，在其中涵养情趣、陶然性情。

共享的意义是寻求和优化自己的审美经验，丰富审美情趣内涵。在审美体验中，审美者的审美满足、审美知觉能力、审美理解力和洞察力等都有积淀和需要，在此基础上，审美者更渴求的是自我的确定，并有较强与他人共享的需要，这是不断向自己澄明审美感悟的内涵和意义，是一种变相的"审美寻根"。或者说审美情趣的自觉性的不断澄清，也是循环不断的，共享的前提是自我认定，共享在意义在于不断的"寻根"。

　　交流自然要表达，但不在于炫耀或者功利性展示，而是一种情感的宣泄，并因此触动更鲜活的审美情趣，这是表达和创造的魅力所在。如果缺失了美的感受与情感的传递，审美的世界就不会丰盈。当然，审美情趣是一个内化的过程，在此基础上，可以适时组织一些审美体验的和有利于审美情趣激活的交流活动，例如，诗歌朗诵、剧作展演、主题阅读、审美作品展览等活动，引导更多学习者在表达和交流中激活情感，用美的态度和视角看待学习内容与生活，让情感与精神都觉醒起来。可以这样说，交流是一种唤醒，是一种情感和精神的美的唤醒。例如，《孔雀东南飞》组织学习者多层级朗诵：沉浸感受—情感共鸣—个性化生命观照。多层级诵读会从情趣角度诠释审美主体心中的形象、情感、母语的表意美、节奏美、音韵美甚至精神美。基于情感的审美满足和个性期待，审美者会主动参与其中并用自己的方式展现自己的理解，感性美和工具理性的复合性实践会使学习者有自己的审美心得，并且会从同伴们的表现中有所借鉴，增进对审美对象的理解和鉴赏水平，提升对美的感悟能力和体验的层次，在体验和交流的过程中不断丰富自己的审美情感与情趣水平。又如，《鸿门宴》，可以从很多方面进行专题阅读：可以从局部入手，研究刘邦和项羽这两个人物形象；也可以从项羽失败原因的角度来进行专题学习。不管从哪个角度来进行专题阅读，最终的目的都是促使审美者从不同角度理解文本，体验不一样的"英雄美"。体验文章中"美"的存在，并不仅是感受和显示个性化的美，更在于学习团队对于"美"的感受、体验、理解、判断、超越的分享与交流，使审美体验更真实、更自然。

　　生成其实也是明确的，学习者对审美作为判断，也是不断对构成自己经验的各种要素的判断，在此过程中，学习者会对审美的情趣与结构提出疑问，如果他们根据自己的理解与判断来不断自我调整时，这种调整就具有了更深层次的意味，有益于丰富审美情趣的内涵。

第九章

审美情趣养成的内隐激发与实践矛盾

审美情趣的养成是一个理性与感性不断转化、发展的过程。对于基础教育而言，学习者的学习并不简单指向工具性和人文性两个属性，更重要的是指向工具性与人文性的融合。以古诗文学习为例，其特有的内隐式素养的习得和发展对解释学科教育的性质与价值有积极的意义，本章试图勾勒在动态的古诗文学习发展过程中，内隐学习的基本表征与关系，以其厘定审美情趣养成的内稳意义。

第一节　内隐学习的教育价值

一、内隐学习的表征与教育价值

内隐学习是美国心理学家阿瑟·S. 雷伯（A. S. Reber）在《人工语法的内隐学习》中首次提出来的，他认为内隐学习是指无意识、自动化地获得经验并因之改变其事后行为的过程。根据后期不同学者的研究，基本可以概括出内隐学习的以下特征。

第一，自动性特征，即内隐学习是自动产生的，无须学习者有意识地发现外显的操作规则；第二，抽象性特征，即内隐学习不依靠刺激材料表面物理形式的变化就可以获得内隐知识；第三，理解性特征，即内隐知识在部分程度上可以被意识到；第四，低耗性特征，即学习者不需要耗费脑力、精力有意识地强迫自己去学习，而是自动地、无意识地进行的。①

---

① 郭秀艳. 内隐学习研究综述［J］. 华东师范大学学报（教育科学版），2004（1）：49-55.

基于此，其教育价值也是鲜明的，有利于审美情感的发展、审美认知的发展，并促进核心素养的养成。

（一）基于情境的感悟迁移，促进情感发展

在基础教育古诗文的学习中，"感悟"是学习的第一阶段，但其实感悟更多指向学习者获得的"有意义、非理性、不可量化"的缄默性知识。"有意义"是指对学习者的情感感受、体验期待有重要作用，不仅对学习者的听、说、读、写等基本能力具有促进作用，而且有利于学习者良好道德品质、审美能力和人格魅力的形成。"非理性、不可量化"是指"感悟"在一定程度上可以被学习者意识到，但不能像外显知识那样直接用符号和文字表达出来，换言之，虽然我们无法将所获得的这种缄默知识明确清晰地表达出来，但事实存在，有独立的价值与作用，我们可以对其进行迁移运用。

1. 同一文学体裁之间的感悟迁移——情感升华

我国学者郭秀艳等做过诗歌内隐学习的实验，他们让 32 名年龄一样的学习者在不同提示条件下通过内隐学习或者外显学习把从未接触过的唐诗进行补全，这些唐诗有的涉及基本规则，有的涉及变异规则（诗歌并非完全按照押韵等常规创作的），实验的目的在于测试关于规则的提示语对学习者的外显学习和内隐学习的影响。研究表明，"在押韵方面，提示分别与学习方式和测验材料存在交互作用：外显学习时，有提示好于无提示，内隐学习时有无提示没有差异。用基本规则进行测试时，无提示成绩好于有提示，用变异规则进行测试时有提示成绩则好于无提示成绩"。[①] 明确的提示语，例如，"这首诗具有基本规律"这样的指导语往往引发的是外显学习。

但若涉及变异规则或者是情感体验，内隐学习则同样具有强大的学习价值。同一文学体裁受基本规则的影响，可以在外显学习时形成基本的认知规律；而同一文学体裁却表达着大相径庭的情感与态度，用相同的技巧表达不同的情感会使学习者对情感的感悟更深刻更多元，思维的触角范围更广。从这个意义上说，内隐学习为情感的升华提供了必要的条件，不可言传的缄默情感使学习者无时无刻不受着情感的启迪与冲击，感悟升华水到渠成。"熟读唐诗三百首，不

---

① 郭秀艳，魏知超，郭晓蓉，等. 诗歌内隐学习的实验研究［J］. 中国心理学会第十届全国心理学学术大会论文摘要集，2005：211-212.

会作诗也会吟"就是这个道理。

2. 不同文学体裁之间存在感悟共融

学习者在古诗文学习的过程中，收获内隐知识，获得学习感悟，不仅有利于学习者对于诗歌的感受、认知和重组，而且学习者一旦通过学习感悟这种"非理性、有意义、不可量化"的内隐知识，就可以在不同文体之间进行灵活的感悟迁移，不断提高感悟的意义、层次和水平。

在《京口北固亭怀古》的审美中，学习者通过感悟、体验辛弃疾对于国家现状的复杂情感和爱国主义思想，不同程度地获得这种悲壮的美的陶冶与情感升华，提高了自己的审美情趣和审美品位，升华了审美理解。这在历史散文《烛之武退秦师》的理解和学习中可以实现感悟的共鸣与融合，丰富对爱国主义情感的认识和理解，使学习者以更复杂、更多元的情感，感悟复杂的历史、文化与爱国主义情感。这种共享与融合是不同文学体裁之间的内隐学习自然发展的结果，有利于进一步开展外显学习与认知，提升学习者对诗歌理解与鉴赏的境界，一定程度上提升对民族审美心理内涵的理解。

（二）基于理解的认知转换，促进认知发展

有关研究证明，虽然缄默知识和外显知识具有各自的特点、价值，有不可替代性，但是两者可以相互转换。认知体系的建构，正是由外显知识和内隐知识共同构成的，在古诗文理解与认知的学习过程中，二者将各自的部分知识进行相互转换、融合，进而促进认知的有效发展。

1. 外显知识内化为以感悟为特征的内隐知识

这种转换强调内隐知识的不可或缺，对于诗歌学习的知识体系而言，外显知识的生成、理解和运用都根植于内隐知识，内隐知识虽然无法量化，不能显性存在，但是认知的重要来源之一。

学习者在诗歌的学习中，对缄默知识的感悟、体验和运用会使学习者形成较为独特的审美感受，能够从情感层面深层次地理解作者隐藏在"情境"和"意象"中的既含蓄内敛又磅礴冲动的情感，能够挖掘古诗文中所蕴含的优秀传统文化精神、艺术价值和时代意义。基于此，引导部分外显知识内化为内隐知识可以使内隐知识更真实、更具学习与实践意义。

（1）强调朗读对外显知识内隐化的作用和影响

朗读对外显知识的内隐化不可或缺。朗读是广义的，并不单指有声语言，还包括"诵读""眼读"等方式，这些方式清晰地指向一种核心表征，即通过朗读使学习者多层次、多角度感悟文本刺激材料，进而生成虽不能言明但实际存在的缄默知识，"操千曲而后识音，观千剑而后识器""书读百遍其义自见"所体现的就是这个道理。朗读在外显知识内隐化的过程中有重要的影响，它是"心、眼、口、耳并用的一种学习方法，它可以让学生在感知言语的声音形态的同时实现对文本的感悟理解"，① 朗读重在"悟"，强调学习者对语言意境和语感的直观体验和深刻直觉，它是通过感官和直觉而获得整体上的"心领神会"。古诗文中的一些语句往往是"言不尽意"的，需要学习者通过"诵读"去"悟"，但这种内隐知识的形成不能脱离外显知识的助力，要使得显性的知识逐渐转换为内蕴的内隐知识。

《诗经·采薇》中的"昔我往矣，杨柳依依，今我来思，雨雪霏霏"，学习者之所以能够体会出其中所蕴含的不可明言的思念、感动、怅惘、寂寞甚至是悲剧美等，首先是基于外显知识的理解和学习，通过对"昔""往"的对比，通过"杨柳依依"的特征，通过"雨雪霏霏"的意境的理解和朗读，逐渐形成内蕴的隐性知识，使其由模糊而至鲜明、强烈。

（2）最近发展区在转换中起着重要的作用

外显知识的一部分转换为内隐知识并不局限于学习者自身的古诗文学习水平，还要确定学习者在学习过程中的学习领域，换言之，即维果茨基（Lev Vygotsky）最近发展区对部分外显知识转换为内隐知识存在着重要的影响，这种影响体现在三方面：确认最近发展区、建立学习共同体、明确脚手架。

学习者学习的期待、兴趣、方法、思维以及自我效能感，一方面因为生理原因具有一定的相似性；另一方面因为多元智能及学习生态使学习者的学习能力有较大差异，这就使学习者的最近发展区既表现出趋同的特征，又显示出差异化和个性化的表征。这种差异使最近发展区中学习者潜力激发更有价值和意义，外显知识转换成内隐知识更有条件和可能。建立学习者共同体有助于学习者将外显知识转换成内隐知识，这种转换基于学习者学习共同体的自主、合作、

---

① 王荣生. 文言文教学教什么［M］. 上海：华东师范出版社，2014：10-11.

分享与交流。教师脚手架提供，使最近发展区的实现有了基本保障，这更进一步地促进了古诗文学习中外显知识向内隐知识的转化，这种转化不是单一的学习者个体的转化，而是学习者个体在自主学习、最近发展区学习基础上的转化，是多元的、复杂的和丰富的。

2. 内隐知识显示为以建构为目标的外显知识

（1）有意识参与是促进古诗文中的内隐知识向外知识转化的重要基础

内隐学习的研究初期，学者普遍认为内隐学习是以无意识参与为基本特征的，但这样致使内隐学习成为极端个性、抽象的存在，不益于发展与提升，较长时间地停留在情感体验的单一层面。随着研究的深入，有学者认识到，"当经历一定数量的强内隐训练（匹配）后，被试掌握的内隐知识渐渐地越来越被意识所接近，以至于最终在内隐加工强度的某一点上与外显加工接通，彼此迅速达成了资源共享，从而使得学习效率提高"。[1] 我国学者郭秀艳、杨治良等人也通过强分离程序——匹配和编辑的实验证明，有机体能够将从一种学习中获得的内隐知识迁移到另一种与它相似的学习中，迁移的越多，说明学习者对知识的内在深层结构掌握得越多。这对古诗文教学中的内隐学习有重要的价值和意义。

长期以来，我们强调古诗文教学的基本性质是工具性与人文性的统一，如果不能将内隐学习的感受和体验向外显知识转化，那么工具性和人文性将始终是各自独立的存在。作为人文性的重要组成部分，内隐学习也不能实现其应有的价值和意义。换言之，内隐学习涉及学习者独立意识与自主学习心理的逐渐参与，从而能够实现内隐知识与外显知识的相互转换和融合。

（2）学习者内隐学习加工能力的训练直接指向外显认知能力的重构与提升

古诗文教学在语言、构思、形象、意蕴、情感等方面显示出了复杂的欣赏角度和目标，学习者个体的内隐学习在经由个体的无意识阶段后，逐渐开始向外显水平转化，一部分内容会转化为清晰明确的外显知识，但这不意味着学习者抛弃内隐感受直接开始枯燥无味的文言语法规则认知，而是经由了无意识参与到有意识参与再到重构与提升的应然逻辑。

---

① 郭秀艳，杨治良. 内隐学习与外显学习的相互关系 [J]. 心理学报，2002（04）：351-356.

其一，承认并尊重学习者古诗文内隐学习的权力和内容，提供学习时机和平台，开展内隐学习，并以朗读等方式展现，这一时期并不否认学习者无意识学习的学习效果，并不进行量化诊断。

其二，阶段性内隐学习开始后，古诗文的教学要提供平台，学习者可以凭借有意识的方式，通过朗读、表演、诗文创作等方式展现自己的内隐学习成果，实现由无意识到有意识的基本转变。

其三，学习者将外显学习与内隐学习相结合，多角度地欣赏古诗文作品，理解其学习要素，并且重构为个性化的古诗文认知体系，从这个角度说，学习者内隐学习向外显学习的转变由无意识参与向有意识参与转变，起于自发、兴于自觉、成于自主。

（三）基于多模态发展，促进核心素养养成

阿瑟·雷伯（Arthur S. Reber）一直强调内隐学习是无意识获得刺激环境中的复杂知识的过程，强调学习个体并没有意识到控制他们行为的规则是什么，却学会了这种规则。但是阿瑟·雷伯（Arthur S. Reber）反复强调的内隐学习的典型特征——无意识，实际上是基于了之前的有意识。就如朱光潜在《谈美》一书中所说，"心理学家有夏天学溜冰，冬天学泅水的说法，溜冰本来是在前一个冬天练习的，今年夏天你虽然在做旁的事没有想到溜冰，但是溜冰的肌肉技巧却恰在这个不溜冰的时节暗地培养成功，一切脑的工作也是如此"。① 内隐学习也是如此，我们称"夏天学溜冰"之前的溜冰技巧为内隐"前学习"。内隐"前学习"是多模态发展的，基于发展之一，多模态内隐"前学习"的发展性主要体现以下两方面。

1. 坚实文化基础的多层次发展

文化基础通常指人文底蕴和科学精神两方面。就人文底蕴来说，人文积淀、人文情怀、审美情趣的养成和发展角度是多元的，可以体现为认知学习、环境形成、具体行为；可以直接显示为外显知识，也可以内蕴为内隐知识；可以自主学习获得，也可以合作学习获得。从内容、方法、形式来看都是多模态的，其最终指向既是有系统、有建构的知识体系，也是有感受、有体验、有情趣、

---

① 朱光潜. 谈美［M］. 上海：东方出版中心，2016：95.

有兴趣、有期待的隐性收获。人文底蕴的学习与形成，对于内隐学习而言，是一种"前学习"，是一种"前见"，它会对内隐学习产生潜移默化的影响，换言之，无意识本身也是在一定层次与能力水平基础之上的无意识，所有学习者的无意识未必相同，他们的内隐"前学习"也未必相同，但都应该与内隐"前学习"中的人文底蕴相关。

科学精神无疑是指向了逻辑判断，这与内隐学习大相径庭，但是作为一种思维方式的存在，也将对内隐学习无意识的产生带来影响。一位法国数学家说，他关于数学的发明大半是在街头闲逛时无意得来的。这个"无意得来"是基于了"前学习"中的科学精神的习得和发展。作为逻辑存在的科学精神也将为内隐学习的无意识带来更开阔的视野。

需要说明的是，无论是人文底蕴还是科学精神，都并非只从书本中的学习得来，都并非只从学校得来，按照布朗芬的生态理论，它可以从微观系统得来，也可以从宏观系统得来。总之，对于文化基础而言，是内隐"前学习"的重要内容，其学习模式、方法、内容、来源等都有不同的模态，但都将作为内隐学习的"前见"。

因此，"无意识"并非一种纯粹的无意识，而是基于一定学习基础上的无意识。"无意识"应该是随着学识、年龄、条件的变化而逐渐发展的，无意识也是一个不断发展的过程。

2. 自主学习能力的个性化建构

从发展的核心素养角度来看，自主发展要从学会学习、学会健康生活等角度出发。相对于内隐学习而言，自主学习、健全人格、珍爱生命、审美情趣等都成了自主发展的重要内容，也是内隐"前学习"的重要内容，我们强调内隐"前学习"关于自主发展的多模态，是强调自主学习和内隐学习相关的自主学习，并非单一指向系统化、有设计的学习。

其一，按照朱光潜的说法，它可能是突如其来的，是出乎学习者意料之外的。在自主学习发展过程中，除却有规律的系统化的学习，总有一些学习内容刺激了学习者的"自主性发展"，但这种"自主性发展"并非可预期的，它是个性化的和内隐学习直接相关的"前见"，对内隐学习真正有意义。

其二，和内隐学习相关的自主发展的多模态也指向于非主观性。严格说来，自主学习、自主发展当然是主观的，但是，对于古诗文学习而言，因为某个契机激发触动的个性化的理解认知是不由自主的，希望获得古诗文学习的精华而不得，却因为某个词语的偶然触发而获得。这种内隐"前学习"为内隐学习的无意识提供了营养。我们有时称它为"灵感"，但是对于学习者自主发展的特征而言，并非只以主观利益性的获得为追求，非主观、无目的、无意识也是自主发展的核心要义之一。这种内隐"前学习"有力地推动了内隐学习包括审美情趣的形成和发展。

第二节　创设基于内隐学习的审美情趣养成空间环境

正如上文所述，内隐学习是审美情趣养成的重要因素之一。建构必要的空间环境是对内隐学习有效激发的重要因素，也是审美情趣养成得以实现的必要保证。我们从公共环境、家庭氛围、社区环境三个角度对内隐学习环境的创设、对审美情趣养成的环境需求进行分析，试图梳理环境之于认知、行为的要素特点。

一、基于学习视域的空间环境建构

关于学校及学习空间的作用和内涵，在佐藤学（Manabu Sato）的学习共同体学校理论中有相关阐述。佐藤学（Manabu Sato）认为，作为学习共同体的学校受公共性、民主性、卓越性的教育哲学原理引导，是基于"公共使命"与公共责任组织起来的场所，是实现每一个学习者的学习权、实现民主主义的社会，同时学校又是作为"公共空间"而开放的，是一种借助对话使人得以交流的场所。佐藤学（Manabu Sato）的学习共同体学校理论将学校视为微缩的社会与公共空间，强调学校的公共性。在审美情趣养成过程中，学校作为师生、生生开展审美教育活动的公共场所，要承担起相应的公共责任，整合审美教育资源，并保障美育资源在学习共同体成员间的充分交流与使用。

（一）创设润泽的学习空间

教师要打造一种润泽的教室环境。所谓"润泽"是指"湿润程度"，它表示一种温暖、安心、无拘无束、轻柔滋润的感觉。① 学习者置身在这样的学习环境中，会从身心感觉到安全、自由以及精神的幸福与愉悦。激活"无意识、内隐化"的领域以及灵感的灵动性，并不强求理性逻辑的显示，以情感与精神的愉悦共鸣为目标。教师可以布置显示班级特色、学习者个性、学科特点的黑板报、墙报、图片等，或者设置班级的文化长廊，以非指导性的方法鼓励学习者进行文学创作，教师自己也可以选用恰当的作品予以引导、示范，让学习者全身心地浸润在书香、经典的文艺氛围里并与之对话，使其耳濡目染、潜移默化地受到内隐的教育。

（二）建构学习者自主学习的良好环境

教师能够为学习者的内隐学习创造良好的学习环境，提供合适的学习条件，为学习者的内隐学习建筑好的学习起点，但是不能代替学习者进行内隐学习，学习者通过内隐学习所获得审美情趣、情感体验并不只是靠引导与示范，还需要学习者的积极情感积淀、审美前见以及在各种语言环境中反复玩味、感悟得来的自主学习经验，灵感的火花永远是个性的光芒，教师要意识到学习者内隐学习主体的地位与作用，激活学习者自主的实践感受空间。

例如，《烛之武退秦师》，指导者并不简单以爱国主义为标签，替代学习者的感受与领悟，而是引导学习者根据自己的审美前见，朗读收获，文本细读，作品背景，形成个性化的人物感受体验及审美与判断，领悟其中使自己情感愉悦或深受触动的文化内涵。强调学习者的个性化，并不单以学习结论为显性成果，而是可以通过朗读来显示自己的学习收获，使内隐学习成为学习者情感发展的主要动力之一，正视学习态度的保证之一。

（三）合理利用"互联网+"学习技术

根据分布认知论的观点，知识不是在个人头脑之中，而是社会、分散的，所谓"学习"就是参加学习实践共同体的活动。② 换言之，学习是依存于一定的实践，浸润于适当的情境，使学习者通过与他人的交互合作和知识的社会建构，逐渐深入参与，而"互联网+"就是这样一个恰当的手段。

---

① 佐藤学. 润泽的教室［J］. 福建论坛（社科教育版），2005（Z1）：86-90.
② 钟启泉. 课堂研究［M］. 上海：华东师范出版社，2016：56-57.

对于古诗文学习而言，"互联网+"至少显示了以下三点的学习价值，使内隐学习从若有若无中显示出了庞大的身躯与磅礴的生命力。

一是"登高远望，见者远而闻者彰"。互联网是一种学习工具和学习环境，对于基础教育而言，是学习可依据的巨人，要站在巨人的肩膀上学习。例如，《诗经》的学习，很多学习感悟与心得可以提升内隐学习的品位和层次，并不只是从《蒹葭》中见得男女情感，从《硕鼠》中见得阶级利益，更是从《诗经》"兴观群怨"的多元审视中提升自己的见解与认识，内化为情感学习前见。

二是"他山之石可以攻玉"。互联网的学习环境并不只是提供助力，更多的是提供情感共鸣的契机与前提，学习者可以从不同的学习见解与感悟中升华情感，触类旁通，灵感迭见。例如韩愈《师说》严格的背后显示着温暖，逻辑的背后显示着无私，只要有恰当的情感导火索，学习者就会形成漫天烟火。相对于外显知识的结构、体系与特征，内隐学习是一个无比斑斓、绚丽的世界。让内隐学习鲜明真实可信起来，互联网是有着独到的价值和作用的。

三是当"情"不让于师。在学习过程中，教师利用互联网给学习者提供展示表演的平台，既可以保证方向的安全，又可以显示内涵的精彩。任何一篇古诗文，学习者都有自己不同的见解，教师可以引导他们利用网络尽情展示。基础教育古诗文所引用的作品都是文化经典，学习者虽未必能理解其意，但完全可以从中领悟属于自己那份令人心潮澎湃的情感。例如，苏轼的《题西林壁》，低学段学习者当然并不能解读苏轼的哲学思想与生活体味，但完全可以从中激活自己的感受，让自己的生活空间、情感世界更多一丝灵动、多一种角度。我们并不是还原文化经典的原意，而是借此激活学习者的生活体验、学习感受、情感态度与信念，内隐学习是学习的重要组成部分，是学习者打开自己的审美情感、情趣大门的钥匙。

二、基于家庭视域的空间环境建构

良好的家庭环境及教育对学习者的内隐学习和外显学习同样有重要影响。学习共同体的环境要求家长参与到学习者的学习中，与教师和学校共同合作，促进学习者的发展。

例如，在古诗文学习中，教师可以制订一些可以使家长参与学习者学习的活动计划，使家长协助教师，共享资源。例如，"家长与学习者一起鉴赏诗歌，要求家长与学习者一起在课堂上朗诵"等，这样的参与会使得家长改变"教育属于教师和学校负责的事情"的思想观念，改变家长与教师之间的不信任关系，让学习者和家长从古诗文朗诵中体验到学习参与的快乐和重要性，感受到共同学习进步的可贵。除此之外，还可以建议"学习者每天向父母吟诵一首诗，家长及时做好孩子吟诵情况的记录并及时与老师交流"等，这些计划需要家长的支持、参与与监督。良好的家庭学习氛围会给学习者带来潜移默化的影响和熏陶，获得精神食粮，使学习者在不知不觉中获得缄默知识，促进内隐学习的发展。

三、基于社区视域的空间环境建构

社区与学习者的生活、学习等各方面息息相关，能够为学习者提供真实性生活情境，产生潜移默化的影响，因此，学校可以以自己为中心，联合周围的居民和社区，共同打造良好的古诗文文化环境，从而给学习者更广泛的教育影响。

例如，学校可以向周围社区提议，在适合的地方放置文学大家的雕塑和刻有名家文章、诗句的挂饰；在学习者休息的小公园放置有关优秀传统文化的经典书籍，开展图书漂流活动；学校也可以与社区联动，通过开发利用社区中的自然资源、社会资源、文化传统、场景布置等隐性的教育资源，创设一定的教育教学情境，营造浓郁的文化气息和感染力，使学习者领悟情境，触动内心的真情实感。

第十章

跨媒介阅读实现审美体验的关系困境与路径

新的信息技术手段不断提升教育的层次并推进教育的发展，我们除却掌握新信息技术的具体使用方法，还应理性审视其特征与基本内涵，将其与教育充分关联和融合起来。通过跨媒介阅读提高学习者的审美体验素养就是这样一种融合，我们需要厘清二者的内涵、困境，并依此提出实践路径，这是十分必要的。

第一节　审美体验与跨媒介阅读的本质属性

一、基于复杂意义的审美体验的基本内涵

前文曾提及，审美体验原指审美者在审美过程中精神层次的发展和超越，以及生命层次的感悟与洗涤。简而言之，审美体验是情感、精神和心灵的积极体验。在西方美学史上，关于审美体验，柏拉图（Plato）提出了"迷狂说""灵感说"，威廉·狄尔泰（Wilhelm Dilthey）则首次使用"体验"这个说法，汉斯-格奥尔格·伽达默尔（Hans-Georg Gadamer）丰富且理性阐释了"体验"的概念，使审美体验的内涵越来越丰富。还要强调的是，审美体验是独特的，这不仅因为审美体验强调情感和精神自由，让人越来越个性和独立起来，还因为审美体验用"美"使"体验"的意义和价值更加深刻，这是一种关注个性、关注情感、关注生命的体验，严格区别于理性判断。

换言之，审美体验既是简单的，又是复杂的。其简单在于对于情感和精神

的沉浸；其复杂在于，审美体验是发展意义的，是不断反思的过程。其核心从根本上离不开情感、想象和反思，是"个体内心的自我反省进而上升到人类生命存在的普遍价值的反省……是从外在审美对象进入内在想象和生命反思的过程"①。这种想象和反思与中国传统美学提出的"唤醒"形成了呼应，即世界万物因人的意识而被唤醒，从而形成一个充满意蕴的意象世界。至于进一步提出的"审美复归"则是与"审美超越"并列的"审美自由"的高层形态。审美体验，就是这样一种过程。

当然，审美体验的复杂性还体现在非线性。不同的审美主体在不断地对审美对象进行审视、体会与理解的过程中融入自身的情感，"情"融其境并与审美对象的精神意蕴达到和谐统一，从而获得美的享受与提升。这个表述并不与尤尔根·哈贝马斯（Jürgen Habermas）"具体生活的非对象性的整体"以及埃德蒙德·古斯塔夫·阿尔布雷希特·胡塞尔（Edmund Gustav Albrecht Husserl）"生活世界"相矛盾，实际上是一致的。

在基础教育阶段，"生活世界"很复杂。如果只将"生活世界"缩小到学习者的学习平台，其审美体验除了通过课堂学习获得以外，绝大部分是通过阅读来获得的。在阅读过程中，文本阅读并非唯一方式，至少还有跨媒介阅读，它内涵丰富、特征鲜明，因学习者情感与心理特征的不同而显示出不同的意味。

二、跨媒介阅读的内涵与特征

跨媒介阅读是一种全新的学习方式，其特征也是鲜明和突出的。

（一）跨媒介阅读的内涵

媒介是一种社会交往的符号，承载、传播着知识和思想。国内外学术界共同规约，将媒介分为五类，即书写媒介、印刷媒介、广播媒介、影视媒介和网络媒介。不同的媒介对同一内容和主题的表现形式各不相同。对于"跨媒介"而言，"跨"有"跨越""联系""跨界"的意思，"跨媒介"意味着不同的媒介之间并非完全隔绝独立而是相互联系，意味着学习者要突破传统媒介学习的限制，充分利用各种媒介特点，能够阅读与理解不同媒介呈现的"信息"，学会

---

① 李咏吟. 审美价值体验综论［M］. 北京：中国社会科学出版社，2009：1.

跨界学习。

　　严格地说，从学习的角度看，学习者通过不同媒介显示的信息发展自己的学习思维，不断判断、整合信息，从而进行个性化学习，这是单一学习媒介无法比拟的。"经济合作与发展组织（Organization for Economic Co-operation and Development，OECD）倡导的'关键能力'主张，不是单纯的知识、技能，而是能够运用囊括了知识、技能在内的心理的、社会的资源，能够在特定的语脉中应对复杂课题的能力。第一项就是能互动地使用社会的、文化的、技术的工具的能力。"① 作为学科核心素养养成的"关键能力"之一，"跨媒介阅读"能力必不可少。

　　可见，跨媒介阅读是一种新的学习的"技术"方式，目的是"引导学生学习跨媒介的信息获取、呈现与表达，观察、思考不同媒介语言文字运用的现象，梳理、探究其特点和规律，提高跨媒介分享与交流的能力，提高理解、辨析、评判媒介传播内容的水平，以正确的价值观审视信息的思想内涵，培养求真务实的态度"。② 在学习过程中，如何有效实现跨媒介阅读的实践价值，成为我们不得不面对的问题。

（二）跨媒介阅读的基本特征

　　跨媒介阅读是一种全新的学习方式，其特征也是鲜明和突出的。

（1）复杂性——赋予语言"多元化"的表现形式

　　媒介之间需要有一座沟通的桥梁，而在中间起沟通与连接作用的显性桥梁正是语言。多种媒介将语言信息通过影像、声音、图片、文字等不同方式传递给阅读者，引导他们从不同的媒介中获取、对比、选择、判断信息。从阅读角度看，跨媒介是对语言表现形式的创新，呈现出多元化的特点，"多元化"是对语言信息的"异构"，从而帮助学习者提升信息理解与选择的能力。例如，图片、音频、视频、网络等媒介其实是语言不同特征的表现平台，跨媒介阅读其实就是指学习者通过解读不同媒介所展示的"语言"，突破"先验图式"，通过"经验"来学习。在约翰·杜威（John Dewey）看来，"经验"又是有多种可能

---

① 钟启泉. 问题学习：新世纪的学习方式［J］. 中国教育学刊，2016（9）：31-35.
② 中华人民共和国教育部. 普通高中语文课程标准［S］. 北京：人民教育出版社，2020：14.

性的，这意味着跨媒介阅读是一种复杂性的存在。

语言是重要的交际工具和信息载体，随着时代的发展，尤其学习者学习个性的不断觉醒，异彩纷呈的语言体验、期待、学习策略以及较高层次的自我效能感水平使语言学习也呈现了"复杂性"的特点，这是传统媒介或者单一媒介无法清晰、完整传递的。跨媒介阅读使语言突破了单一媒介的视角，走向"图片语言""音频语言""影像语言"等多元媒介的"对话"和"互动"，这种"交互"赋予了语言新的形式和内涵，丰富且有多种可能性。跨媒介阅读帮助学习者跳出模式化语言体验，从线性范畴提高到新的境界，更具思考和批判性意味。这些都是复杂性的体现。

(2) 真实性——超越课堂教学的真实生活场景

在注重培养学习者学科关键能力和必备品格的今天，强调真实场景较大程度上提升了教育的生活意义。基础教育学科教学已经提出了"建构真实生活场景"的说法，势在必行。在信息技术日新月异的今天，超越"课堂"建构真实的生活场景，从而使学习者学习的兴趣与期待不满足于"理解和鉴赏""表达和交流"，还有"生活实践"，即走出单一的课堂教学情景而在更多真实的生活场景中学习和交流。所谓"真实的生活场景"是指与学习者紧密关联的社会环境或具备社会形式、特点的学习环境，是指帮助学习者在与同伴、老师、社会关系、学习资源等多元"他者"相互作用的过程中不断获取经验、体验的社会环境。其中的"真实"是指能够激活学习者的学习期待与兴趣，并且符合现实生活场景的条件性质。

总之，真实的生活场景能够促使学习者积极结合自己的生活经验和学习体验，学以致用并在"用"的过程中"经验"、反思和提升自己。约翰·杜威 (John Dewey) 曾提出"个人因为参与联合的活动，就把激励活动的目的，作为自己的目的；熟悉进行这种活动的方法和材料，获得必需的技能，并且浸透着活动的情感精神"①，要达到这种预期和效果，就要强调真实生活场景的建构，跨媒介阅读就提供了这种可能：通过各种媒介平台的选择、整合、展示和交互，通过多重信息的呈现和比较，通过多种角度的判断和启发，不同的学生从中品味出了不同的"真实"的味道，又因突破了课堂教学的固有模式，学生愿意从

① 杜威. 民主主义与教育 [M]. 王承绪，译. 北京：人民教育出版社，2001：28.

"回应生活的挑战"的角度思考学习的意义，其语言素养、思维品质、审美情趣、文化自信应该成为可实现的目标。例如，在《甲骨文：从古文字中走出来的文明》的教学中，学习者除了阅读纸质媒介外，还可以通过小组现场观摩、在线交流、约访专家、随机调查、影视媒体等方法认识 2017 年进入《世界记忆名录》的甲骨文，从情感、理性、精神层面多元理解从古文字中走出来中华文明，增强文化自信。

（3）融合性——不同媒介之间形成交互的共生关系

首先，不同媒介从形式上看是独立分离的。文字、图像、视频、舞蹈、音乐等不同的媒介有自己的优势和特点，彼此不可替代。对于同一个主题，不同的媒介有不同的表现形式，它们以自己特有的个性和方式参与主题呈现，从而使主题更加鲜活和多元，给予学习者更广阔的解读空间，激发不同的灵感。郭沫若名作《立在地球边上放号》，我们不仅可以基于纸媒对文本进行语言品味、情感联想和意义探索，还可以帮助学习者通过音频聆听名家配乐朗读；不仅可以通过视频观看地球在浩瀚宇宙的身姿，还可以通过慕课思考 20 世纪初革命的力量；不仅可以通过微博体验崇高美的本质，还可以网络连线专家聆听教诲。不同的媒介视角给学习者提供了不同的感悟契机，使此诗显示出"多元化"的意义和魅力，不同的途径进入了不同的诗的世界，学习者可以反复吟咏、玩味和省悟。

其次，不同媒介又是交互融合的。交互融合并非指这些媒介简单地叠加，而是一种融合、交互的关系，多种媒介联动互融，形成新的媒介传播生态链。上文提及的诗歌《立在地球边上放号》因不同的媒介平台给学习者带来了不同的阅读体验与震撼，但在这个过程中，多种媒介的交互即"跨媒介"显示出了更深层次的意义。因为不同媒介提供的"钥匙"给学习者提供了不同的解读方式，所还原的不同的"情感"和"精神"内蕴带来了更多的启发，学习者通过层层对比和种种呼应进行诗歌的深度理解与创造，使这首诗显示出蓬勃的生机与时代的力量，这就有了发展的意义。简而言之，跨媒介阅读帮助学习者综合审视本诗所表现的"青春美"的意义和价值，使之由直觉感受走入理解共鸣，最后形成情感与精神的超越。

在不同媒介共同参与学习主题时，学习者既要感受不同媒介的魅力和意味，探寻不同的意义和价值，还要在多种媒介联动交融的共生局面中整合信息，形成对学习主题的整体、多元观照和理解，加深认识，提升能力。同时，"受众可以通过微信、网站、阅读 App 和各种平台来了解网络文学，意味着受众接收信息的范围不断拓宽，同时也可以看到受众阅读方式的多样性。更为重要的，媒介融合使传播和受众间的'互动'这一关系变得更为牢固"①。

综上所述，基于复杂性、真实性和融合性的特征，跨媒介阅读可以帮助学习者深化审美体验，其多元化的形式、真实的场景、共生的媒介关系可以使学习者从知觉、想象和领悟等层面提高主体角度审美体验的层次和能力，促进审美成熟。埃德蒙德·古斯塔夫·阿尔布雷希特·胡塞尔（Edmund Gustav Albrecht Husserl）曾说，"这些体验通过意义关联体，通过……无所不包的统一意识，而彼此联结起来。"② 这种"再现"就是一种可能的学习能力的提升，从审美体验的教与学的逻辑看，跨媒介阅读自然会促进这种"再现"。

第二节 跨媒介阅读与审美体验的关系困境

一、跨媒介信息的"复杂性"与审美体验的发展性需求之间存在矛盾

（一）跨媒介阅读提供的"多重意义"对审美体验的实现未必皆是助力

审美体验是个性化的，虽然是"无意识"（非功利）获得体验的过程，但这种"无意识"仍然基于"前见"。换言之，学习者有意识的、系统的知识积累中的一部分知识会由显性转化为隐性，成为审美的"前学习"，即审美体验的"前见"，从而为审美体验更好地发展奠定基础。从这个意义上说，如果能够尊重学习者个性化的理解，跨媒介阅读的复杂性结合学习者的不同"前见"，会使阅读多姿多彩，并会使学习者审美"前学习"不断生成和发展。但从本质上说，

---

① 高殿银. 媒介融合背景下网络文学的跨媒介传播研究 [J]. 编辑学刊, 2020 (1): 107-111.

② 胡塞尔. 纯粹现象学通论 [M]. 李幼蒸, 译. 北京: 商务印书馆, 1992: 219.

跨媒介阅读是基于多元视角的，这就使审美体验的实践和发展可能存在着变数，跨媒介未必一定是助力。

首先，多元视角可能会形成困扰和误导。从学科核心素养养成角度看，学习者的学习要从知识基础、自主学习和社会发展等维度进行设计，而三个维度都与学段心理特征、学习能力、学科要求、时代与社会发展需求等紧密相关。基于此，跨媒介阅读并非提供了平台即可，虽然这会使学习的方式方法更灵活，也使学习者对生活的理解更多元，但其复杂的视角、情境和判断，都可能会因上述心理特征、学习能力、学科要求、时代与社会发展等因素的影响而使学习者形成极端的审美结论，甚至是无所适从或者盲从。另外，跨媒介阅读所呈现的信息也可能掺杂无用信息甚至是负面信息，干扰学习者的审美体验。

其次，"多重意义"的信息未必有多重意义的启发。审美体验强调健康的学习生态，在与他人合作、交流中获取助力和智慧，建构以发展为目标的学习生态系统。跨媒介阅读虽然会使学习者的视野、认知得以丰富和提升，更有利于与他人的合作和交流，但是，跨媒介阅读的内容本身存在的多种理解、多种矛盾、多种目的，不断冲击着学习者审美体验的过程和结论。在交流和合作中，学习者所传递的常常未必是自主性体验和观点，而是迷失在他人见解中。这种"洗刷效应"易使学习者在与他人交流中莫衷一是，尤其在大数据时代，这种情况可能更甚，从而使学习者在学习生态系统中容易丧失审美体验的主体性、积极性和健康发展的可能性。

（二）跨媒介阅读的"非系统性"使审美体验的多模态发展复杂化

在媒介多元化的时代，跨媒介信息给予了我们便利和选择，但是"非系统性"易使学习信息和教育影响变得无序，影响审美体验的水平，甚至显示出相对主义的特征。

首先，跨媒介阅读获得的信息是多层次和角度的，容易拉大学习者之间的学习差距。各种媒介不同信息的提供者因为生活环境、经历际遇、兴趣需求的不同，形成极具个性化的感触和体验。这使部分信息提供者的观点有感染力、有精神境界，也会有部分信息提供者的观点是伪精神分析。这使学习者在信息选择时易受到对立信息的撕扯，学习者不同的选择，会有不同的审美体验过程与结论。从审美学习的角度分析，这在相当程度上影响着学习者的情感感悟、体验水平，影响着思维品质的个性化发展，有相对主义倾向。同样地，不同的元认知能力也易使学习者的跨媒介阅读形成不同层次，审美体验也必受影响，产生事实性的体验差距。这些差距外显在审美认知水平和实践水平方面，如果不加以导引，这种差距会"固化"。

其次，跨媒介阅读虽因"跨媒介"而显示优势，但是跨媒介信息有时候也会因平台不同而呈现碎片化的特点，有的信息则易偏激，使学习者的审美体验失控，这都需要学习者不断整合和厘定。如果处理不当，则易出现问题。例如，一些有争议的新闻，不同媒介呈现的角度、结论会有较大差异。如果仅从生活娱乐的角度看，是丰富的、有趣味的，但是从学习的角度看，学习者很容易断章取义，影响审美判断和体验水平，审美的思维品质就容易停留在较低水平，与外显知识的系统性学习失去关联和呼应。

总之，审美体验是形成性的、发展性的，并非一蹴而就的。在不断地形成过程中，如果有一个丰富且有清晰旨向的学习环境和信息来源，个体审美体验的发展会更有效、更健康，更容易达到预期成长目的。

当然，上述问题的存在一定意义上是种挑战，有利于当前基础教育阶段学习者审辩思维的发展和审美思维品质的提升。锋有磨砺而锐，思有困扰而坚，只是不能不考虑"分寸"和实际影响，这就要求学校和家庭合力帮助学习者积极面对挑战，把握成长契机。

二、跨媒介阅读的"真实性"对审美体验的"精神超越"有挑战

（一）跨媒介阅读的真实生态对审美体验的精神内省有实际困扰

审美体验过程中的精神内省是审美的至高目标，是精神超越的内涵之一。精神内省并不仅是个体精神的觉悟，还包括历史、时代和社会发展所赋予的责任担当，例如，"热爱美好生活和奋发向上的人生态度，使学生逐步形成自己的思想、行为准则，增强为中华民族伟大复兴而努力的历史使命感和社会责任感"[1]。在此基础上，学习者反复感悟情感与精神意蕴，进而回归到生活本身，实现格奥尔格·威廉·弗里德里希·黑格尔（Georg Wilhelm Friedrich Hegel）所

---

[1]　中华人民共和国教育部. 普通高中语文课程标准 [S]. 北京：人民教育出版社，2020：2.

说的"照亮生活的本真状态"，这就是精神超越的表现。

但是，学习者在审美体验过程中的"精神超越"面临着跨媒介阅读"真实性"的挑战。这里的"真实"指的是跨媒介呈现的信息基于不同视角、思维和学识水平，真实显示了不同的人的不同态度，这种真实的呈现会受到不同学习者的支持和应和，产生不同的影响力。有时候，这样的影响力也会不利于学生精神境界的提升，会有负面的影响。例如，有些媒介专门设置青少年频道、青少年模式，或者用别的方法加以限制，就是鲜明的例子。

这样看，跨媒介呈现的信息需要学习者不断甄别、思考、选择与内化，构成一种磨砺与反思的学习生态，但也容易使学习者"躺平"，审美体验趋于认知的相对主义倾向，随波逐流，难以显示审美所获得的精神力量，更不用说精神的超越。审美体验的潜在性和隐藏性，本就使审美体验的过程存在多种可能，又因上述跨媒介阅读的真实的、特殊生态的加持而对审美体验的"精神超越"的实现水平形成挑战。所以，我们需要为学习者审美的"精神超越"的实现营造积极、健康的媒介环境，进行必要的甄别，也需要一定的引导和示范，不能认定"存在即合理"。当然，这仍然是在不替代学习者审美体验的前提下进行的，以便真正对学习者的审美体验起到潜移默化的影响。

（二）跨媒介阅读传递的多模态价值观对审美体验价值目标的实现有潜在影响

在传统的纸质媒介学习时代，价值观教育由于有国家相关部门的严格审查，符合社会主义核心价值观的必然要求，往往是清晰、聚焦且积极健康的。跨媒介形式的出现，使信息所传递的价值观因角度的不同而显示出不同，并因作者的自由、个性表达而显示为不同程度的"真实"，有一定的感染力，易于形成共鸣。这是一种审美的"被替代"，不是真正的审美体验，不利于学习者本人审美情感的形成。它不仅使学习者的个性认知、体验被无序调动起来，而且使其易受既有结论干扰。在多种观点彼此矛盾和不断交替的过程中，学习者常常莫衷一是。换言之，跨媒介阅读不同于常规的课堂教学，其呈现的多模态的价值观，使树立正确价值观的应然任务变得有阻力。

例如，有的人利用网络媒介，在各种论坛、贴吧、微博或者朋友圈分享自己的理解与感受，也有人通过音乐媒介作词作曲抒发和宣泄自己的情绪、体验。

其中不仅有乐观积极的价值观，传达健康向上的正能量，也不乏一些消极、灰色等负面情感，这些多模态的价值观使学习者的价值观确立出现各种层次和水平，无疑会对学习者正确价值观、人生观的树立产生阻碍，不利于应然目标的实现。国家加大力度整顿网络信息传递方式和内容也有这方面的原因。

总之，审美体验"精神超越"的实现需要一种健康导引和示范。各种媒介形式所呈现的内容和价值观良莠不齐，学习者往往不易辨别，不会轻易获得审美熏陶，一定程度上不利于学习者情感体验和感悟水平的提升，从而使学习者审美体验过程中的"精神超越"的实现处于迟滞状态。

三、跨媒介信息的"融合性"与审美体验的"自主性"之间存在矛盾

（一）跨媒介海量信息的无序混同易使学习者自主性认知与感悟产生瓶颈

跨媒介能够为学习者的审美体验创造真实的情境，从学科认知和社会参与等方面提供多元化支撑，但是其海量信息存在无序混同的特点，需要学习者甄别和选择，恰恰是这种甄别和选择过于方便，有可能不断淡化学习者的自主性认知与感悟，尤其是缄默性认知。一般而言，学习者通过审美体验形成自己的审美偏爱、标准和理想，并不能单一凭借跨媒介信息的刺激与触动，还需要学习者积极的情感积淀、学习前见，以及在各种语言环境中反复玩味、感悟得来的自主学习经验。

首先，按照朱光潜的说法，自主性认知与感悟可能是突如其来的，是出乎学习者意料的。在自主认知与感悟过程中，除却有规律的系统化的知识学习，总有一些极富情感意义的个性化的学习内容会刺激学习者"自主性"的生成与发展，但这种自主认知与感悟是不能预设的，是"突如其来"的。在没有"突如其来"的时候，跨媒介方式提供的彼此无序融合的、数量庞大的多种承载方式的信息其实也是对自主认知与感悟的扼杀，可能使学习者迷茫和失措，形成学习阻碍，"突如其来"变成"根本不来"。

其次，学习者自主性认知也会受跨媒介阅读海量信息的影响。自主性认知强调个性化建构，而对于审美体验而言，个性化建构更多地指向情感体验与精神浸润。例如，对于审美"前学习"而言，"审美性感受"中的"突如其趣"，

即类似于"灵感"和"不可言状"的感悟不可或缺。这就要求学习者如果出现了突如其来的灵感与思维、感受与体验，要及时抓住并逐渐转换为外显知识或者形成内蕴。某些时候，跨媒介阅读使这种"突如其趣"被海量的、不易分辨的信息替代，将所谓的"结论"直接呈现在学习者面前，驳杂的信息和情感的冲击，使"突如其趣"的"趣"无法与海量信息的"趣"匹敌，学习者的相形见绌、自愧不如的心态久而久之易成为自主性认识与感悟的障碍，变为"思想胆怯"或者成为"情感和思想的无视者"。对于审美体验而言，"突如其趣"如果日见其少，是非常可惜的。

（二）跨媒介阅读的海量个性化信息易导致学习者审美体验的惰性

跨媒介阅读是信息的多元表达形式，可以使学习者接触到形态各异且具有趣味性、审美性、艺术性和个性特点的"信息"。逻辑上说，如果利用好了，能够极大地丰富和提升学习者的综合素养、审美能力，激发审美体验的意识和情趣。埃伦·克莱格（Ellen Clegg）曾举例说："一个叫作'World Board'的信息网络与全球定位卫星数据相连，给个人提供解释性信息，……使人们不管在什么地方都能品尝、嗅和感受信息。"[①] 所谓的"嗅和感受"直接关涉学习者的审美体验。但是，在带来方便性的同时，跨媒介阅读也容易使学习者因为他人的丰富的情感体验而产生情感的惰性，一直在追随他人，从而使学习者个体的审美偏爱、审美标准和审美理想徘徊在较低的层次与水平。

在跨媒介阅读中，海量个性化信息本应使阅读更有生命力、更有文化意义、更活跃，但这恰恰容易使学习者丧失了个性化的审美角度、兴趣和出发点，出现了感受与体验的惰性。不激活个体的美的情感体验，也就无法促进审美情感的发展，久而久之，就失去审美的意义和价值。例如，在阅读《红楼梦》时，相比阅读纸质版的名著《红楼梦》，学习者还会关注各种媒介的相关评价、不同的演绎方法、相关表演和诵读活动、辩论赛、小组交流、名家访谈等，这些资源都能调动学习者多种感官、多种层级的学习参与，更容易激发学习者的兴趣。但是受到他人观点的影响，学习者可能阻断自主能动的审美知觉和想象、审美判断，形成替代性经验。如此，《红楼梦》因跨媒介阅读变成了《〈红楼梦〉鉴

---

① 约翰·桑切克. 教育心理学［M］. 周冠英，王学成，译. 北京：世界图书出版公司北京公司，2007：421.

赏词典》，静静地放在书案上等待被接受。

总之，虽然跨媒介阅读能够使学习者获得鲜明而深刻的体验，但是使用不当也容易对学习者的审美体验产生干扰，使学习者丧失审美感悟意识，产生审美惰性与替代性经验，不利于学习者审美感悟能力和体验水平的提高。

第三节　路径的建构与导引

跨媒介阅读实现审美体验的关系困境，要从学习动机、学习发展的核心要素、各教育类型之间的有效合作等角度寻求积极的路径与方法。

具体而言，需要建构学习者共同体，应对跨媒介"复杂性"信息给审美体验带来的挑战；营造跨媒介阅读"真实"情境，激活学习者的审美体验动机和期待；多种教育方式合力，解决跨媒介阅读中"融合性"信息对学习者自主审美体验的迟滞。

一、建构学习者共同体，应对跨媒介"复杂性"信息给审美体验带来的挑战

（一）建构基于潜力激活和发展的跨媒介学习者共同体

用安·布朗（Ann Leslie Brown）的说法，教育的目的是"培养学习者共同体"共同解决挑战性问题和建构创新意义的学习计划。如果按维果茨基（Lev Vygotsky）的看法，学习者共同体的建构利于学生自主发展，利于学习潜力的激发。

跨媒介学习者共同体有利于形成"自主学习、相互指导、交流展示"的实践情境，在"平等、和谐"的对话环境中，在差异性学习的交流中获得新的情感体验与认知理解。如果将其引入审美体验的学习过程，学习者在共同体的实践活动中，在跨媒介阅读复杂性、真实性的理解判断中，与各种情感体验与审美感悟交织、碰撞，然后在倾听、交流和分享的过程中，丰富自己审美体验的"经验图式"，开阔视野，激发潜力。

需要说明的是，跨媒介学习者共同体显示了独特的要素，表现在目标、方式、评价三方面。目标层面，基于前文提及的跨媒介阅读特殊性，目标设计要

突出层次性和多元性，层次性是指根据各种媒介的特点设计不同的学习目标，区别出难易，为学习服务；多元性是指既要有具体清晰的审美体验要求，又要允许学习者"生成"，鼓励跨媒介阅读后的个性化理解和判断，提升学习者审美体验的期待、兴趣与水平，尤其不建议统一结论。方式层面，学习者共同体可以充分利用各种形式和特点的媒介，可以文本阅读，还可以视频对比、实地观摩、舞台演出、观看在线讲座、成果展示、社会性研讨互动等。就学习方式而言，学生小组成就区分法（Student-Teams-Achievement-Divisions，STAD）和同伴辅助学习策略（Peer-Assisted Learning Strategies，PALS）都可以作为选择，只要能促进和发展学习者的审美体验，都可以尝试。评价层面，对于审美体验而言，评价是审美思维的一种过程显示，学习者对学习内容、学习方式、学习过程、学习结果的评价最终都指向审美思维能力的不断提升。在此过程中，审美评价并不强调把审美体验成果直接转换为外显学习成果，依然强调跨媒体学习者共同体中每位参与者在审美学习过程中的感受、浸润与熏陶，强调最近发展区的实现，强调审美的"非目的的合目的性"。事实上，这种依托跨媒介学习者共同体的审美评价并不虚张声势，从情感与精神层面着手，依然能够推进审美体验的发展。

（二）充分尊重学习者审美体验的自主性

充分尊重学习者审美体验的自主性是审美体验发展的重要条件，与课堂教学和在线教学不同的是，跨媒介阅读促进学习者审美体验自主性的养成，着重在三方面。

一是学习者要理解"学习始终是个体行为"——不可替代。审美过程中，学习者应自觉、主动，既有积极的学习态度，个性化地开展学习，也有勇气面对问题和错误。出现问题恰恰是学习者主体角色实现过程中的正常表现。同时，要引导学习者在跨媒介阅读中正视自己的心得，细致品味、知觉、联想和判断，通过情感和精神层面个性化的感受、领悟，让自己的情感丰富起来，进而关注美的存在和意义，尤其是让自己的"三观"清晰和真实起来。这个过程是自我提升和发展的过程，学习者人格不断完善，更加自爱和自强，这是审美效应，也是引导学习者树立正确审美理想的前提。

"个体行为"，可以更深层次地理解为一种学习的"回归"。小威廉姆·E.

多尔（WilliamE. Doll）认为"回归是一个人通过与环境、与他人、与文化的反思性相互作用，形成自我感的方式，其根本是在发展能力——组织、组合、探究、启发性运用某物的能力"。① 杰罗姆·布鲁纳（Jerome Seymour Bruner）也曾提出类似主张："教育过程很大程度上包括一种能力，即通过反思自己的思想从而以某种方式将自身与自己所知道的区分开来。"② 审美体验恰恰是基于"回归"，为了"回归"，只不过是以"审美"为角度。

二是师生的相互关注和倾听——特殊的伙伴关系。在常规课堂学习过程中，师生双方的相互关注与倾听是良好师生关系的标志之一，而在跨媒介环境下，这种标志更要突出。跨媒介的复杂性和审美体验的个体性使跨媒介阅读可能面临困扰，这就需要学习共同体中的师生关系格外紧密，一方面教师要敢于放手，鼓励学习者借助各种媒介进行自主探索与思考，多元收获；另一方面教师要以不同的方式出现在学习者的学习过程中，毕竟在跨媒介阅读中的导引、示范和评价尤为重要，这是学习脚手架，也是必要的学习保障。例如，教师要了解学习者有关各种媒介的知识经验，准确把握学习者的"先验图式"，恰当地为学习者设计"审美体验的起点"以及提供有效的脚手架等，进而使双方关系和谐并清晰地理解对方的态度、意图和学习价值。

三是点评与示范——正态的发展关系。引导和示范是和谐师生关系的应有要素之一，对于跨媒介多元化的媒介关系而言，教师典型的示范意义不仅在于展示，更在于引导。教师不仅是学习者共同体团队成员，更是"首席"，既平等参与其中，又进行必要的指导，使学习者虽然因跨媒介有不同形式的学习思考，但也因教师的示范存在而有正确的方向。和谐师生关系的建立并不只利于外显学习，它同样有利于内隐的审美体验的正态发展。

二、营造跨媒介阅读"真实"情境，激活学习者的审美体验动机和期待

（一）将跨媒介阅读与外显学习充分关联，提供学习保障

学习者的审美体验虽然是以非功利性为前提，但是必须习得一定的外显知

---

① 小威廉·E. 多尔. 后现代课程观 [M]. 王红宇，译. 北京：教育科学出版社，2015：127.

② 小威廉·E. 多尔. 后现代课程观 [M]. 王红宇，译. 北京：教育科学出版社，2015：183.

识作为脚手架和基础，否则就无法透过现象触碰美的本质，不能将直觉认知发展为美的"洞察力"，失于狭隘，也就失去了学习的意义。在和跨媒介阅读相关的各种审美外显知识中，教师要重点向学习者呈现选择、辨析媒介的关键知识和拒绝偏见的方法、策略，帮助学习者进行体验、选择和判断，获得审美满足感。例如，教师在引导学习者阅读"自媒体"媒介信息时，可以通过以下三个角度判断媒体的资源，即资源是否可信、是否有正确的道德价值观念、是否周全而合理地反映了主题。如果必要，也可以开展"三角验证"来证伪。在学习视角下，跨媒介阅读并非闲暇时的放松性读书，而是探寻其中的人文意义和表现性特征，获得审美认知的澄明，强调新的审美发现和理解。其中，将跨媒介阅读与外显学习充分关联是必不可少的。

（二）营造真实的生活实践场景，鼓励学习者"做中学"缄默性知识

真实的生活场景并不只利于显性知识的实践，也有利于审美体验等缄默性知识的发展和积累。"缄默知识经常不为人们所注意，但这并非说明缄默知识在人类实践活动中没有价值，它支配着整个认识活动，很多情况下，缄默知识都是个体获得外显知识的向导和背景知识。"[1] 因此，教师有必要利用跨媒介阅读的特点为学习者打造真实的生活场景，激活学习者的审美兴趣与期待水平，促进审美类缄默性知识的学习和发展。建构真实的生活场景要求学习者不能只局限于文本阅读，也可以进行跨媒介的印证和拓展。教师可以把多种媒介融合起来综合使用，并设计学习专题为学习者的审美实践活动提供方向和导引。在基础教育阶段，有人认为"'跨媒介阅读与交流'学习任务群的主要任务不是文本阅读，而是跨媒介学习实践，专题设计要结合学习者的实际，在真实或者模拟的学习活动或生活情境中去学习和实践"[2] 也是这个道理。

既然教育反射着社会生活的过程，那么学校就应该把社会生活简化起来，甚至缩小到雏形状态，真实呈现学习者的生活。跨媒介阅读为这种社会生活的简化提供了条件和可能。换言之，跨媒介阅读帮助课堂教学建构特殊的社会环境，实现三个比较重要的功能："一是简化和安排所要发展的倾向的许多因素；二是净化

---

① 郭秀艳. 内隐学习和缄默知识 [J]. 教育研究，2003（12）：31-36.
② 毛刚飞. 跨界之美："跨媒介阅读与交流"任务群几点思考 [J]. 语文学习，2018（5）：22-26.

现有的社会习惯并使其观念化；三是创造一个更加广阔和更加平衡的环境，使青少年不受原来环境的限制。"① 以此，让学习者对审美体验充满期待。

三、凝聚多种教育合力，解决跨媒介阅读中"融合性"信息对学习者自主审美体验的迟滞

（一）学校、社会和家庭应该合力关注审美体验的重要作用

审美体验中的"精神超越"是立德树人的重要内容之一，而立德树人是各类教育培养德智体美劳全面发展的社会主义建设者和接班人的本质要求。学校、社会和家庭教育都应该重视审美体验在基础教育中的重要作用，承担起相应的教育职责，鼓励、示范和导引学生在审美体验中思考与发展。

首先，学校教育需要注意到，"教育不是单纯地习得知识、技能的学习过程，而是人格陶冶的过程。教育的本质在于人的'成长'"②。成长是借助"经验的重建"——在习得所学知识的基础上与旧知识发生联系、重组、赋予知识意义——来丰富经验的意义。成长的主旨是优质的经验的重建，审美体验亦然。

要指出的是，立德树人并非只通过审美体验解决，但审美体验是一个重要的自我教育的方式。真实的审美感悟与洞察，会推进自身情感、态度和价值观的发展，并因为获得了审美愉悦而不断完善和坚持这种发展。T. J. 克拉克（Timothy J. Clark）有一句话说得很中肯："即使在一个世俗思想占主导地位的社会中，人们仍然渴求超脱，以便得到一种精神的（非物质的）满足。"③ 更何况在当前时代与社会发展的背景下，我们更应坚持通过美育提升德育水平。

其次，家庭教育是学习者审美体验水平提升的重要保障。家长应该认识到良好的健康和充沛旺盛的精力是朝气蓬勃感知世界、焕发青少年朝气及向上精神的重要源泉，这恰恰也是审美体验目标实现的重要源泉。因此，要关注以下四项内容：一是从非功利性角度鼓励学生跨媒介阅读，既不设计答案，不强求一致，又能及时和学生交换阅读心得，进行必要导引；二是利用跨媒介的形式特点，选择适合的内容，多角度激发学生的学习兴趣、求知欲；三是通过跨媒

---

① 约翰·杜威. 民主主义与教育［M］. 王承绪，译. 北京：人民教育出版社，2001：29.

② 钟启泉. 课堂研究［M］. 上海：华东师范大学出版社，2016：1.

③ 拉尔夫·史密斯. 艺术感觉与美育［M］. 滕守尧，译. 成都：四川人民出版社，1998：51.

介建立审美体验情境，引导学生真实融入，不局限于智育和课堂学习；四是积极评价学生的阅读心得，即使学生有所不足，家长也应鼓励和积极导引，不让学生失掉阅读的信心和兴趣，不丧失接近和感悟美的勇气。

最后，社区也应建构情境，积极开展审美教育，积极利用包括跨媒介在内的多种方式和平台开展全民阅读，提高学习者的思想道德、审美水平以及综合素养，促进其人格与道德面貌的完善。换言之，社会教育的相关部门应积极分析人的和谐发展的各项因素和因素间的相互依存性，开展阅读活动，建设展示平台，提升参与者的综合素养。应该看到，包括审美体验在内的阅读活动反过来也会影响社会文化的发展和进步，不可小觑。尤其要说明的是，社会用人单位也要转变自己的观念，不能只看应聘者的工作能力，更要看重他的思想道德水平、情感水平、职业道德与人格魅力。

（二）学校、社区、家庭应提供有利于审美体验的优质资源和示范、导引

学校、社区和家庭要依据各自教育的形式和特点建构学习者审美体验发展需要的情境，鼓励学习者正确认知"真、善、美"，积极进行社会参与，积极面对审美"融合性"信息，全面且有个性地发展自己。

还需要对"融合性"信息进行分辨和引导，各类媒体环境都应有正面的情感、精神信息引导和示范。各种媒介的管理部门要加强管理信息传播的渠道，及时清除不良信息和误导信息，建设有利于社会主义核心价值观实现的信息环境。学校、家庭除了积极帮助学习者通过跨媒介阅读提升审美体验水平和树立榜样之外，还要坚持推进学科美育融合工作、美育和生活的结合工作，使学习者的情感经常受到美的陶养，自然而然地达到美的自我扩展、自我实现的高度，获得审美满足。当学习者成功通过跨媒介阅读推进审美体验，并使审美体验融入学习者的生活时，就会产生我们预期的表现性反应，这也是审美体验的最终价值。

第十一章

审美情趣养成的教育学基准

教育学基准对教育的原则做了最基本的表述，每名学习者都在学习过程中经历着变化和持久变化的历程，或者说，每名学习者都在学习中不断地激发着潜能，使最近发展区实现着应然意义。从这点看，西方现代人本主义心理学家亚伯拉罕·哈洛德·马斯洛（Abraham H. Maslow）倡导的自我实现、社会建构主义提倡的学习者共同体都在讲求这种潜能的自我实现。

从根本上说，学习首先是学习者自己的事情，要自己在知识与人文角度上不断进行建构与重组，同时，从潜能激活的角度看，个体行为显示着不同的聚焦点，并有着独特的隐性特征，这是因人而异的。

如果把审美情趣养成这个环节凸显出来，就不得不分析一下审美实践环节中，审美情趣养成的教育学基准，提高效能、促进发展。

第一节　显性教育学基准

审美的问题，尤其是审美情趣养成的问题，始终伴随着学习者个体的审美活动，是典型的"个体行为"，而在此过程中，虽然个体审美情感与精神在不断完善，在强调感性意义，但如果置于审美教育的角度，与教育学形成关联，教育学基准仍然有不可忽视的作用与效能。至少显示在导引与关联两方面。

一、个体行为的教育学导引

学习者个体行为，并非指"单独的个体"，并非指"一个人"，更多地指向个体行为的本质，即"个性"。按教育学原理，"个性是人性在个体上的具体表现。它既反映人性的共同性，也反映其差别性。从广义看，个性是由生理、心理、社会性诸方面一系列稳定特点所构成的；从狭义看，仅指心理特点而言，它是以世界观为核心的一系列个性特征的结合"。[1] 同时，教育学原理指出，个性的特征主要反映在六方面："需要、兴趣、智力、能力、气质、性格。"[2] 这六方面是"个性"在心理意义上的特征，在学习过程中，需要教育学意义的导引，通过后天的努力，这六方面发生变化并能持久，这才是学习的意义。

在审美教育中，尤其是审美情趣养成，有极强的个性化特征。相对于个性，个性化主要是指个体在社会各种活动中逐渐形成的独特性、自主性和创新性的过程。在一般意义上的人的社会化过程中需要个性化，而教育则是促进和发展学习者的个性化。在教育过程中的审美情趣养成主要表现在促进学习者主体意义上个性化审美意识的发展，促进人的审美个性化特征的发展及个体价值的实现。

关于这一点，审美教育关注着学习者先天特点、学习环境以及教育的主导作用。现代教育学直接说，"影响个体发展的因素归结为三方面，即遗传、环境与教育，这三个因素中，教育对个体的发展起主导作用……在内在与外部条件大致相似的条件下，个体主观能动性的发挥程度，对人的发展起着决定性的意义。根据这样的认识，教育活动中主客观之间的关系，师生之间的关系，怎样提高学习者主动积极地参与各种教育活动就应该受到特别重视"[3]。

基于此，教育学导引是学习者审美情趣养成个体行为"质量"有效提升的关键。或者可以理解为，每位学习者审美情趣养成教育导引的过程，就是其个性化不断健康发展的过程，是充分实现审美教育功能的重要途径。所以，审美情趣养成个性化，就是学习者在审美教育活动中逐渐形成独特性、自主性和创新性的过程。前文曾提及，这种独特性表现为充分尊重学习者的个体差异性，积极开发独特潜能，体现明显的个人特点；自主性则是指引导学习者关注自我发展条件，进行正确的自我设计，提升自我品位；创新性则是表现为培养学习

---

① 袁振国. 当代教育学［M］. 北京：教育科学出版社，2004：70.
② 袁振国. 当代教育学［M］. 北京：教育科学出版社，2004：69.
③ 袁振国. 当代教育学［M］. 北京：教育科学出版社，2004：67-68.

者个体的创造意识。

要说明的是，在审美情趣养成个性化的教育导引过程中，具体维度包括独特性的语感、自主性的感悟和主体精神的超越等。

独特性的语感，并非一般意义的语感，而是教育过程中，教师关注并反复激活，使学习者的语感从模糊和随意朝向对作品艺术风格与特点的敏锐的感知性发展。这种影响是积极的，是帮助学习者对客体形式及其所蕴含的意蕴的有选择的感知，初步领略其中的风格与美的特点。它是学习者审美角度先天与后天意识的综合，既要尊重学习者的个体感知水平，又要充分发挥教师的引导作用。对于个体而言，教育的这个引导作用更多的是促进，帮助学习者不断提升自我，激发并增强学习者的审美主体的意识。

自主性感悟，至少有利于审美个性的发展，不过，在此过程中，教育的引导需要关注学习者个体的差异性，即使个体特征凸显，又能根据最近发展区，使更多的学习者受益。从教育学观点看，学习者的差异性发展更多地取决于后天的教育因素，其中，教育导引将直到起到决定作用。在审美情趣养成的过程中，知觉的敏感性、审美对象留白的理解与填充，都需要自主性感悟的激活。所以说，审美教育应该是尊重学习者个体差异的教育，选择时机帮助学习者个体充分开发其内在的审美潜力并充分地发展自己的审美感悟与特长。

主体精神的超越，主体精神的超越是审美教育中情趣养成的重要阶段，从教育的角度看，提供脚手架，通过非指示性学习对学习者进行导引。或者说，这是教育价值的一种表现。学习者主体精神实现超越，是不断意识到生命存在的意义，并不断正视自己的生命过程，不断探索生命的价值、信心与力量，一定意义上说，这就是创造，教育就是赋予上述价值、信心与力量的前提，它使学习者个体审美的主体意识和个体特征得到发展，这种导引是一种间接示范与借鉴，并不是直接的认知。教育学提及的"人的主体意识突出地表现为人的创造意识。教育对于人的个性化的功能也突出地表现在它能为培养个性的创造意识，从而焕发个体的创造性服务"① 就是这个意思。

---

① 袁振国. 当代教育学［M］. 北京：教育科学出版社，2004：74.

二、个体学习行为的关联性

审美情趣养成属于典型个人行为，在教育活动中，强化关联性与"水平性链接"能力能够提高个人行为的层次与水平。其重要特征在于，教育帮助学习者不断建构可以层级化的审美情趣养成内在要素的结构和迁移理解能力。

这主要得益于文化关联和学科关联两方面。

一方面，文化关联是通过审美与文化的关联性拓展审美的内涵和张力，教育与文化的关联意义通过课程予以实现，其核心是课程结构的内在联系，通过审美的行动和感悟，使课程内在的审美要素得以实现，并在日积月累中愈加丰富；使课程之外的文化或宇宙观得以融入和感悟，这使审美教育逐渐脱离工具化学习的尴尬，也为其实效性和真实性提供了保障，从这个角度看，文化联系是审美教育赖以存在的大背景，为它的发展提供了深厚的文化底蕴。

另一方面，这种关联性强调审美教育与文化两方面的相互补充。小威廉·E. 多尔（William E. Doll）曾认为，关联性是教育的必然特征，是指课程模态建构的外部关联以及内部之间要素的关联，这也包括审美教育与文化的关系在内。一定程度上，非常类似当前学界提出的"境脉说"，"境"指审美学习的内部与外部世界，"脉"则指内外部学习间的关系，这使学习系统化，有发展的意义，规避形而上的问题。借用这种思维，审美教育与文化传承也是两个不同的维度，也同样需要"脉"来搭建关系，二者产生真实互动，相互融入，产生效果。反过来说，关联紧密的审美教育与教育也同样会使审美情趣养成真实和生动起来，学习者的审美情感和精神也会真实地、不断地完善起来。

当然，文化的含义是宽广的，并不局限于优秀传统文化，至少还有社会文化；审美教育也同样不局限于艺术教育，至少还有学科教育。进一步说，学科参与社会文化不仅是可行的，而且是必行的。

学科教育一个核心要素就是融入社会文化，例如，语文学科提出"当代社会参与"，试图将学科核心素养不断系统化。社会建构主义的维果茨基（Lev Vygotsky）与小威廉·E. 多尔（William E. Doll）同样强调教育视角的文化联系、文化背景，这是学习者个体发展、成长的重要内容。严格说，审美情趣养成的学科融入中，仍然不可缺少社会文化的参与。这种"参与"的影响是直接的，使审美教育与文化传承的关联效果愈加丰富，审美教育中的情感与精神的完善有了文化角度的引导，从而使审美情趣的养成不仅围囿于个体的狭窄天地，进一步说，这样的审美教育也可以为立德树人提供基础，德智体美劳的全面发展是可以实现的。当然，多年来，随着学科教学尤其是学科课程改革的不断深化，一部分学科教学经验因为认知的好的效果而越来越成为显性"模式"和固有策略，实际上，也成为另一种"封闭"，听不得不同的声音，也不愿意把时间放在审美情趣养成和文化的关联上，同时，也缺乏相应学习储备。

学科学习过于强调"学科意义"和课堂教学实现，对于时代意义和社会意义仍然关注不足，包括中华优秀传统文化的传承一定程度上限于背诵、理解、考试和活动展示，相应学段学习者本可以接受和理解的"文化意义与价值"与审美情趣养成缺失关联，文化底蕴不易积淀和发展。文科教材上的《故都的秋》，编者提出的"民族审美心理"使部分学习者望之兴叹、无从学起，不知所云而望之兴叹，这就是一个典型案例。

诚然，也有好的关联案例，我们只认为审美情趣养成和文化关联不能只依靠学科老师和学习者的努力，教育是个很复杂的体系，至少学科内部各任务之间、各学科间、学科与社会文化发展间、学科与历史间等，都需要考量自己的工作，正是在不断沟通、联系的过程中，学习者对时代和社会发展的认识才更清晰，文化自信才有内涵。"封闭"是没有出路的。

又如，我们在学习郭沫若的诗歌《立在地球边上放号》时，通常，我们很少介绍中国历史上其他作家的类似诗词、郭沫若的其他的诗词，很少关联文化背景、意义和价值，较少支持学习者站在时代的角度进行文学批评，较少关涉诗歌的审美体验与精神超越。审美情趣养成也就只依靠自然而然，教育意味不足。在真实教学中，郭先生这首诗的文化意味解读，大约就只简单与"五四运动"相关联，然后就得出一个抽象的学习结论，这是任谁都知道的大而不当，把诗歌的文学意味变成了口号与标语，把审美情趣理解成了呐喊和激情，这是将文学作品置于世界、作者和读者之外了，不真实，不自觉。而即使从文学理论本身而言，艾布拉姆斯的文学四要素：世界、文本、作者、读者，其间也是有紧密的关联，怎能放弃？

单一必然片面，封闭必然茫然。关联性其实不断在更新学习者对时代和社会发展的认识，为学科学习中审美情感的融入提供了深厚的文化底蕴。当前学科教学强调的任务群教学，就促使教师必须以一种关联的角度去解读，如用文化关联的角度去解读它，像基础教育语文教材高中第一单元的青春美，就可以从文本、文化、民族审美心理、语言艺术、情境、意象等角度将审美情趣与文化关联，促进其发展。

第二节　隐性教育学基准

学习者个体审美情趣，本质上是情感与精神层面的感悟、积淀，自然是隐性的。从教育学的要求看，强调对应的基准，有益于教师的引导和学习者的自觉。

隐性教育学基准强调的是对非智力因素以外的个性心理因素的关注，具体体现为对"情感智力"和"个性品质"的关注，如果关涉审美情趣养成因素，可再细化为审美态度、审美偏爱、审美思维、审美场域、审美创新意志等方面的教育学基准，其目的是通过教育发现审美的价值、开发学习者的审美潜能、重视自省力量、体现学习个性。

这里提出的教育学隐性特征是相对于显性特征而言的，教育要"全面地提高学习者的素质"，但审美教育的个性化特点和审美情感、精神的隐性意义、学习者个体的差异性，使审美学习不能平均发展和单一化发展，恰恰是应该深入关注学习者审美素质的发展并且积极支持、鼓励和构造学习者的个人独特性。从教育学角度看，人的素养就是人的本质、本性，既有先天因素，更有后天教育影响，从这个角度看，隐性教育学基准不可缺失。

教育学上述隐性特征至少有两个实践原则，一是学习者的审美素质在学习和发展的过程中，要强调个体的独特性；二是学习者审美情趣养成各要素、各因子在内容上要强调个体的独特性。

具体而言，学习者个体审美情趣养成中隐性教育学基准体现在以下几方面。

一、强化个体的审美态度

审美态度并非先天具有，它是审美教育的结果。是以审美的态度对待艺术作品，形成对风格、表现性等审美特性的知觉敏感性。

作为审美主体，学习者的审美态度其实是审美学习、审美情趣养成的基础，它要求审美主体关注自身的审美知觉敏感性，脱离认知的功利性需求，与审美对象保持相对稳定心理距离，坚持一种与功利性和一般意义的现实生活无关的态度，教育学需要支持这种态度，伊曼努尔·康德（Immanuel Kant）的"无目的的合目的性"应该是支持的最佳效果。

审美态度的远离功利，远离一般现实生活的特点，一直受到质疑。前文提及，有人提出一个人不能长时间保持审美态度，更不会一直保持审美态度，不会从生活中脱离开来。宗教哲学家马丁·布伯（Martin Buber）也认为"人不可能永驻于圣殿""他不得不一次次重返人世"，认为驻于圣殿到重返人世不只是一种精神体验，也是对现实生活紧密联系的肯定，这是脱离不开的。但是，这并不能说明审美态度只能是现实生活的直接反射。在教育过程中，作为高层次的精神生活，学习者虽然与社会生活有实际联系，但是作为个体的情感和精神体验，是独立于生活功利的，有独立的价值取向。如果说生活中也有情感和精神，那么基于审美的情感与精神，高于一般现实生活而且不受功利性的引诱，是"纯粹"的精神愉悦，这也是一种审美态度追求的理想境界与目标，从而引导和提升学习者的审美取向、能力与水平。

例如，在《林教头风雪山神庙》的学习过程中，风雪，是小说的展开环境，抛开巧合、冲突、人物性格、主题等问题的功利干扰，学习者自然可以联想或者想象到现实生活，并在这种情境中鉴赏人物与情境。当然，这是第一个层面，若只是满足于对小说中的风雪进行自然角度的鉴赏，那么审美只是简单的经历行为，缺少进一步的情感感受与体验，更类似"生活感受"，而非"审美"。如果进一步从自然的风雪中感悟人物的故事，共鸣这份情感，从而使小说的世界"还原"，还原出小说本应有而作者未写明的情感与体验，审美的世界会更明朗、更清晰、更宏大，这是通过想象使小说的审美世界"还原"，是一种自觉和愉悦，并不出自功利的压迫，这是作者和读者都喜欢的，审美情趣就这样悄然萌芽。

审美态度，这是一份属于审美情感的独特的"超然"，审美情趣的养成就是自然而然的结果。另外，需要说明的是审美态度并不只要求学习者和学习群体的远离功利，更强调自觉，要求更多的积极、敏感的多感官体验，更丰富的情感浸润，这份自觉当然呼应了学习者审美个性化的特点，这也是学习者个人审美知识、技能、经历、经验等充分结合的结果，通过审美态度展示和显现在审美教育的活动与学习中。

下面的问题是如何使教育发挥其必要的引导作用。对于审美态度而言，教育的作用是引导学习者进行有意义的审美注意，通过审美注意形成审美态度。换言之，使审美态度改变的是审美注意，这种注意力与一般的注意力不完全一样，它主要是一种对于对象形式或者结构的注意，这种注意是与确定的概念思考联系在一起，它把这组织的形状、结构等与特定的意义、类别、问题直接联结起来，并过渡到思考。

"审美注意并不直接联结也不很快过渡到逻辑思考、概念意义而是更为长久地停留在对象的形式结构本身，并从而发展其他心理功能如情感、想象的渗入活动。"① 让感觉本身充分地享受对象形式方面的这些东西，并把主观方面的各种心理因素如感情、想象、意念、愿望、期待等，自觉或者不自觉地投入其中。

这些过程与要求均需要后天的教育的导引与推进，这倒可以说，教育既是目的，又是工具，还是一种原则。

二、体现个体的审美偏爱

不同的遗传特点、思维习惯、基本素养，不同的生活情境、理想追求，都致使社会成员在受教育的过程中，即便是相同的教育平台，也会有不同的收获与各自的发展，不能简单地强调整体化和平均化，要正视并解决好学习者的个体差异，开展全体及个体均适宜的特色性教育教学。审美偏爱就是其中的探索渠道之一。

其实，审美偏爱是一个心理问题、心理倾向。潜移默化存在，自然而然形成的。学习者的学习、生活、经历、阅读等复杂的因素都在影响着一个人的审美偏爱，审美偏爱是情感的一个阶段，首先指向专一性。这种专一性一旦形成，并不太容易改变，这种专一性并不是仅指好奇心，更应该指向被阅读历程自身愉悦的活力所推动的倾向，审美偏爱的这种指向，引发学习者的审美情感上的

---

① 李泽厚. 浅淡审美的过程和结构［J］. 中国书画，2005（9）：153-158.

美的共鸣，进一步说，这种共鸣就是情趣的基本内涵，并在不断发展中，当然，这种发展也是不同的，通过教育的力量产生较大的变化，审美知觉、想象、领悟的层次与水平都愈加丰富和多元，自身愉悦的程度也有明显不同，其中的关键点会产生有益和积极变化。

提及审美偏爱的变化，就关涉第二个阶段，即可塑性。可塑是教育的条件之一，但不意味着"干涉"，其实指向的是潜移默化，马克斯·范梅南（Max Van Manen）在《教学机智》中也说，每位学习者不论跟他审美理想距离多远，只要参与和思考，一定会在不同程度上产生影响。约翰·杜威（John Dewey）也表示了同样观点，他认为富于审美性质的艺术品之所以被认可，那首先就要将审美性质和艺术品从一般作品中区分出来，就像柏油经过处理变成了染料，谈染料的价值和谈柏油的价值是大相径庭的。同理，审美偏爱是可塑的，那就把审美和审美情趣从常规知识学习中区分出来，然后引导学习者开展审美学习，自然而然地完成"可塑性"，这个过程中，教育者可以展示学习者没有注意到的审美意义上的精彩，引导他走进一个新的世界，进而去改变他的审美偏爱，也就是不能只依着学习者，审美泛化是不可取的。引导他们走进新世界，用约翰·亨利赫·裴斯泰洛齐（Johann Heinrich Pestalozzi）的一句话来说，我们的教学是利用（学生的）自然来改造自然，同样可以利用学习者的审美偏爱特点来改造他的审美偏爱，这是教育的力量。

教育对学习者审美偏爱的作用是显而易见的，帮助学习者进行区分、进行引导，帮助其理解审美的意义，形成健康的、个性的审美偏爱。

要进一步说明的是，基于审美偏爱，教育者鼓励学习者深入感悟和思考，这就是一步一步接近审美超越，这样的审美偏爱的形成与发展，就埋下了审美自由的种子和审美超越的希望。骏马放弃奔驰。草原于它还有什么意义呢？在教育和审美的大世界里面孩子们都变成一个听话的木偶，这个世界就是毫无生命和美的色彩的；蜡烛只需要静静燃烧，如此，它一生也成不了星辰。为什么教育学习者在审美上、在审美情趣的养成上，要放眼星辰大海？因为星辰大海都是未知的，未知才有魅力，才有自由。

三、关注个体的审美思维

我们一直强调，审美教育区别于一般的审美活动，其重点在"教育"，教育的外力使学习者获得自觉发展的支持与平台。对于审美教育以及审美情趣养成而言，其个体化过程，也包括教育视野中的审美思维的养成。

教育从来不回避思维的养成，甚至基础教育还把思维列入学科核心素养，进行重点养成。需要厘定的是思维中的审美思维的教育导引问题。思维中当然有逻辑和批判性思维，也有直觉和感性思维，其中，审美与逻辑是一对天然的矛盾，但是又暗暗地合作沟通，教育就是妥协的结果，显性地看审美不需要逻辑，但是教育需要。

思维逻辑是在认识过程中不断形成的，学习者因而有了审美前见，这也是审美的基础，这并不与审美教育矛盾，甚至也是一种必须。要关注的是审美教育中审美情趣养成的过程，在此过程中，学习者会经历从生活感受到审美知觉敏感性的变化，这时的感受更贴近直觉，没有精神的深层投入，而只有感性的直观理解。此时教育应保持和支持这种直觉思维。

在直觉思维后是感性思维，以联想和想象为重点，不断生成意象、不断丰富意境，自然而然，甚至玄而又玄。审美教育则由关注审美对象本身而过渡到情感、想象的同步渗入。在此期间，教育会使学习者个体在充分感知审美对象形式及表征的基础上，将各种心理因素同审美对象所可能具有的意义、类别与问题等联结起来，进而形成一种思维逻辑，感性与之前的理性融合，审美情趣在其中逐渐滋养。

这种融合是自然而然的，不是模式化、公式化的。要指出的是，审美教育是美与育的结合体，提高着学习者的审美综合素养，其中也包括审美情趣的养成。

这里还要提出的一个问题是，如果细致分析，审美思维并不是彻底拒绝认识，并不是绝对的"情感"角度的想当然，至少"认识"支持文本的解读，这是审美以及审美教育不可缺少的一个条件。对于学习者而言，审美是与认知融合的，审美的个体化解读过程，同样也是个体认识不断发展的过程，情感与精神境界的提升会激活对认知学习的期待、相辅相成。学习是个复杂的过程，在近代哲学史上，伊曼努尔·康德（Immanuel Kant）首先提出并论证了人的认识结构在建构科学知识及其认识对象中的主导、决定作用，他认为认识事物和探索自然规律，就必须考察主体的认识能力。他还直接提出，人的心理不可能是空白的、被动的——它在认识上，对知识的形成一定起了作用。理解的概念或者结构必须由人的心理来提供；他们不可能来自被理解的客体本身。审美情趣养成强调个性化，学习者在审美过程中的个性化特征使他的审美情趣有明显的个人意识，不是必须由审美对象决定，它恰恰是由学习者个体的心理来支持，在这个过程中，学习者的审美心理是逐渐成熟的，其审美思维也是逐渐生成并直接支持健康审美情趣的养成。

前文曾提及，让·皮亚杰（Jean Piaget）提出了 S-AT-R 公式，其中，S 是指客观刺激，A 为个体，T 为个体的认知结构，R 为行为反应，从这个公式看，他认为，客观刺激只有被个体同化于其认知结构中，才能引起个体对刺激的相应行为反应。有人认为，这种认识论中的"认识"既不是由客体，也不是由主体预先决定的，而是逐渐构造的结果。约翰·杜威（John Dewey）在提及这内容时也认为，这个客观刺激同样对审美和理智构成启发，而且审美和理智的最终目的也有趋同的特点。就是说，审美的思维在外界的客观刺激中，也有认知的助力；理智反应中，同样有感性思维的活动。那种认为艺术家不去思考、科学研究除了思考就没能情感存在，这是荒谬的。约翰·杜威（John Dewey）说的最直接，思想家只有在他的思想不仅是思想，而是变成对象的整体意义时，才会有审美经验。艺术家是用感性思维，科学家用的是符号、代码，虽有不同，如果有整体意义的关注，都会有审美经验。思想家也表明在教育包括审美教育的过程中，至少不能漠视审美个体的存在，审美认识过程是学习者作为审美个体逐渐形成自己审美习惯，提升审美素养的过程。因此，审美情趣养成必然关涉学习者个体审美思维逐渐成熟的过程。这个过程是审美的过程，同时它也推动了审美教育的深入，达到伊曼努尔·康德（Immanuel Kant）所说的"知性"能力，即逐渐确立思维规范和判断的能力，这个审美思维形成的过程，不仅使学习者即审美主体的审美智慧获得实质性的发展，而且使学习者的主体的认识获得了更广阔的认知空间，从而为主体的进一步认识和发展提供有利条件。这些正是审美教育情趣养成不能回避的问题。

四、强调审美的创新与发展

实现学习者审美情趣层次和精神境界的提升，还需要强调创新和发展，这种创新需要教师的积极鼓励和支持，并通过团队合作用最近发展区促进学习者审美情趣在潜移默化中、多维情境中得以发展和完善。

有学者曾提出："创造性的教师要具有如下特点：1. 善于创设教育情境，对教育的情境与气氛有驾驭能力；2. 善于启发学习者灵活运用知识的能力，做到举一反三；3. 不仅授予学习者知识，而且授予学习者探索、发现问题的方法和解决问题的能力；4. 善于运用发散性思维与集中性思维教学等。"[①] 这是一般意义上的教育创新，但是审美教育有其独特的规律，它是理性、知性与感性融合，力求在知识与技能、过程与方法、情感态度价值观等方面都有长足的发展。据此，教育要关注以下三方面。

（一）从"文学语言"着手

语言，从审美角度看，自有其审美特征。

语言自身就是艺术，依赖学习者的想象力和感悟力来升华。语言是重要的交际工具和信息载体，随着时代的发展，尤其学习者学习个性的不断觉醒，异彩纷呈的语言体验、期待、学习策略以及较高层次的自我效能感水平使语言学习呈现了"复杂性"的特点，一般而言，语言区分为日常语言和文学语言。文学语言凸显意象和独特的风格，文学的目的是再现生活，正是为了再现，其表达手法与艺术特点均显示为个性和创新，用独特的语言和表达方式来激发学习者的兴趣与期待，激活他们对语言的敏锐感知，形成一种语言的"陌生化"，使学习者的"学习"难度增加，而恰恰因此丰富和发展了学习者的审美感知。

捷克布拉格学派发展了俄国形式主义理论家关于"陌生化"的提法，系统厘定语言突出说，其一，强调文学语言的特征性，并不与日常语言相同；其二，强调文学语言是日常语言的提炼与重组，甚至是有意的偏离；其三，文学语言强调突出，即突出语言的艺术性，突出语言独有的表现力；其四，语言具有独特的审美价值和意义。

无论如何，文学语言的"突出"，使学习者的审美兴趣确实得以激发，并在语言的玩味和品读中使审美情感经历感受、共鸣和自由三个阶段，即文学语言的敏锐性、新奇性和丰富性使学习者感受着绚丽的情感色彩，也因此使情感的

---

① 涂艳国. 教育艺术及其创造［J］. 上海教育科研，1996（9）：16-19.

"敏锐性"不断提升，感受日常生活中感受不到的情趣意味，进而也容易进入与作者的共鸣境界，反复感悟后，会有个性理解的生成，这种自我的独特理解是审美自由，也是一种审美超越。

在上述过程中，审美情趣是不断成熟起来的，是健康的向上的。教育需要做的是从文学语言着手，在审美认知角度上积极导引，在审美环境建设上提供资源，在审美行动上给予学习者审美自由。教师要引导、鼓励和把持学习者树立正确、积极的审美态度，尤其是要注意和个人各方面的特点相结合，使审美教育成为学习者学习的兴趣之所在、理想之所在，这是审美情趣发展意义上的创新。

(二) 回归"学习者中心"

有个性的审美判断，一直是学习者审美的进步标志，我们相信审美教育过程中的教育作用，共性与个性相结合会是教育作用实现的一种可能。作为教育者，关注学习者的心理结构与活动规律，在审美判断形成和审美情趣养成的过程中，引导学习者自主审美、自行完善自己的审美认识、审美逻辑、审美思维，这是应然，也是一种创新，创新的点在于"学习者中心"的回归，在于对学习者学习心理的认知。约翰·杜威（John Dewey）在《我的教育信条》中提出，没有对于个人的心理结构和活动的深入认识，教育的过程将会变成偶然性的、任性的。这种教育如果碰巧与儿童在没有教师帮助的条件下的活动相一致，便可以起到作用；如果不是，那么它将会阻碍、分割乃至中止儿童的发展。这个判断是准确的，其实，其中对学习者心理结构、活动规律的关注，对学习者的引导都是力求推进学习者自主学习，这里要指出的是通过这种自主学习形成学习者自己的审美判断，有依据、有收获，可表达的、有个性化的理解与语言；可意会的，在正确的审美策略下有多角度的、多层次的体会与感受。

我们当然也认为审美的世界是复杂的，"混沌—复杂性理论"引导我们在与世界、自然和自身的复杂关系上达到一个重要的转折点，即强调个体的觉醒和价值。在教学层次上，混沌—复杂性理论强调"通过回归，个体反思自育的本质追求"，基于此，回归性体现了审美情趣养成的实践前提。

对于回归学习者中心诠释更清晰的是小威廉·E. 多尔（William E. Doll），他提出的"4R"中的"回归性"也强调了这一点。

总体看，回归性是由"再次发生"的词义而来，主要强调的是关于思考的回归、循环运动，体现了人类的一种自觉性，通过与环境、他人、文化的反思性作用形成自我感的方式，在审美教育中表现为一种"回归性反思"。需要注意的是，回归与简单的重复不同。重复的框架是封闭的，而回归的框架是开放的，重在发展能力，也就是组织、组合、探究、启发性地运用某物的能力。回归性强调反思的积极作用，也就是说，必须具有自己的思想并且深刻。

对于审美情趣养成而言，回归很重要的是回归学习者的自我感和自觉性。教师引导学习者对审美情趣养成形成正确的认知，给学习者以自主学习的权利、机会和发展平台，尤其是通过与审美情境，与他人，与社会文化的反思性及相互作用，形成自我感，我们仍然强调学习者自我感的养成极其重要。

从当前审美教育实践看，回归性的实现仍然主要依托教师的教来实现，这本身就是反"回归"的，小威廉·E. 多尔（William E. Doll）对这个现象提出了批评。他指出，回归性强调自我感的养成，"回归性强调反思的积极作用"。

例如，在《荷塘月色》《故都的秋》这类文学作品的审美学习过程中，教学中仍然充斥着不断地"问"与"答"，学习者是根据教师的提问不断地回答问题，进而可能会达到教师所认为的深刻。但是在教师的控制下，学习者的"深刻"，朝着"既定"的方向前行，这是一种深刻吗？换言之，教师的问题预设一步一步使学习者收获最终的学习结果，使学习者的逻辑思维有所锻炼、知识积累有所提升，但是仍然解决不了教师对学习者的"学习替代"问题，学习者不是学习机器，要让他们做自己本应做的事情，进一步说，他们自觉地做他们本应做的事情。

事实上，学习者所感受的《荷塘月色》《故都的秋》不会只是其中的文字，不应只是冷冰冰的背景和主题，更多时候，如果学习者能够随着语言体验两部作品中的人的生活，和作者共同叹息和思考，同样探索和揣摩，那么这应该是学习者自主感的觉醒和发展的实现，也是一种文学意味上的深刻，更关键的是，这是学习者自己在作品中进行呼吸，是真实的、是能动性的，这是学习的回归，是学习过程中最珍贵的。

对于学习者而言，知识并非唯一选择、道理并非唯一途径、结果并非唯一目的，学习是一种独特的"个体生活"，它是一个鲜活多彩的世界，并不是只有教师一个视角的认知，把"看世界"的权利还给学习者，让他们真实看看这个世界，由眼入情、由情入心，恐怕这个鲜明多彩的世界会真正让这些学习者心旷神怡。

基于此，在审美情趣养成过程中，教育要引导学习者自觉学习和感悟，这是学习的原本面貌，只是一种应然回归。

（三）体现审美情境的场域特点

情境是审美教育所必需的一个因素，它提供的平台，使学习者的情感、理性、智慧更易于被激发，达到审美的高层次。当然，情境不同于语境，它包含语境。语境更侧重具体的教学场景，例如，上下文所提供的场景与联系，它使学习者的思维与判断有直接的依据；而情境更抽象些，范围更宏大，它包含与学习者相关联的外部环境及所有信息。有学者曾指出，情境包括"物品""场合""角色""场所""概念和信息的来龙去脉"，正是对情境的较好概括。不过，在审美教育的过程中，情境还要有情感与精神的关照、感染，它使审美教育更有提升心灵世界的意义。审美教育中的情趣养成目标更使情境有丰富的内涵，基于个人不同的情感特色与内涵，不同情境在相同的审美目标的要求下，各显特长，学习者有兴趣在不同的情境下反思自己的审美态度，关注审美体验，认真理解审美内容，使自己的审美能力和情趣有长足的提升，使审美感性、审美知性和审美理性有上升的巨大空间。正因如此，审美教育才来得更真实、更有意义，让每个人的身心愉悦，精神品位提升，心灵受到陶冶与洗涤。可以说学习者审美的个性化特点因为情境而显得有实际意义，而情境也为审美教育的个性化而有教育价值。

这里强调审美教育的个性化，强调审美情境是凸显教育对审美情趣养成的多维促进作用，进一步说，不同情境有不同的场域特点。

一是认知特点，各种审美情境促进学习者的审美理解和感悟，满足其审美偏爱，一方面，使审美情趣更真实，这也使学习者审美角度的认知循序渐进，即同样有益于认知的发展，被激活的审美情趣是良好认知态度的前提；另一方面，审美情趣的发展并不是情趣的虚无化，应该与对审美对象的认知是同时进行的，情趣与认知是相互促进的。

二是个体体验特点，这一点是毋庸置疑的，审美情境缺失了个体体验也就缺失了审美的意味。这里的重点是教育导引，前文也提及过，个体体验并不是虚无主义，也是在一定情境下进行的，教师通过"非指示性"的导引会使学习者的个体体验潜力得以激发，有机会达到可以达到的最高层次和水平。

三是社会文化的意味融入，不同审美情境为学习者提供了多层次实践平台，创新学习者的精神境界提升的方式方法，帮助学习者形成独特的审美结论与情感收获，这是审美境界的创新。有学者指出，"每一个时代珍爱它自己的诗歌与音乐、它自己的科学观点，不愿意遗弃它们。……它最激动人的成就，到一定时间就成为我们所谓保守性基础的一部分"。即不同的时代，不同的社会条件，不同的情境，会使审美态度、审美判断有新的内容和标准，创新和发展同样是审美情趣养成的主题。就审美教育而言，没有统一的结论，没有不变的判断，这种变化，符合时代发展的规律，也适合审美教育情趣养成的特点，也是一种独特的创新。社会生活意味的融入，并不能只是学习者的自主，也必然有教育的适时参与。一种说法也许更清晰，"引导学生关注和参与当代文化生活，学习剖析、评价文化现象，积极参与中国特色社会主义先进文化的传播和交流，增强文化自信"①，可见一斑。

---

① 中华人民共和国教育部. 普通高中语文课程标准［S］. 北京：人民教育出版社，2020：13.

参考文献

［1］［加］马克斯·范梅南.教学机智——教育智慧的意蕴［M］.李树英，译.北京：教育科学出版社，2001.

［2］［加］迈克尔·富兰.变革的力量——透视教育改革［M］.加拿大多伦多国际学院组织翻译.北京：教育科学出版社，2004.

［3］［美］约翰·桑切克.教育心理学［M］.周冠英，王学成，译.北京：世界图书出版公司北京公司，2007.

［4］［奥］胡塞尔.纯粹现象学通论［M］.李幼蒸，译.北京：商务印书馆，1992.

［5］［美］约翰·杜威.艺术即体验［M］.程颖，译.北京：金城出版社，2011.

［6］［美］亚伯拉罕·马斯洛.人性能达到的境界［M］.吴佳琪，译.北京：文化发展出版社，2021.

［7］［美］亚伯拉罕·马斯洛.需要与成长：存在心理学探索［M］.张晓玲，刘勇军，译.重庆：重庆出版社，2018.

［8］［法］埃德加·莫兰.复杂性思想导论［M］.陈一壮，译.上海：华东师范大学出版社，2008.

［9］［德］席勒.审美教育书简［M］.张玉能，译.南京：译林出版社，2009.

［10］［意］克罗齐.美学原理［M］.朱光潜，等，译.北京：人民文学出版社，1983.

［11］［法］雅克·马利坦.艺术与诗中的创造性直觉［M］.刘有元，罗选民，等，译.北京：三联书店，1991.

［12］［德］黑格尔. 美学（第一卷）［M］. 朱光潜，译. 北京：商务印书馆，1996.

［13］［英］鲍桑葵. 美学史［M］. 张今，译. 海口：海南出版社，2005.

［14］［美］拉尔夫·史密斯. 艺术感觉与美育［M］. 滕守尧，译. 成都：四川人民出版社，1998.

［15］朱光潜. 谈读诗与趣味的培养［M］. 上海：上海古籍出版社，2005.

［16］朱光潜. 谈美［M］. 上海：东方出版中心，2016：95.

［17］李泽厚. 美学三书［M］. 天津：天津社会科学院出版社，2003.

［18］李咏吟. 审美价值体验综论［M］. 北京：中国社会科学出版社，2009.

［19］叶朗. 美学原理［M］. 北京：北京大学出版社，2009.

［20］宗白华. 美学散步［M］. 上海：上海人民出版社，1981.

［21］单中惠. 西方教育思想史［M］. 北京：中国人民教育出版社，2017.

［22］钟启泉. 深度学习［M］. 上海：华东师范大学出版社，2021.

［23］王一川. 审美体验论［M］. 天津：百花文艺出版社，1992.

［24］王朝闻. 审美谈［M］. 北京：人民出版社，2009.

［25］钱钟书. 谈艺录［M］. 北京：中华书局，1984.

后 记

匆匆间，一年又逝，海边的水色依旧，只在朝夕间替换着浓淡。

审美、审美情趣、审美情趣与教育……几年来停停写写，总算梳理成文，很是感慨。

手边的稿子改多了，审美体验、情趣也透着疲意。虽说审美总是追求着"高峰体验"，即"心醉神迷，销魂，狂喜以及极乐的体验"，但梳理与探究的工作却仍需要在这种体验的背后沉静下来去细细地做。

关于审美情趣养成的沉思更多的来源于不同审美理论与教育理论的对峙，各有其源，各有所重，既有审美理智的融入，又有自我实现的浸润。想象、经验、体验、需要、文化、创造，都在试图在审美情趣养成的过程中发声、共鸣。情感与理性不断交织的思维，使写作有些复杂，好在，出维谷见日。

其实审美情趣养成在实践中更复杂，多种复杂性的矛盾不穷，也许是我们憧憬的过多，而实践情境过浅。

放下矛盾与沉思，看看自然与世界，是不是情趣就在其中呢。

有位诗人说，要让青草的马蹄奔跑……青草和马蹄的认识错位反而使人的思绪勃然了起来，让春意不只是盎然，更是成为一种意蕴萦绕在心头了，或者说，这是"感性和精神不断完善"的魅力，补足了刻板的理性的不足，使人成了"完整意义的人"，呐喊着"游戏"的席勒也这样表述过。

其实，不仅是诗歌，各类经典文章都因为"感性和精神"，成为各自山峰的绝景。这样看来，至少有三重意境可以让"美"独辟蹊径，让我们的心成为青草的马蹄，审美世界之大，大可去得，都可去得。

第一重天地是自己的体验和感受。

　　一篇文章摆在我们面前，其实我们并不是要膜拜它或者急着向作者敬礼，大艺术家并非都是天生即云端，那我们总要用自己的方式走进艺术世界里看一看，那一个个文字、一抹抹的色彩也许就鲜活起来，让我们用自己的眼睛看到上千年的灰尘也阻不住的真正颜色，原来如此，没有什么不可以，也应该让自己的感性"怦然"起来，让青草的马蹄奔跑起来，所过之处皆为春色；让自己心中那扇情趣的门有了久违的叩门声。文字有重量，精神有声音。这一刻，是灵与肉的结合。

　　第二重天地是共鸣。

　　每篇经典文章都有些贵气，需要一些严谨的面孔来宣扬其中的秘密和价值。其实也未必总是如此。如果我们把我们第一重天地的心得拿出来和作者们交流一下，说不定他们会高兴和我们拿出真心聊聊，交换有无，也许会真正有一些有意思的"精神共鸣"。说到精神的力量，理性的思考会提供一些，但是让人难以忘怀的精神力量，其根本应该源于感性才行。你总说《论语》有理性意义和伦理味道，可孔子未必不想让感性的马蹄奔跑，他也想"浴乎沂，风乎舞雩，咏而归"，谁又不是呢。

　　第三重天地是第一重和第二重的重叠和翻倍，是精神的超越。

　　每个人在这个天地都是独特的，审美使观赏者们成了一个个特殊的存在，这里天地的感性已经不是一种语感或者心动，也不是和作者的共鸣，它更是一种建构，或者说重构。自己和作者融合，重新生成一种观感，是一种复杂又纯粹的精神意境，这对于双方的原意，都是一种超越。也许，这是最终的目的。

　　在这个过程中，美是全程伴随的，情趣就像一条主线，隐伏其中，遇到适合的情景，就绽放。就像宗白华在《美学散步》中提出的"把我们的胸襟像一朵花似的展开，接受宇宙和人生的全景，了解它的意义，体会它的深沉的境地"。对，就是这些词汇，挺准确的。

　　审美情趣拉开的幕后，是一个多变的季节，能看到、听到、感受到什么，全在观赏者的悟性，它无所不有，也可能是一无所有。

　　我想说的一个蹊径是靠住审美情趣，无论是走到哪一重天地意境，都是阅读的收获。不要患得患失，开卷有益，这是杜老夫子说过的。当然，坚持下去，你的审美世界就是真实存在的，你就是你那个世界的盘古。

合上书页想想，审美情趣就在指间，可视，绕指柔；就在心头，可感，直上九天。

在本书写作过程中，我的学生杜佳吉祥、高均瑶、王舒禾分章节对本书进行了文字校对，付出了汗水，对本书的严谨性提供了必要的帮助，也为本书的时代性注入了新的活力，丰富了新的审美体验，在此一并致谢。